汽车悬挂、转向与制动系统维修

韦文建　胡波勇　主编

电子工业出版社
Publishing House of Electronics Industry
北京·BEIJING

内 容 简 介

本书根据汽车运用与维修教学标准及从事相关职业的在岗人员对基础知识、基本技能和基本素质的需求，结合汽车运用与维修人才培养的目的编写，其内容主要包括汽车悬挂系统、汽车转向系统和汽车制动系统。

本书讲解清晰，图文并茂。本书适合作为职业院校汽车运用与维修专业教材，也可作为汽车售后服务站专业技术人员的培训教材。

未经许可，不得以任何方式复制或抄袭本书之部分或全部内容。
版权所有，侵权必究。

图书在版编目（CIP）数据

汽车悬挂、转向与制动系统维修 / 韦文建，胡波勇主编 . -- 北京：电子工业出版社，2022.1
ISBN 978-7-121-42576-9

Ⅰ. ①汽… Ⅱ. ①韦… ②胡… Ⅲ. ①汽车—车辆修理—教材 Ⅳ. ① U472.4

中国版本图书馆 CIP 数据核字（2022）第 015205 号

责任编辑：张　凌
印　　刷：北京东方宝隆印刷有限公司
装　　订：北京东方宝隆印刷有限公司
出版发行：电子工业出版社
　　　　　北京市海淀区万寿路 173 信箱　邮编 100036
开　　本：787×1 092　1/16　印张：15.25　字数：390.4 千字
版　　次：2022 年 1 月第 1 版
印　　次：2022 年 1 月第 1 次印刷
定　　价：56.00 元

凡所购买电子工业出版社图书有缺损问题，请向购买书店调换。若书店售缺，请与本社发行部联系，联系及邮购电话：（010）88254888，88258888。
质量投诉请发邮件至 zlts@phei.com.cn，盗版侵权举报请发邮件至 dbqq@phei.com.cn。
本书咨询联系方式：（010）88254583，zling@phei.com.cn。

前言 Preface

  随着汽车工业的发展，汽车技术日新月异，特别是大量新技术的应用促使汽车的结构和性能发生了变化，新的结构原理和电子控制装置不断出现。它们在大幅提高汽车综合性能的同时，也使得汽车的故障诊断与维修问题日益突出。为提高职业院校汽车类专业学生及本行业技术人员的维修及故障诊断水平，提升汽车维修行业的整体工作效率，特编写本书。

  为了适应新形势的发展需要，为汽车服务企业培养可用人才，本书力求贴近企业实际作业情况，融合编者多年教学与实践经验，力图体现学习与工作的完美结合。编者本着突出实践技能、理论知识够用的原则，在内容编排上突出重点，力求构建具有职业教育特色的精品教材。

  "汽车悬挂、转向与制动系统维修"在汽车运用与维修专业教学中是一门理论性与实践性都很强的专业核心课程。本书包括3个项目，共13个任务，系统介绍了汽车悬挂系统、汽车转向系统和汽车制动系统等知识。通过本课程的学习，学生应具备一定的汽车悬挂、转向与制动系统检修知识，具有一定的分析问题和解决问题的能力。同时，为了打造"互联网+"新型教材，本书在传统纸质教材的基础上，开发了数字化教学资源，顺应了新形态一体化教材的建设趋势，为使用本书的师生、读者提供了更多的便利。

  此外，本书以任务目标为标准，以任务引入及相关知识贯穿知识体系，注重对学生操作能力和操作规范化的培养，突出理论与实践一体化教学的特点。

  由于编者水平有限，书中难免存在不妥与疏漏之处，恳请读者批评指正。

编者

目录 Contents

项目一 汽车悬挂系统 ············· 1
- 任务一 悬架的功能与组成 ············· 2
- 任务二 悬架的分类和检测 ············· 13
- 任务三 车轮与轮胎的检修 ············· 36
- 任务四 四轮定位仪的使用 ············· 54

项目二 汽车转向系统 ············· 63
- 任务一 转向系统的功用与组成 ············· 64
- 任务二 转向器 ············· 73
- 任务三 转向操纵机构 ············· 92
- 任务四 转向传动机构 ············· 112
- 任务五 动力转向系统 ············· 124

项目三 汽车制动系统 ············· 137
- 任务一 制动系统的功用与组成 ············· 138
- 任务二 车轮制动器 ············· 145
- 任务三 制动传动装置 ············· 177
- 任务四 ABS、ASR、ESP 系统的结构与工作原理 ············· 191

附录 ············· 234
- 参考答案 ············· 234

项目一

汽车悬挂系统

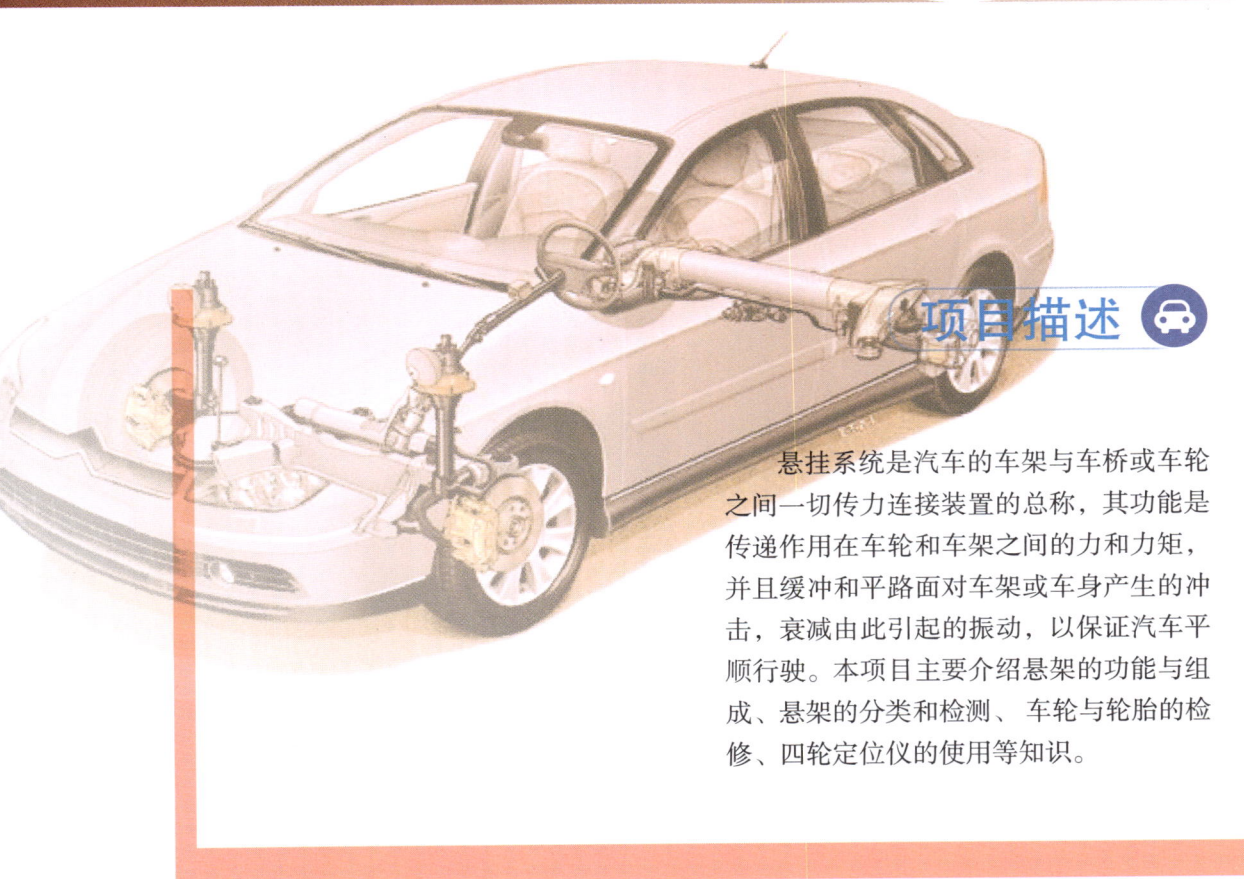

项目描述

悬挂系统是汽车的车架与车桥或车轮之间一切传力连接装置的总称,其功能是传递作用在车轮和车架之间的力和力矩,并且缓冲和平路面对车架或车身产生的冲击,衰减由此引起的振动,以保证汽车平顺行驶。本项目主要介绍悬架的功能与组成、悬架的分类和检测、车轮与轮胎的检修、四轮定位仪的使用等知识。

项目一　汽车悬挂系统

任务一　悬架的功能与组成

任务目标

完成本学习任务后，学生在基础知识和基本技能方面应达到以下要求。

● 知识目标

（1）熟知悬架的功能。

（2）熟悉悬架的结构。

● 能力目标

能够对汽车悬架进行拆装。

任务引入

悬架是汽车中的一个重要总成，它把车架与车轮弹性地连接起来，关系到汽车的多种使用性能。下面进入悬架的功能与组成的学习。

任务一 悬架的功能与组成

相关知识

一、悬架的功能

汽车悬架是车架（或承载式车身）与车桥（或车轮）之间的传力装置，在汽车行驶时，它与轮胎一起吸收和缓和因路面不平而产生的各种振动、摆动和冲击，以便保护乘客和货物，并改善驾驶稳定性；传递因路面和车轮之间的摩擦而产生的驱动力和制动力至底盘和车身；将车身支撑在轴上，并在车身和车轮之间保持恰当的几何关系。如图1-1所示为前悬架与后悬架。

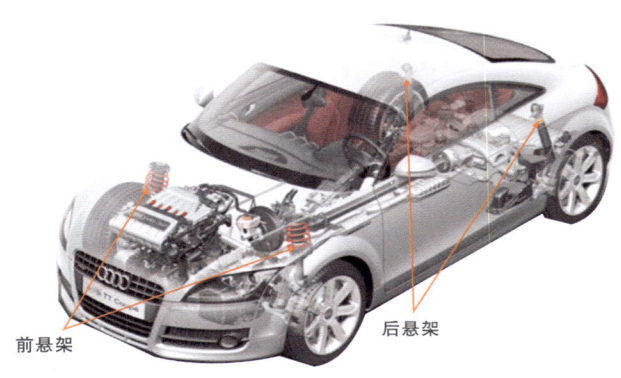

图1-1 前悬架与后悬架

根据汽车两侧车轮是否相互关联，汽车悬架可分为独立悬架和非独立悬架，如图1-2所示。非独立悬架的两侧车轮安装在一个整体式车桥上，车轮连同车桥一起通过弹性元件与车架（或车身）连接，当一侧车轮因路面不平等原因发生跳动时，另一侧车轮随之发生变化。独立悬架的两侧车轮各自独立地通过弹性元件与车架（或车身）连接，当一侧车轮相对于车架（或车身）的位置发生变化时，对另一侧车轮几乎不产生影响。

（a）非独立悬架　　　　（b）独立悬架

图1-2 独立悬架与非独立悬架

二、悬架的组成

汽车的悬架虽有不同的结构形式，但一般都由弹性元件、减振器和导向机构三部分组成。为防止车身在转向等情况下发生过大的横向倾斜，有的车辆上还设有辅助弹性元件——横向稳定杆。

弹性元件使车架（或车身）与车桥（或车轮）之间做弹性连接，可以缓和不平路面带来的冲击，并承受和传递垂直载荷。减振器可以衰减路面冲击产生的振动，使振动的振幅迅速减小。导向机构包括纵向推力杆和横向推力杆，用于传递纵向载荷和横向载荷，并保证车轮相对于车架（或车身）的运动关系。

1. 弹性元件

汽车上常用的弹性元件包括钢板弹簧、螺旋弹簧、扭杆弹簧和气体弹簧等。

1）钢板弹簧

钢板弹簧也称叶片弹簧，其结构如图 1-3 所示，在车桥靠近车架或车身时靠钢板弹簧的弹性形变来起缓冲作用，并在车桥靠近和离开车架或车身的整个过程中，通过钢板片相互之间的滑动摩擦，衰减路面的冲击作用。

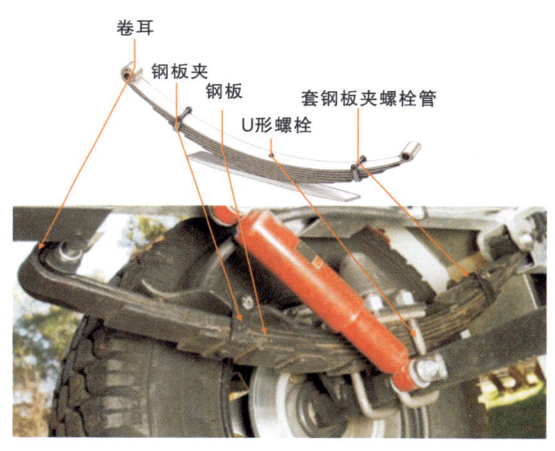

图 1-3　钢板弹簧的结构

一副钢板弹簧通常由很多曲率半径不同、长度不等、宽度一样、厚度相等的弹簧钢板片叠成，在整体上近似等强度的弹性梁。第一片最长的钢板弹簧，称为主片，其两端或一端弯成卷耳状。在钢板弹簧全长内装有 2~4 个钢板夹。钢板弹簧的中部通过 U 形螺栓和压板与车桥刚性固定，两端用销子铰接在车架的支架和吊耳上。

2）螺旋弹簧

螺旋弹簧广泛应用于独立悬架，有些轿车的后轮非独立悬架也采用螺旋弹簧做弹性元件。

螺旋弹簧如图 1-4 所示，由特殊的弹簧钢棒卷制而成，可以制成圆柱形或圆锥形，也可以

任务一 悬架的功能与组成

制成等螺距或不等螺距。圆柱形等螺距螺旋弹簧的刚度是不变的，圆锥形或不等螺距螺旋弹簧的刚度是可变的。

图 1-4 螺旋弹簧

与钢板弹簧相比，螺旋弹簧无须润滑，防污能力强，质量小，单位质量的能量吸收率较高。但是，螺旋弹簧本身减振作用很差，因此在螺旋弹簧悬架中，必须另装减振器；螺旋弹簧只能承受垂直载荷，故必须加装导向装置，以传递垂直力以外的各种力和力矩。

3）扭杆弹簧

扭杆弹簧是一根由铬钒弹簧钢制成的扭杆，如图 1-5 所示。扭杆一端固定在车架上，另一端固定在悬架的摆臂上，摆臂则与车轮相连。当车轮跳动时，摆臂便绕着扭杆轴线摆动，使扭杆产生扭转导致弹性变形，以保证车轮与车架的弹性连接。

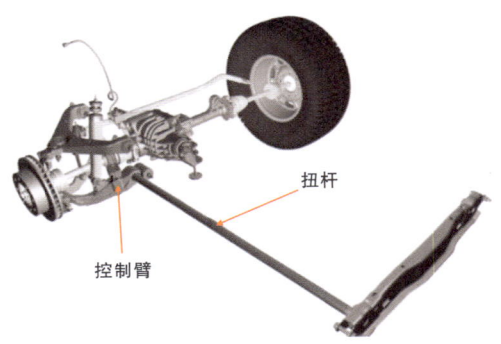

图 1-5 扭杆弹簧

扭杆弹簧在制造时，经热处理后预先施加一定的扭转力矩，使之产生永久的扭转变形，从而使其具有一定的预应力。左、右扭杆预加扭转的方向都与扭杆安装在车上后承受工作载荷时扭转的方向相同，目的是减少工作时的实际应力，以延长使用寿命。如果左、右扭杆换位安装，则将导致扭杆弹簧的实际工作应力增大，使用寿命缩短。因此，左、右扭杆弹簧刻有不同的标记，不可互换。

项目一 汽车悬挂系统

4）气体弹簧

气体弹簧主要有空气弹簧和油气弹簧。

空气弹簧以空气作为弹性介质，即在一个密闭的容器内装入压缩空气（气压为0.5~1 MPa），利用气体的可压缩性实现弹簧的作用，如图1-6所示。

油气弹簧以氮气（惰性气体）作为弹性介质，用油液作为传力介质。如图1-7所示为单气室式油气弹簧。油气弹簧的球形室固定在工作缸上，室的内腔用橡胶油气隔膜隔开，充入高压氮气的一侧为气室，与工作缸相通并充满油液的一侧为油室。工作缸内装有活塞、阻尼阀及其阀座。

图1-6 空气弹簧

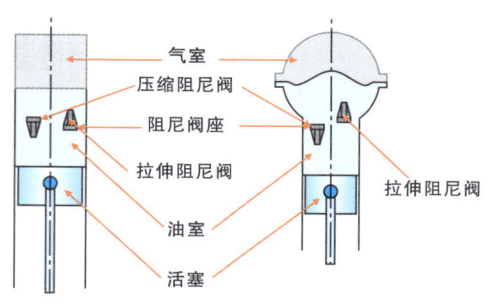

图1-7 单气室式油气弹簧

当载荷增大且车架与车桥相互靠近时，活塞上移，使工作缸容积减小，油压升高，油液顶开阻尼阀进入球形室，推动隔膜向气室方向移动，使气室容积减小，氮气压力升高，油气弹簧的刚度增大。当载荷减小时，在高压氮气的作用下隔膜向油室方向移动，室内油液经阻尼阀流回工作缸，推动活塞下移。这时气室容积增大，氮气压力下降，弹簧刚度减小。当氮气压力通过油液传递作用在活塞上的力与载荷平衡时，活塞便停止移动。随着载荷的变化，气室内的氮气压力也发生变化，使活塞处于工作缸中不同位置。可见，油气弹簧具有变刚度的特性。

2. 减振器

弹性系统受到冲击会产生振动，持续的振动容易使乘员感到不舒适或疲劳，为了使弹性系统的振动迅速衰减，改善汽车行驶平顺性，悬架中安装有减振器，如图1-8所示。

汽车减振器有液力式、充气式和阻力可调式几种。这里主要讲述液力式减振器。

目前汽车广泛采用筒式液力式减振器，其在压缩和伸张两个行程内均起减振作用，故又称双向作用式减振器，如图1-9所示。它一般具有4个阀：压缩阀、伸张阀、流通阀和补偿阀。流通阀和补偿阀是一般的单向阀，其弹簧作用很弱，当阀上的油压作用力与弹簧力同向时，阀处于关闭状态；而当油压作用力与弹簧力反向时，只要有很小的油压，阀便能开启。压缩阀和伸张阀是

图1-8 减振器

卸载阀,其弹簧作用较强,预紧力较大,只有当油压升高到一定程度时,阀才能开启。双向作用式减振器的工作原理如下。

1)压缩行程

当汽车车轮滚上凸起地面或滚出凹坑时,车轮靠近车架(车身),减振器受压缩,减振器活塞下移。活塞下面的腔室(下腔)容积减小,油压升高,油液经流通阀流到活塞上面的腔室(上腔)。由于上腔被活塞杆占去一部分空间,上腔增加的容积小于下腔减小的容积,故还有一部分油液推开压缩阀,流回储油缸。这些阀对油液的节流作用产生对悬架压缩运动的阻尼力。

2)伸张行程

当车轮滚进凹坑或滚离凸起地面时,车轮远离车身,减振器受拉伸,此时减振器活塞向上移动。活塞上腔油压升高,流通阀关闭,上腔内的油液便推开伸张阀流入下腔。同样,由于活塞杆的存在,自上腔流来的油液还不足以充满下腔所增加的容积,下腔内产生一定的真空度,这时储油缸中的油液便推开补偿阀流入下腔进行补充。这些阀的节流作用产生对悬架伸张运动的阻尼力。

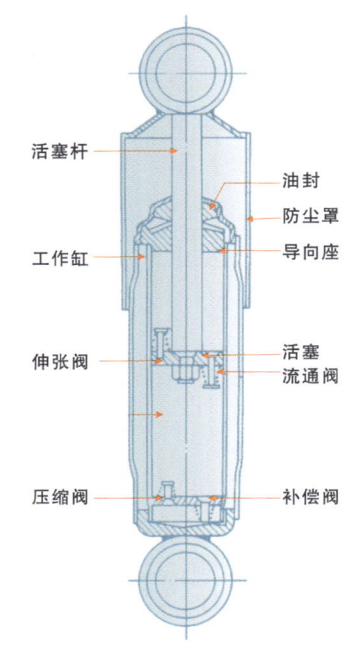

图 1-9　双向作用式减振器

▶ 3. 导向机构

独立悬架上的弹性元件大多只能传递垂直载荷而不能传递纵向力和横向力,必须另设导向机构,以承受车轮传递过来的纵向力和横向力。悬架导向机构决定着车轮定位参数及其动态性能,是悬架的关键部件之一,如图 1-10 所示。

导向机构的主要功用是当车轮与车身产生相对运动时,保证轮距在一定的范围之内变化,以免轮胎过早磨损;当车轮上下跳动时,使前轮定位参数有合理的变化特性;转弯时,使车轮与车身倾斜方向相同,增强汽车的不足转向效应;在车辆加速和制动时保持车身稳定,减少车身纵倾的可能性;制动时,悬架导向机构的运动使车身具有抗点头的作用;加速时有抗俯仰的作用;行程恰当的侧倾中心,保证悬架有足够的侧倾刚度;各铰接点处受力尽量小,减少橡胶元件的弹性变形,以保证导向精度;导向杆系有足够的强度和刚度。

图 1-10　导向机构

4. 横向稳定杆

横向稳定杆又称防倾杆、平衡杆，是汽车悬架中的一种辅助弹性元件。它的作用是防止车身在转弯时发生过大的横向侧倾，尽量使车身保持平衡，改善汽车行驶平顺性，如图 1-11 所示。

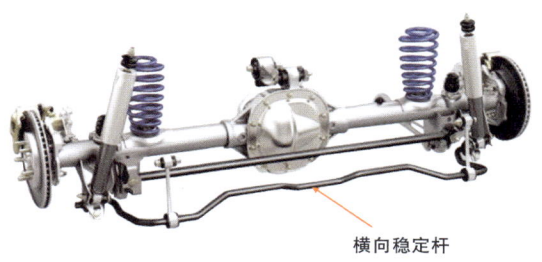

图 1-11　横向稳定杆

当两侧悬架变形不等、车身相对路面发生侧向倾斜时，车架的一侧移近弹簧下支座，稳定杆的同侧末端就相对车架向上抬起，而另一侧车架远离弹簧座，相应一侧横向稳定杆的末端则相对车架下移。同时，横向稳定杆中部与车架之间没有相对运动，而稳定杆两边的纵向部分向不同方向偏转，于是稳定杆被扭转。弹性稳定杆所产生的扭转的内力矩阻止了悬架弹簧的变形，因此减小了车身的横向倾斜和横向角振动。

任务一 悬架的功能与组成

任务实践

▶ **1. 实践名称**

悬架的拆装。

▶ **2. 实践准备**

举升机、实训车辆、常用工具等。

▶ **3. 实践要求与注意事项**

（1）明确操作规范和职责范围，预防潜在危险。
（2）实践操作过程中保持场地卫生及安全，不嬉戏打闹。
（3）在使用举升机的过程中，只有确定四个安全挂钩挂上后，人员方可进入工作区。
（4）使用维修手册时，要注意避免破损，手册与使用车型相对应。

▶ **4. 操作步骤及检修**

1）前悬架的拆装

（1）前悬架的拆卸。

①停放车辆，将车辆用举升机稍稍顶起，拧松车轮紧固螺栓。将车辆升至工作位置，取下车轮，如图1-12所示。
②打开发动机舱，铺上防护垫。用扳手拆下转向节螺母和螺栓，如图1-13所示。

图1-12　取下车轮　　　　　　　图1-13　拆下转向节螺母和螺栓

③从前滑杆上拆下稳定杆连杆螺母，取出连杆，如图1-14所示，并将制动软管从减振器上分离。
④拆下悬架顶端支撑罩，松开固定螺栓，取下螺母和支撑板，如图1-15所示。

项目一　汽车悬挂系统

图 1-14　取出连杆

图 1-15　取下螺母和支撑板

⑤用拖顶支撑悬架下端，松开减振器下端螺栓，取出减振器总成，如图 1-16 所示；并用弹簧压缩器压住减振弹簧，如图 1-17 所示。

图 1-16　拆卸减振器总成

图 1-17　压住减振弹簧

⑥松开固定螺母，取下减振弹簧上盖，如图 1-18 所示；并取下弹簧和防尘套，如图 1-19 所示。

图 1-18　拆卸减振弹簧上盖

图 1-19　取下弹簧和防尘套

⑦取出减振垫、下隔振垫。

（2）前悬架的安装。

按照拆卸过程的相反顺序安装。

2）后悬架的拆装

（1）后悬架的拆卸。

①将车辆升至工作位置，取下车轮，如图 1-20 所示。

10

②用拖顶举起后桥，如图1-21所示。

图1-20　取下车轮

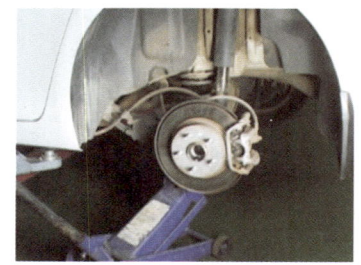

图1-21　举起后桥

③拆下减振器上部螺栓，如图1-22所示；放下拖顶，拆下减振器下部螺栓，如图1-23所示。

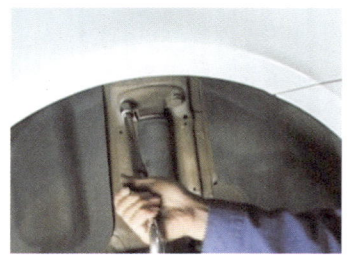

图1-22　拆下减振器上部螺栓

图1-23　拆下减振器下部螺栓

④取下减振器，用撬棍压下后桥，取出减振弹簧。
（2）后悬架的安装。
按照拆卸过程的相反顺序安装。

5. 实践总结

_____

_____

_____

_____

_____

项目一　汽车悬挂系统

任务练习

一、填空题

1. 汽车悬架是 _____ 与 _____ 之间的传力装置。
2. 悬架一般由 _____、_____ 和 _____ 三部分组成。
3. 弹性元件包括 _____、_____、_____ 和 _____ 等。
4. 汽车减振器有 _____、_____ 和 _____ 几种。

二、判断题

1. 减振器与弹性元件是串联安装的。　　　　　　　　　　　　　　　　　（　）
2. 扭杆弹簧本身的扭转刚度是可变的，所以采用扭杆弹簧的悬架的刚度也是可变的。（　）
3. 减振器在伸张行程中，阻力应尽可能小，以充分发挥弹性元件的缓冲作用。　（　）
4. 减振器在汽车行驶中变热是不正常的。　　　　　　　　　　　　　　　（　）

三、选择题

1. 轿车通常采用（　）悬架。
A. 独立　　　　　　　　　　　　　　B. 非独立
C. 平衡　　　　　　　　　　　　　　D. 非平衡

2. （　）悬架是车轮沿摆动的主销轴线上下移动的悬架。
A. 双横臂式　　　　　　　　　　　　B. 双纵臂式
C. 烛式　　　　　　　　　　　　　　D. 麦弗逊式

3. 独立悬架与（　）车桥配合。
A. 断开式　　　　　　　　　　　　　B. 整体式
C. AB 均可　　　　　　　　　　　　 D. AB 均不可

四、问答题

1. 悬架的功用是什么？
2. 悬架由哪几部分构成？各部分的功用是什么？

任务二 悬架的分类和检测

任务二
悬架的分类和检测

 任务目标

完成本学习任务后，学生在基础知识和基本技能方面应达到以下要求。
● 知识目标
（1）熟知悬架的类型与结构。
（2）掌握悬架的维修方法。
● 能力目标
（1）能够对汽车悬架元件进行检测与维修。
（2）能够对汽车悬架故障进行诊断与排除。

 任务引入

悬架对于汽车的操控性能有着决定性的作用，不同类型的悬架有着不同的操控性能。常见的悬架有麦弗逊式悬架、纵臂式独立悬架、多连杆式独立悬架等。它们的结构是什么样的？对汽车操控性能又有怎样的影响？下面进入悬架的分类和检测的学习。

项目一 汽车悬挂系统

相关知识

一、悬架的分类

▶ **1. 根据悬架结构不同分类**

根据悬架结构不同分类，汽车悬架可分为非独立悬架与独立悬架两大类。

非独立悬架是左右两侧的车轮装在一个整体式车桥上，车轮连同车桥一起通过悬架与车架相连接，当一侧车轮因路面不平等原因相对于车架的位置发生变化时，另一侧车轮的位置也随之发生变化，这样自然不会得到较好的操纵稳定性及乘坐舒适性；同时，由于左右两侧车轮的互相影响，车身的稳定性也容易受到影响，在转向时较易发生侧翻。非独立悬架如图1-24所示。

独立悬架是两侧车轮各自独立地通过悬架与车架相连接，其配备的车桥都是断开式的，每个车轮都能独立地上下运动。因此，从使用过程来看，当一侧车轮受到冲击、振动后，可通过弹性元件吸收冲击力，这种冲击力不会波及另一侧车轮，使得厂家可在车型设计之初通过适当的调校使汽车在乘坐舒适性、操纵稳定性等方面取得合理的配置。独立悬架如图1-25所示。

图1-24 非独立悬架

图1-25 独立悬架

1）非独立悬架

非独立悬架因结构简单、工作可靠，被广泛应用于货车的前、后悬架。现代乘用车中，很少采用非独立悬架，即使采用也仅是后悬架采用。非独立悬架按采用的弹性元件不同，可分为钢板弹簧式、螺旋弹簧式、空气弹簧式、油气弹簧式。在此主要介绍钢板弹簧式、螺旋弹簧式、空气弹簧式三种常见的非独立悬架。

（1）钢板弹簧式非独立悬架。

图1-26为钢板弹簧式非独立悬架。钢板弹簧在载荷作用下变形时，各片之间相对滑动而产生摩擦，可以促使车架振动衰减。为减少弹簧片的磨损，在装配钢板弹簧时，各片之间必须涂上较稠的润滑剂（石墨润滑脂），并定期进行保养。为了在使用期间长期储存润滑脂和防止污染，

有时将钢板弹簧装在护套内。

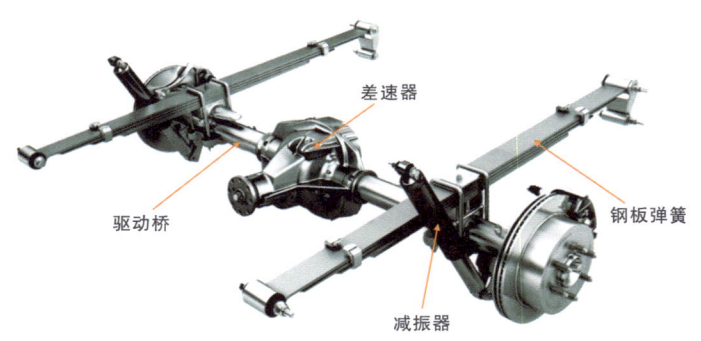

图 1-26　钢板弹簧式非独立悬架

减振器的上、下两吊环通过橡胶衬套和减振器连接销，分别与固定在车架和车桥上的上、下支架相连接，以衰减振动，改善驾驶人的乘坐舒适性。在前板簧盖板上装有橡胶缓冲块，以限制弹簧的最大变形并防止弹簧直接撞击车架。

（2）螺旋弹簧式非独立悬架。

螺旋弹簧式非独立悬架一般只作为乘用车的后悬架。螺旋弹簧作为弹性元件只能承受垂直载荷，所以其悬架系统要加设导向机构和减振器。螺旋弹簧式非独立悬架结构图与实物图如图1-27所示。

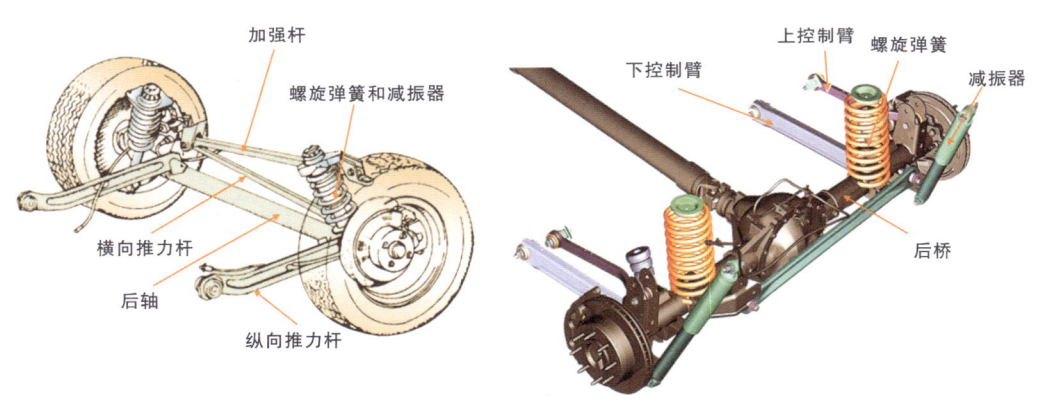

图 1-27　螺旋弹簧式非独立悬架结构图与实物图

（3）空气弹簧式非独立悬架。

汽车在行驶时，由于载荷和路面的变化，要求悬架刚度随之变化。空车时车身被抬高，满载时车身被压低，会出现撞击缓冲块的情况。因而，对于不同类型的汽车提出了不同的要求，如以追求舒适性为主的大客车，其空车与满载时的车身载重变化较大，需要降低车身高度，提高车速行驶；在坏路上要提高车身，增大通过能力。这就要求车身高度能够随使用要求进行调节，空气弹簧式非独立悬架可以满足这一要求。空气弹簧式非独立悬架示意图及实物图如图1-28所示。

项目一　汽车悬挂系统

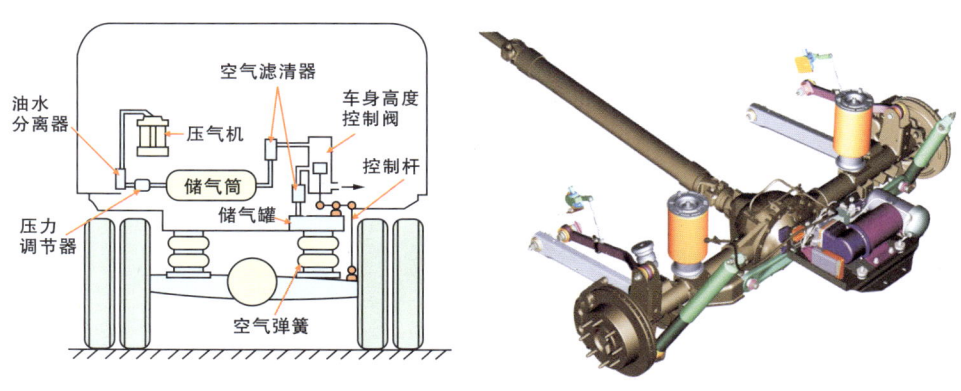

图 1-28　空气弹簧式非独立悬架示意图及实物图

2）独立悬架

独立悬架采用的车桥是断开式的。两侧车轮分别独立地与车架或车身弹性连接，当一侧车轮受到冲击时，其运动不会影响另一侧车轮。

独立悬架的结构特点是车桥做成断开的，每一侧车轮可以单独地通过弹性悬架与车架（或车身）连接。按车轮的运动形式，独立悬架可以分为横臂式独立悬架、纵臂式独立悬架、多连杆式独立悬架、烛式悬架和麦弗逊式独立悬架等几种。

（1）横臂式独立悬架。

车轮可以在汽车横向平面内摆动的悬架称为横臂式独立悬架，横臂式独立悬架示意图如图 1-29 所示。横臂式独立悬架可分为单横臂式和双横臂式。

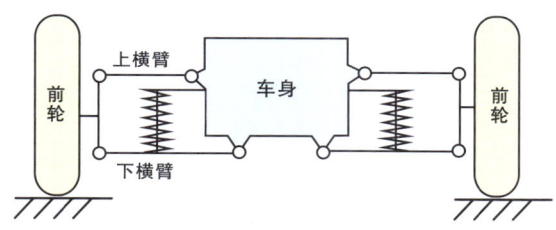

图 1-29　横臂式独立悬架示意图

单横臂式独立悬架结构简单，多应用在后悬架上，但由于不能适应高速行驶的要求，目前已应用不多。

双横臂式独立悬架按上、下横臂是否等长，又分为等长双横臂式和不等长双横臂式两种悬架。等长双横臂式独立悬架在车轮上下跳动时，能保持主销倾角不变，但轮距变化大（与单横臂式独立悬架相类似），造成轮胎磨损严重，现已很少用。不等长双横臂式独立悬架如图 1-30 所示，如两臂长度选择恰当，可以使车轮和主销的角度及轮距的变化都不太大，不大的轮距变化在轮胎较软时可以由轮胎变形来适应。不等长双横臂式独立悬架在轿车前轮上的应用较为广泛。

任务二 悬架的分类和检测

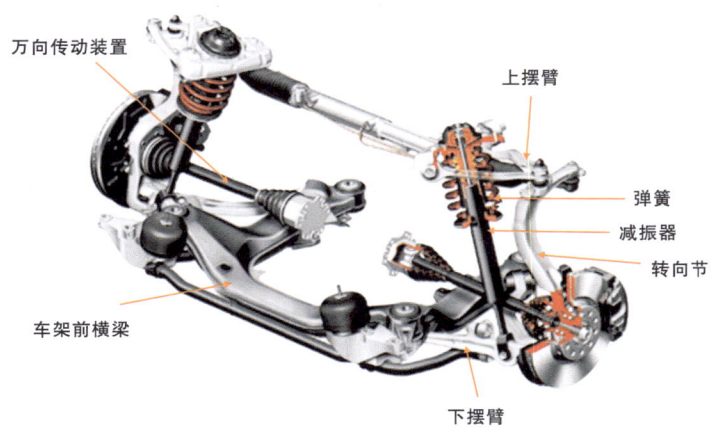

图 1-30　不等长双横臂式独立悬架

（2）纵臂式独立悬架。

车轮可以在汽车纵向平面内摆动的悬架称为纵臂式独立悬架，如图 1-31 所示。纵臂式独立悬架可分为单纵臂式独立悬架和双纵臂式独立悬架。

单纵臂式独立悬架：转向轮采用单纵臂式独立悬架时，车轮上下跳动将使主销后倾角产生很大变化。因此，单纵臂式独立悬架一般用于不转向的后轮。单纵臂式扭杆弹簧独立悬架如图 1-32 所示。

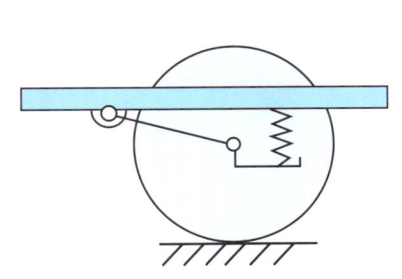

图 1-31　纵臂式独立悬架

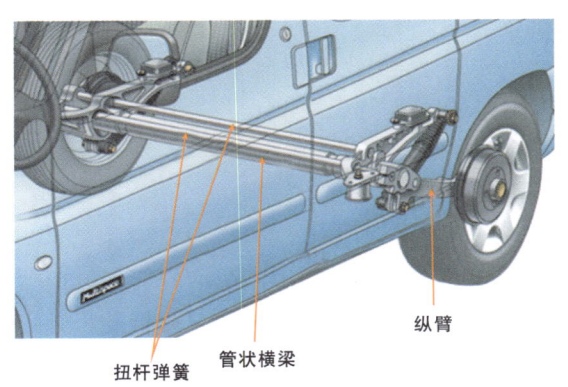

图 1-32　单纵臂式扭杆弹簧独立悬架

双纵臂式独立悬架：双纵臂式扭杆弹簧独立悬架如图 1-33 所示，它的两个纵臂长度一般相等，形成平行四连杆机构。这样，在车轮上下跳动时，主销后倾角保持不变，故这种形式的悬架适用于转向轮。双纵臂式扭杆弹簧独立悬架的转向节和两个等长的纵臂通过铰链连接。在车架的两根管式横梁内部都装有若干层矩形断面的薄弹簧钢片叠成的扭杆弹簧。两根扭杆弹簧的内端用螺钉固定在横梁的中部，而外端则插入纵臂轴的矩形孔内。纵臂轴用衬套支撑在管式横梁内。纵臂轴和纵臂为刚性连接。另一侧车轮的悬架与之完全相同且对称。

项目一 汽车悬挂系统

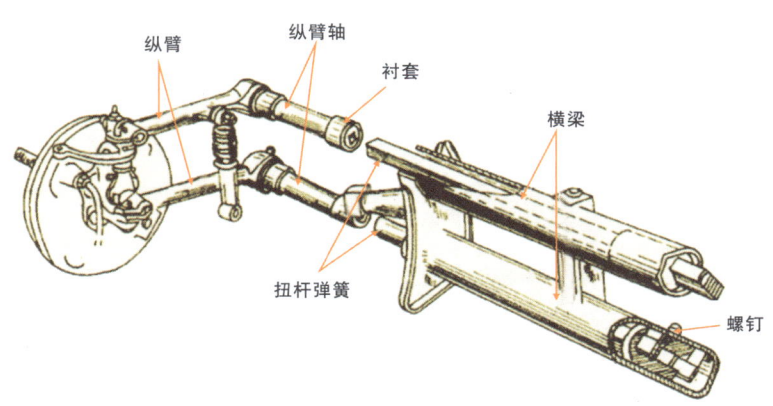

图 1-33　双纵臂式扭杆弹簧独立悬架

（3）多连杆式独立悬架。

多连杆式独立悬架如图1-34所示。它是能使车轮在由摆臂、推力杆等多杆件共同确定的斜向平面内摆动的悬架。多连杆式独立悬架能使车轮绕着与汽车纵轴线成一定角度的轴线摆动，是横臂式独立悬架和纵臂式独立悬架的综合方案，恰当地选择摆臂轴线与汽车纵轴线所成的夹角，可不同程度地获得横臂式独立悬架与纵臂式独立悬架的优点，能满足不同的使用性能要求。其不足之处是汽车高速行驶时有轴摆动现象。

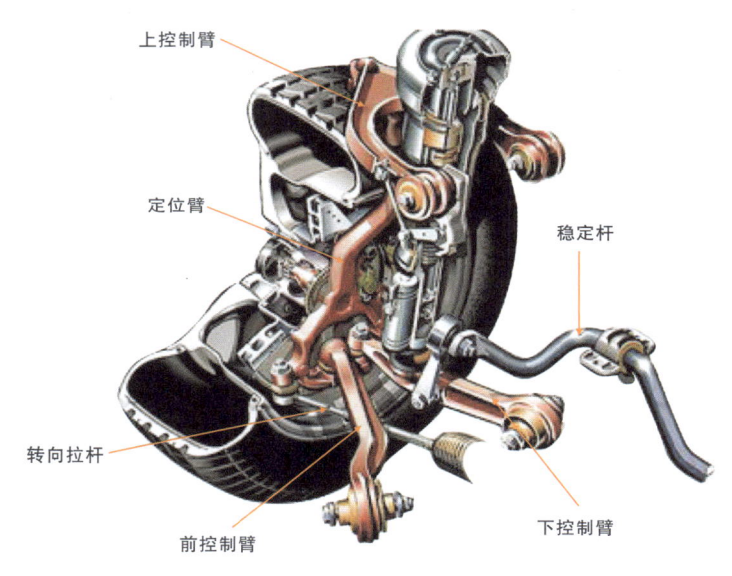

图 1-34　多连杆式独立悬架

（4）烛式悬架。

烛式悬架如图1-35所示，其结构特点是车轮沿主销轴线上下移动。当悬架变形时，主销位置和定位角不会发生变化，仅是轮距、轴距稍有变化，有利于提高汽车的操纵性和稳定性。烛式悬架的缺点是，汽车行驶时的侧向力全部由套在主销套筒中的主销承受，致使套筒与主销间的摩擦阻力增大，磨损也较严重。烛式悬架现已应用不多。

（5）麦弗逊式独立悬架。

麦弗逊式独立悬架又称滑柱摆臂式独立悬架，目前广泛应用于发动机前置前轮驱动轿车的前悬架。这种悬架如图1-36所示，由减振器、螺旋弹簧、横摆臂和横向稳定杆等组成。减振器与

任务二 悬架的分类和检测

螺旋弹簧装于一体，作为引导车轮跳动的滑柱，有的还兼起转向主销的作用。采用这种悬架的汽车前端空间大，有利于发动机布置，并可降低整车的重心。

▶ 2. 根据控制方式不同分类

根据控制方式不同分类，汽车悬架可分为被动悬架与主动悬架两大类。

被动悬架是指汽车姿态（状态）只能被动地取决于路面、行驶状况和汽车的弹性元件、导向装置及减振器这些机械零件。如图1-24和图1-25所示均为被动悬架。主动悬架是指汽车可以根据路面和行驶状况自动调整悬架刚度和阻尼，从而使车辆能主动控制垂直振动及其车身或车架的姿态。目前，使用主动悬架的高级轿车越来越多，一般以空气弹簧作为悬架系统弹性元件。如图1-37所示为主动悬架。

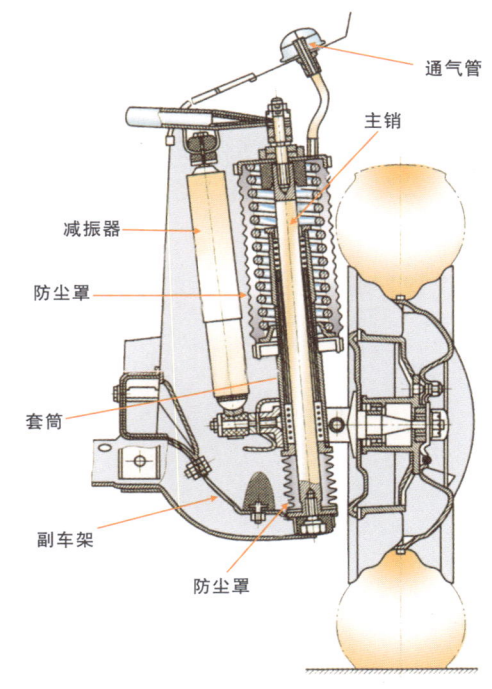

图1-35 烛式悬架

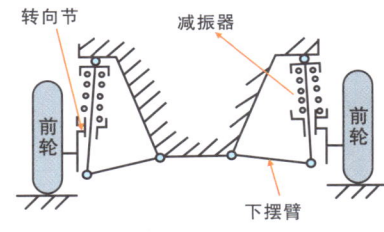

图1-36 麦弗逊式独立悬架

▶ 3. 电子控制悬架

电子控制悬架根据控制形式不同分为被动式悬架、主动式悬架。

被动式悬架是指汽车在行驶中无法依据路面状况随时调节汽车悬架的刚度和阻尼，以获得最佳性能。

主动式悬架是指能根据路面和行驶状况动态调节悬架的刚度和阻尼，使悬架系统始终保持最佳状态。主动式悬架按其是否包含

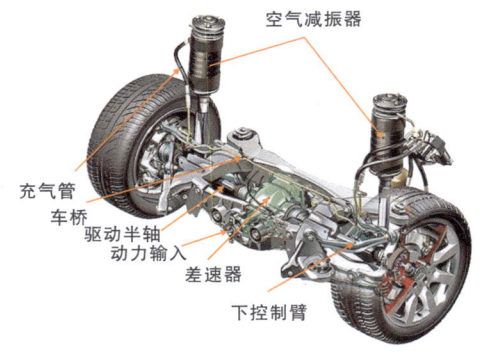

图1-37 主动悬架

19

动力源，又分为有源主动悬架（即全主动悬架）、无源主动悬架（即半主动悬架）。

1）全主动悬架

全主动悬架系统由电子控制装置和可调式悬架组成，电子控制装置又包括信号输入装置（各种传感器）、电子控制单元（控制器）、执行机构三部分，如图 1-38 所示。全主动悬架系统配置如图 1-39 所示。全主动悬架系统示意图如图 1-40 所示。

图 1-38　全主动悬架系统的组成

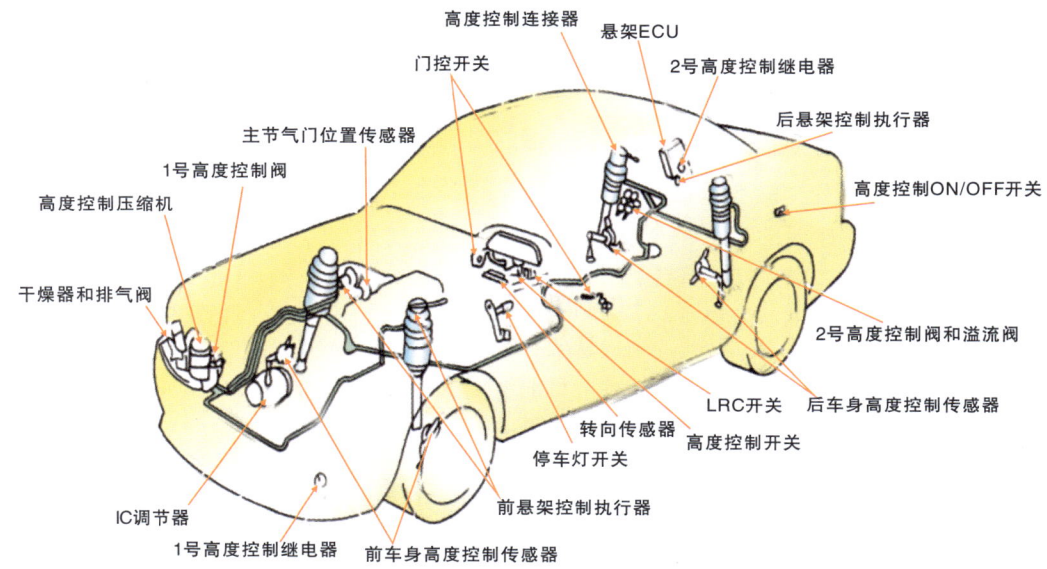

图 1-39　全主动悬架系统配置

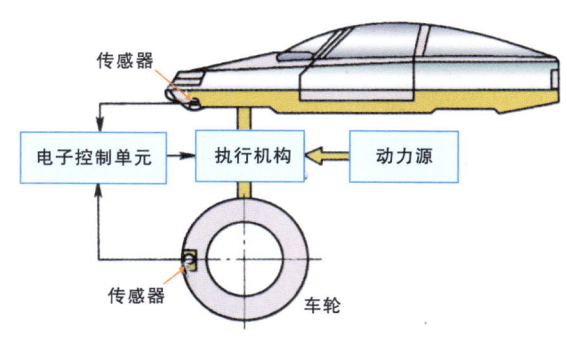

图 1-40　全主动悬架系统示意图

电子控制悬架系统所用的传感器见表 1-1。

任务二 悬架的分类和检测

表1-1 电子控制悬架系统所用的传感器

名　　称	用　　途
车身加速度传感器	检测车身的振动，可间接反映汽车行驶的路面情况
车身位移传感器	检测车身相对位移，可反映车身的平顺性和车身的高度
车速传感器	检测车轮的转速，反映车速和用于计算车身侧倾程度
方向盘转角传感器	检测方向盘的转角，用于计算车身侧倾程度
制动压力开关	检测制动管路的制动液压力，提供汽车制动信号
制动灯开关	检测制动灯电路的通断，提供汽车制动信号
节气门位置传感器	检测节气门的开度，提供汽车加速信号
加速踏板传感器	检测加速踏板的作用，提供汽车加速信息
模式选择开关	手动选择"软"或"硬"两种模式

控制器又称悬架微机，由微处理器、传感器电源电路、执行器的驱动电路及监控电路等组成。电子控制悬架系统的控制器将传感器送入的电信号进行综合处理，输出对悬架的刚度、阻尼及车身高度进行调节的控制信号。

电子控制悬架系统的执行机构按电子控制器的控制信号准确动作，及时调节悬架的刚度、阻尼及车身高度。通常所用的执行元件是电磁阀、步进电动机及气泵电动机等。

可调式悬架可在控制器输出指令的控制下，实现悬架刚度、阻尼及车身高度的调节。可调式悬架有空气式悬架、油气式悬架和液压式主动悬架三种。目前，进口汽车中使用较多的为空气式悬架。如图1-41所示是一种空气式悬架。

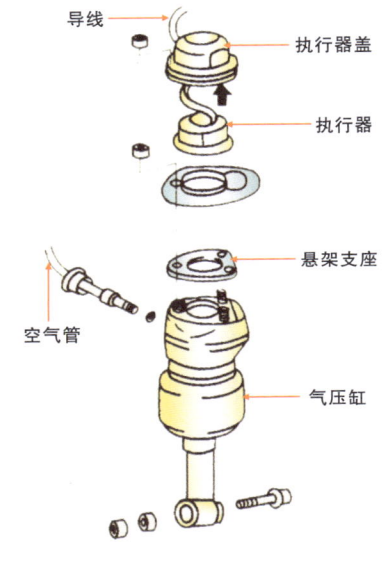

图1-41 空气式悬架

主动悬架控制包括以下三方面：车速与路面感应控制、车身姿态控制、车身高度控制。

（1）车速与路面感应控制是指随着车速和路面状况的变化，改变悬架的刚度与阻尼，使之处于低、中、高三种状态。

①高速感应：高速行驶时，控制模块输出控制信号，使悬架的刚度和阻尼相应增大，提高操纵稳定性。

②前后车轮关联感应：汽车遇到路面引起前轮的凸起时，控制模块输出控制信号，相应减小后轮悬架的刚度和阻尼，减小车身振动与冲击。

③不良路面感应：当汽车进入不良路面行驶时，为抑制车身产生大的振动，控制模块输出控制信号，相应增大悬架的刚度和阻尼。

（2）汽车在车速突然改变及转向时，会发生车身姿态的急剧改变，既会降低汽车的乘坐舒适性，又会由于车身过度倾斜，使汽车失去稳定性。车身姿态控制包括以下三方面。

①转向时车身的倾斜控制：汽车急转弯，驾驶员急打方向盘时，转向传感器将方向盘的转角和转速信号输入悬架ECU，悬架ECU经过计算分析向悬架执行元件输出控制信号，增大或减小相应悬架的刚度和阻尼，抑制车身的倾斜。

②制动车身点头控制：汽车紧急制动时，车速传感器将车速信号和制动开关信号输入悬架ECU，悬架ECU经过计算分析后输出控制信号，增大悬架的刚度和阻尼，抑制车身点头。

③起步车身抬头控制：汽车突然起步或加速时，车速传感器的车速信号和节气门开度传感器的信号输入悬架ECU，悬架ECU经过计算分析后输出增大悬架刚度和阻尼的控制信号，抑制车身抬头。

（3）车身高度控制是指在汽车行驶速度和路面状况变化时，悬架ECU对执行元件输出控制信号，调节车身高度，以保证汽车行驶稳定性。车身高度有两种控制模式，即"NORM"和"HIGH"，每种模式又有低、中、高三种状态。在"NORM"模式下，车身常处于"低"状态；在"HIGH"模式下，车身常处于"高"状态。

①高速感应控制：当车速在90~120km/h时，为提高汽车的行驶稳定性和减小空气阻力，控制器输出控制信号，降低车身高度；当车速低于60km/h时，汽车恢复原有高度。

②连续不良路面行驶控制：汽车在连续颠簸不平的路面上行驶，车身高度传感器持续2.5s以上输出大幅度的振动信号，如果车速在40~90km/h，悬架ECU就会输出控制信号，提高车身，减弱来自路面的突然起伏感，提高汽车的通过性能；如果车速在90km/h以上，悬架ECU会输出控制信号，降低车身高度，保证汽车行驶稳定性。

2）半主动悬架

半主动悬架用可调阻尼减振器取代执行器，可调阻尼减振器的结构如图1-42所示。它是无须考虑改变悬架的刚度，只考虑改变悬架阻尼的悬架系统。半主动悬架由无动力源且可控的阻尼元件（减振器）和弹性元件组成。减振器通过调节阻尼力来控制所消耗的能量。半主动悬架系统示意图如图1-43所示。

（1）半主动悬架的分类。

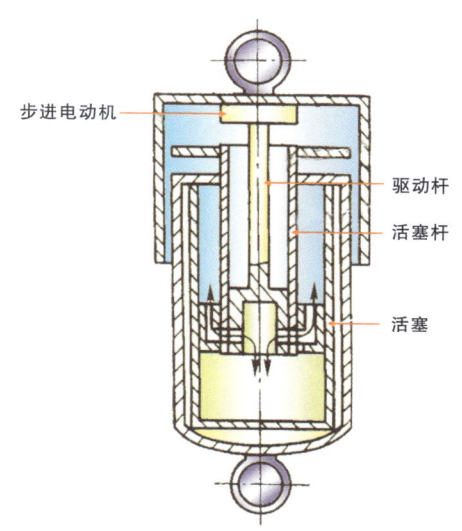

图1-42　可调阻尼减振器的结构

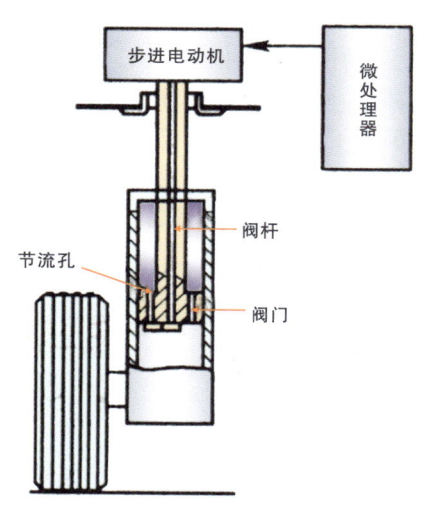

图1-43　半主动悬架系统示意图

半主动悬架按阻尼级别分为有级式和无级式两种。

有级式半主动悬架：将悬架系统中的阻尼分成两级、三级或更多级，可由驾驶员选择或根据

任务二　悬架的分类和检测

传感器信号自动选择需要的阻尼级别，也可根据路面状况和汽车行驶状态（转弯或制动）等调节悬架的阻尼级别，使悬架适应外界环境的变化，从而提高汽车的行驶平顺性和操纵稳定性。

无级式半主动悬架：根据汽车行驶的路面状况和行驶状态，对悬架系统的阻尼在瞬间由最小到最大进行无级调节。阻尼的改变一般是通过控制步进电动机驱动可调阻尼减振器中的有关部件，改变阻尼孔的大小实现的。当步进电动机带动驱动杆转动时，会改变驱动杆与空心活塞的相对角度，从而改变减振器阻尼孔截面积，使减振器的阻尼发生变化。

（2）半主动悬架系统控制原理。

半主动悬架控制模型图如图1-44所示。半主动悬架系统通常以车身振动加速度的均方根值作为控制目标参数，以悬架减振器的阻尼为控制对象。半主动悬架的控制模型在悬架微机中事先设定一个目标控制参数 σ，它是以汽车行驶平顺性最优控制为目的设计的。汽车行驶时，安装在车身上的加速度传感器产生的车身振动加速信号经整形放大后输入控制器，控制器立刻计算出当前车身振动加速度的均方根值 σ_i，并与设定的目标参数 σ 比较，根据比较结果输出控制信号。

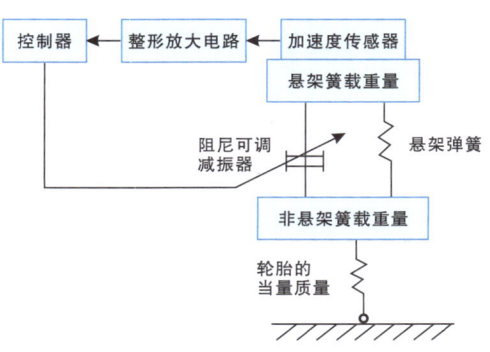

图1-44　半主动悬架控制模型图

如果 $\sigma = \sigma_i$，则控制器不输出调整悬架阻尼的控制信号。

如果 $\sigma < \sigma_i$，则控制器输出增大悬架阻尼的控制信号。

如果 $\sigma > \sigma_i$，则控制器输出减小悬架阻尼的控制信号。

4. 磁流变悬架

磁流变悬架的主要组成部件是磁流变减振器，其工作原理示意图如图1-45所示。

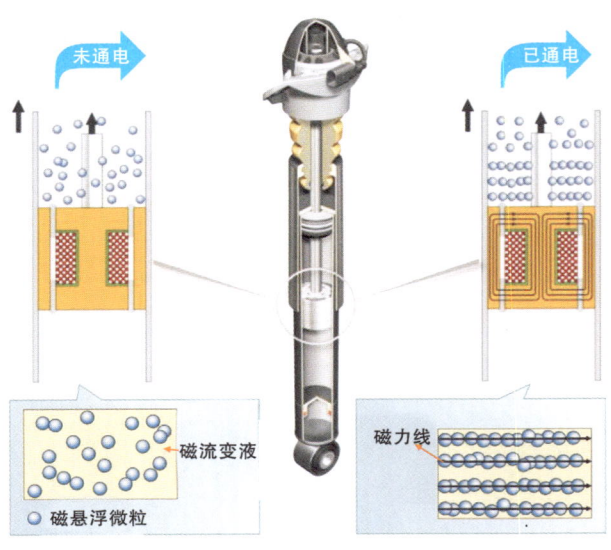

图1-45　磁流变减振器工作原理示意图

项目一 汽车悬挂系统

电磁线圈未通电：减振器油内的磁悬浮微粒呈杂乱无序状态，彼此之间没有力的作用。在活塞运动时，这些微粒与油液一同从活塞孔被压出。这时的减振力（阻尼力）相对较小，该力取决于减振器油的基本黏度值。

电磁线圈已通电：微粒会按照磁场的磁力线方向排列，特别是活塞孔内聚集了一长串微粒。这就增大了油液与孔壁的摩擦力，因而也增大了流变压力和减振力（阻尼力）。

每个减振器的伸长和压缩都是单独调节的。在不到 1ms 内，控制单元就可计算出控制减振器所需要的电流大小。磁流变减振器位置图如图 1-46 所示，磁流变减振器功能图如图 1-47 所示。磁流变减振器特性与传统减振器特性的对比如图 1-48 所示。

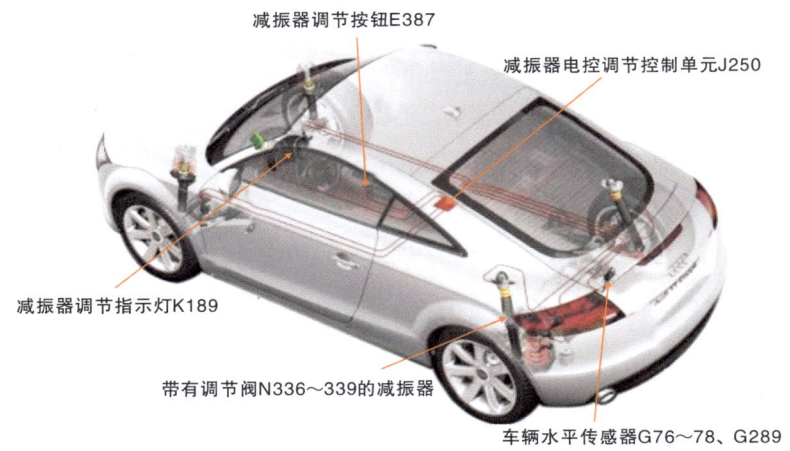

图 1-46 磁流变减振器位置图

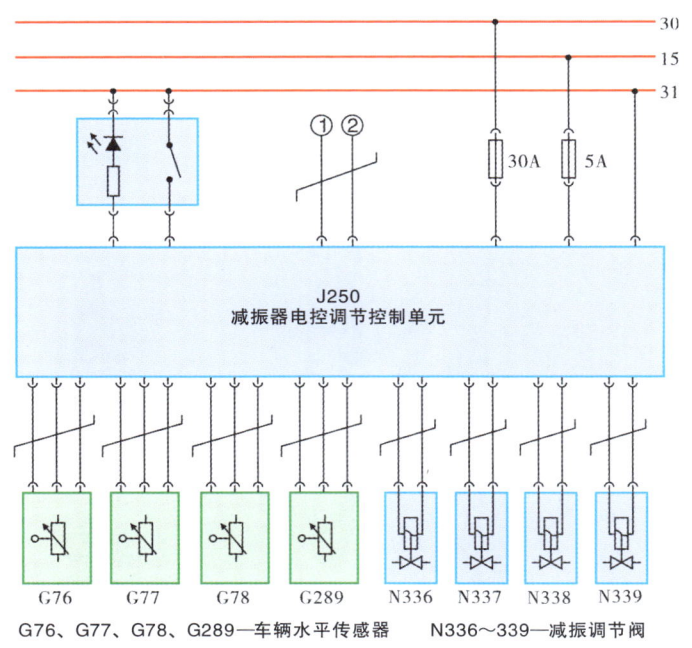

图 1-47 磁流变减振器功能图

任务二 悬架的分类和检测

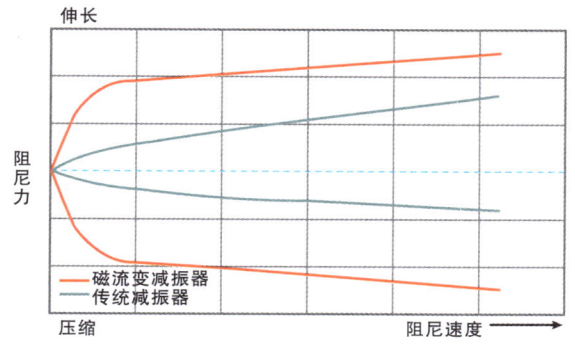

图 1-48 磁流变减振器特性与传统减振器特性的对比

系统出现故障时的表现：如果某个减振器的电控功能出现故障，那么只将这个减振器关闭，警报灯会接通并会存储该故障。如果多个减振器的电控功能出现故障，那么所有减振器都被关闭，警报灯会接通并会存储该故障。如果识别出控制单元处理器出现故障，那么就用恒定电流来控制减振器，警报灯会接通并会存储该故障。如果传感器信号及 CAN 总线信息不可靠，那么会根据故障的具体情况启动各种应急程序，以便尽可能好地进行减振器调节，这时警报灯会接通并会存储这些故障。

5. 自适应空气悬架（AAS）

自适应空气悬架可自动调整车身高度和减振，有自动、舒适、运动、坏路 4 种模式可选，空气悬架上的剩余压力保持阀用于保证空气悬架内的最小压力。自适应空气悬架位置图如图 1-49 所示。

图 1-49 自适应空气悬架位置图

25

项目一 汽车悬挂系统

二、悬架的故障诊断与排除

悬架用于连接车身和车轮，起到"承上启下"的作用。它的好坏直接影响乘坐舒适性和行驶稳定性及安全性。其主要故障如下。

▶ 1. 钢板弹簧折断

1）故障现象

汽车行驶时，方向定向跑偏；停车检查时，车身向一侧倾斜。

2）故障原因

（1）车辆在不平路面上超载、超速运行，或者转弯时车速过快，负荷突然增大。

（2）车辆长期在超载或装载不均匀的状况下使用，在封存车辆时，未按规定解除钢板弹簧的负荷。

（3）维护不及时，钢板弹簧片之间润滑不良或根本无润滑，使钢板弹簧片间的相对移位能力降低，造成承载能力下降而断裂。

（4）弹簧夹松动，负荷集中在钢板弹簧上面几片，上面几片容易断裂。

（5）更换的新钢板弹簧片曲率与原片曲率不同。

（6）汽车紧急制动过多，或者在满载下坡时，使用紧急制动使汽车负荷前移，前钢板弹簧突受额外负荷，造成钢板弹簧的一、二片断裂。

3）故障诊断与排除

（1）若在汽车行驶中听到"呱嗒、呱嗒"的金属撞击声，则将车辆支起，使钢板弹簧处于自由状态，在钢板弹簧支架端用撬棒上下撬动钢板弹簧，若能撬动，说明钢板弹簧销、衬套、吊环支架间的间隙过大。

（2）若汽车在正常装载条件下行驶，车架与钢板弹簧之间发生撞击，当行驶在不平路面上时，产生的异响更大，则将车辆支起，使弹簧处于自由状态，测量弹簧弧高，若不符合规定，或者钢板弹簧反垂、钢板弹簧软垫破裂，则表明钢板弹簧因疲劳而失效，应更换。

▶ 2. 减振器失效

1）故障现象

汽车在不平路面上行驶，车身剧烈振动并连续跳动，有时在一定范围内会发生"摆头"现象。

2）故障原因

（1）减振器连接销（杆）脱落或橡胶衬套（软垫）磨损破裂。

（2）减振器油量不足或存有空气。

（3）减振器阀门密封不良。

（4）减振器活塞与缸筒磨损过量，配合松旷。

26

任务二 悬架的分类和检测

3）故障诊断与排除

（1）检查减振器连接销（杆）、橡胶衬垫、连接孔是否有损坏、脱落、破裂现象，若有应及时更换。

（2）检查减振器是否有漏油痕迹。

（3）用力按汽车保险杠，手放松，若车身能跳跃两三次，说明减振器良好；反之，说明故障在减振器内部，应更换。

3. 减振器漏油

1）故障现象

在减振器油封处或活塞连杆处有漏油痕迹。

2）故障原因

（1）油封垫圈、密封垫圈破裂，储油缸盖螺母松动。

（2）减振器活塞杆弯曲或表面拉伤，破坏了油封。

3）故障诊断与排除

（1）拧紧储油缸盖螺母，若仍有油液漏出，则是油封或密封垫圈失效。

（2）更换新密封件后仍漏油，则应拉压减振器，若感到发卡、轻重不一，则应进一步检查活塞杆是否弯曲，表面是否有划痕。

4. 前悬架有噪声

1）故障现象

汽车在行驶过程中，特别是道路颠簸、突然制动、转弯时，从前悬架部位发出噪声。

2）故障原因

（1）前减振器、转向节、下摆臂的连接螺栓松动。

（2）前减振器漏油严重或前减振器活塞杆与缸筒磨损严重。

（3）下摆臂的前后橡胶衬套磨损、老化或损坏。

（4）螺旋弹簧失效或折断。

3）故障诊断与排除

（1）如果前减振器、转向节、下摆臂的连接螺栓松动，则应重新紧固各松动螺栓。

（2）如果前减振器漏油严重或前减振器活塞杆与缸筒磨损严重，则须更换前减振器。

（3）如果下摆臂的前后橡胶衬套磨损、老化或损坏，则须更换橡胶衬套。

（4）如果螺旋弹簧失效或折断，则须更换螺旋弹簧。

5. 后悬架有噪声

1）故障现象

汽车在行驶过程中，特别是道路颠簸、突然加速、转弯时，从后悬架部位发出噪声。

2）故障原因

（1）后减振器漏油或损坏。
（2）后减振器端缓冲套损坏。
（3）后轮毂轴承损坏。
（4）后桥体橡胶支撑损坏。
（5）后减振器的螺旋弹簧损坏，纵摆臂与后轴管支架之间的滚针轴承损坏。
（6）扭杆与纵摆臂、后轴管支架总成的花键磨损松动。
（7）后悬架各紧固螺栓或螺母松动。

3）故障诊断与排除

（1）如果后减振器漏油或损坏，则应更换后减振器。
（2）如果后减振器端缓冲套损坏，则应更换缓冲套。
（3）如果后轮毂轴承损坏，则应更换轴承。
（4）如果后桥体橡胶支撑损坏，则须更换后桥体橡胶支撑。
（5）如果后减振器的螺旋弹簧损坏，则须更换螺旋弹簧。
（6）如果扭杆与纵摆臂、后轴管支架之间的滚针轴承损坏，则须更换滚针轴承。
（7）如果扭杆与纵摆臂、后轴管支架总成的花键磨损松动，则须更换扭杆。
（8）如果后悬架各紧固螺栓或螺母松动，则须紧固螺栓或螺母。

▶ 6. 前轮自动跑偏

1）故障现象

汽车行驶时，不能保持直线行驶，而自动偏向一边。

2）故障原因

（1）两前轮的气压不一致。
（2）两前轮轮胎磨损不一致。
（3）左、右螺旋弹簧损坏或产生永久变形。
（4）左、右前减振器损坏或变形。
（5）前轮定位角不正确。
（6）横向稳定杆橡胶套损坏或固定螺栓松动。

3）故障诊断与排除

（1）若两前轮的气压不一致，导致跑偏，则应将两前轮均充至正常气压。
（2）若两前轮轮胎磨损不一致，则须更换成色相同的轮胎。
（3）若左、右螺旋弹簧损坏或产生永久变形，则须两侧一起更换螺旋弹簧。
（4）若左、右前减振器损坏或变形，则须更换前减振器。
（5）如果前轮定位角不正确，则须重新检查和调整前轮定位角。
（6）若横向稳定杆橡胶套损坏或固定螺栓松动，则须更换橡胶套并重新紧固螺栓。

7. 前轮摆动

1）故障现象

汽车行驶过程中，在达到某一速度时，出现方向盘发抖、摆振现象。

2）故障原因

（1）轮毂的钢圈螺栓松动。
（2）前悬架螺栓松动。
（3）前轮毂轴承磨损。
（4）车轮轮辋产生偏摆。
（5）车轮动不平衡。
（6）下摆臂的球头销磨损或松动。
（7）转向横拉杆球头销磨损或松动。
（8）前轮定位角不正确。

3）故障诊断与排除

（1）如果轮毂的钢圈螺栓松动，则须按照规定力矩和顺序紧固钢圈螺栓。
（2）如果前悬架螺栓松动，则须紧固转向节、前减振器及下摆臂的紧固螺栓或螺母。
（3）如果前轮毂轴承磨损，则须更换轴承。
（4）如果车轮轮辋产生偏摆，则须更换轮辋。
（5）如果车轮动不平衡，则须做车轮动平衡。
（6）如果下摆臂的球头销磨损或松动，则须更换球头销。
（7）如果转向横拉杆球头销磨损或松动，则须更换球头销。
（8）如果前轮定位角不正确，则须校正前轮的前束和外倾角。

8. 后轮摆动

1）故障现象

汽车保持直线行驶时，当达到某一速度后，后轮有明显的左右摆动现象。

2）故障原因

（1）后轮轮毂偏摆。
（2）后车轮动不平衡。
（3）后摆臂上短轴变形。
（4）后轮毂轴承损坏或间隙过大。
（5）后桥体变形。
（6）后减振器失效。

3）故障诊断与排除

（1）如果后轮轮毂偏摆，则须更换后轮轮毂。
（2）如果后车轮动不平衡，则须做后车轮动平衡。

（3）如果后摆臂上短轴变形，则须更换短轴。
（4）如果后轮毂轴承间隙过大，则须进行后轮毂轴承间隙调整。
（5）如果后轮毂轴承损坏，则须更换轴承。
（6）如果后桥体变形，则须更换后桥体。
（7）如果后减振器失效，则须更换后减振器。

任务二 悬架的分类和检测

任务实践

▶ **1. 实践名称**

悬架的检测。

▶ **2. 实践准备**

卷尺、举升机、实训车辆、常用工具等。

▶ **3. 实践要求与注意事项**

（1）明确操作规范和职责范围，预防潜在危险。
（2）实践操作过程中保持场地卫生及安全，不嬉戏打闹。
（3）在使用举升机的过程中应上好保险后再开始工作。
（4）使用维修手册时，要注意避免破损，手册与使用车型相对应。

▶ **4. 操作步骤及检修**

1）基本检查

（1）测试减振器状况。

首先进行悬架就车检测，将车辆反复摇动 3 次或 4 次，每次推力尽量相同。加弹时，应注意支柱的阻力和车身回弹的次数，若松手后回弹 1~2 次，车身立即停止回弹，且左右两侧回弹次数相同，表明减振器（支柱）正常，如图 1-50 所示。

你检测的结果是 _____，处理措施是 _____。

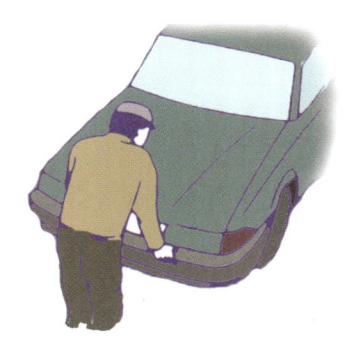

图 1-50 悬架就车检测

项目一 汽车悬挂系统

（2）测量汽车离地高度。

按照维修手册，确定测量点，从前到后或从左到右测量汽车离地高度，如图 1–51 所示。如果存在高度不同的现象，表明螺旋弹簧变软。需要注意的是，不同车型的测量点是不同的，即使是同一公司生产的不同车型也会不同。

你检测的结果是_____，处理措施是_____。

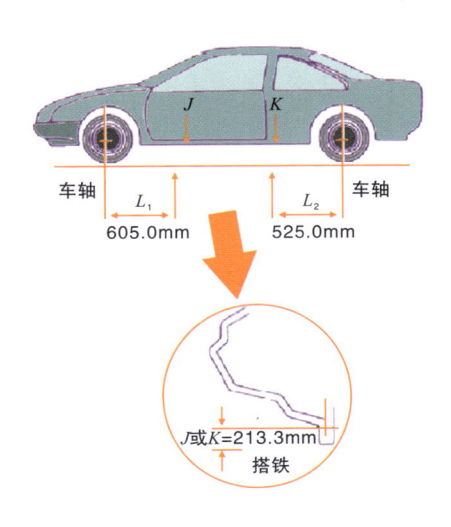

图 1–51 测量汽车离地高度

2）道路测试

（1）在停放的车辆或墙边行驶。由车辆悬架或轮胎产生的任何噪声都可以在物体上发生反射，如一排沿着街道放置的静止车辆或一堵墙。为了取得更好的效果，打开车窗，在静止车辆旁或左侧挡墙旁驾驶，再按照上述方法靠近右侧驾驶。通常产生噪声的是有缺陷的车轮轴承或动力转向泵，并能够在测试期间听到。

你检测的结果是_____，处理措施是_____。

（2）在车道上驾驶。在悬架遇到冲撞的瞬间转向时，经常会引起悬架故障。此时，慢慢地驾驶汽车到带有路缘石的车道上，重复做一遍，反应会更加明显。当车轮转动时，路缘石引起悬架压缩。在测试期间，有缺陷的横向稳定杆衬套、控制臂衬套和球节通常会产生噪声。

你检测的结果是_____，处理措施是_____。

（3）转弯时倒车驾驶。这通常用于发现在前轮驱动车辆的驱动桥轴上使用的外部等速万向节可能存在的缺陷。它推动悬架系统以与正常方向相反的方向工作，从而引起悬架系统中的任何过度间隙逆转，同时经常在测试期间产生噪声或引起振动。除了有缺陷的等速万向节，这个测试还经常能够发现控制臂衬套、球节、稳定杆衬套或连接件的磨损；也能够发现有缺陷或磨损的转向系统零部件，如随动转向臂、横拉杆球接头或中间拉杆。

你检测的结果是 _____，处理措施是 _____。

（4）在崎岖不平的道路上驾驶。当在有凹陷或凸起的道路上驾驶时，磨损或有缺陷的悬架（和转向）零部件会引起车辆颠簸或从一侧快速地冲向另一侧。磨损或有缺陷的球节、控制臂衬套、横向稳定杆衬套、横向稳定杆铰接头或磨损的减振器可能导致这种现象。

你检测的结果是 _____，处理措施是 _____。

一旦确认了故障，就要在修理间进行进一步检查。

3）悬架元件的检修

（1）减振器的检修。

汽车行驶过程中，若减振器发出异常响声，说明减振器已损坏，需要检修。首先检查减振器渗油情况，若减振器渗油较少，则不必更换，可查找渗油部位进行修复；若减振器渗油较多，则应更换；漏油的减振器不能继续使用。

你检测的结果是 _____，处理措施是 _____。

检查或更换减振器时必须把它拆卸下来。先用拉具压住弹簧座圈，压缩螺旋弹簧，然后进行开槽螺母和螺母盖的拆卸和安装，应按图1-52和图1-53进行操作，否则易发生伤害事故。

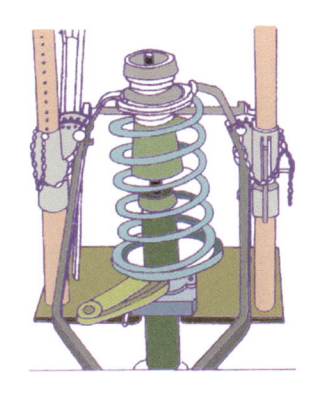

图1-52　压缩螺旋弹簧　　　　　　　　图1-53　减振器的拆装

（2）前悬架支撑柱的检修。

零件拆卸下来后，应进行全面清洗、检查，若发现下列情况，必须更换新件。

①挡泥板严重变形、扭曲。

②制动盘工作面严重磨损或工作面出现裂纹（包括小裂纹）。

③弹簧挡圈变形、失效。

④轴承损坏（轴承只能成套调换）。

⑤轮毂花键严重磨损或有较大裂纹。

⑥前悬架支撑焊接件的任何一条焊缝及其他各处出现裂纹或严重变形（焊接件在修理时不可进行焊接或校正）。

你检测的结果是 _____，处理措施是 _____。

项目一　汽车悬挂系统

（3）车辆升起前的检查。

①减振器减振力检查：在车前、车后通过上下晃动车身确定减振器的减振力大小，并且检查车身停止晃动的时间长短。

②车辆倾斜检查：目视观察车辆是否倾斜。如果车辆倾斜，则须检查轮胎气压、左右车轮的尺寸及车辆承载是否均匀。

（4）车辆升起后的检查。

①减振器：检查减振器是否有凹痕、是否漏油，检查防尘套是否有裂纹或损坏。

②弹性元件：检查钢板弹簧或螺旋弹簧、扭杆弹簧等是否损坏。

③其他部位：检查悬架的其他部位，如摆臂、稳定杆、推力杆等是否损坏。

④检查连接情况：用手晃动悬架的主要元件，检查是否磨损或松动。最后用扭力扳手将螺母或螺栓按规定力矩紧固。

你检测的结果是 ＿＿＿＿＿＿＿＿＿＿＿＿＿＿＿，处理措施是 ＿＿＿＿＿＿＿＿＿＿＿＿＿＿＿＿＿＿＿。

5. 实践总结

任务练习

一、填空题

1. 根据悬架结构不同分类，汽车悬架可分为 _____ 与 _____ 两大类。
2. 非独立悬架因其 _____、_____，被广范应用于 _____ 的前、后悬架。
3. 螺旋弹簧作为弹性元件只能承受 _____，所以其悬架系统要加设 _____ 和 _____。

二、判断题

1. 螺旋弹簧式非独立悬架一般只作为乘用车的后悬架。　　　　　　　　　　（　　）
2. 弹簧悬架高度不在规定的尺寸范围内，就需要调整行车高度。　　　　　　（　　）
3. 轮胎缘距与轮胎磨损角度无关。　　　　　　　　　　　　　　　　　　　（　　）
4. 轮胎缘距为轮胎上缘与轮胎下缘之间的距离。　　　　　　　　　　　　　（　　）
5. 外倾角一般设计为不可调整。　　　　　　　　　　　　　　　　　　　　（　　）

三、选择题

1. 下列（　　）不是悬挂系统的组成部分。
   A. 导向元件　　　　　　　　　　　　B. 减振器
   C. 前桥　　　　　　　　　　　　　　D. 横向稳定杆

2. 下列（　　）会引起胎面中央磨损。
   A. 轮胎不经常旋转换位　　　　　　　B. 外倾角不恰当
   C. 轮胎充气压力过低　　　　　　　　D. 轮胎充气压力过高

3. 下列（　　）故障会引起车身侧倾过大，从而导致危险操作、乘坐不舒适和噪声。
   A. 横拉杆损坏　　　　　　　　　　　B. 减振器损坏
   C. 轮胎缘距调整不正确　　　　　　　D. 后倾角调整不正确

4. 车辆上下振动时产生异常噪声，下列选项中除（　　）外，都可能产生此故障。
   A. 控制臂衬套破损　　　　　　　　　B. 横拉杆端头磨损
   C. 减振器磨损　　　　　　　　　　　D. 弹簧垫块磨损

四、问答题

1. 简述悬架的道路测试步骤及诊断方法。
2. 钢板弹簧易折断的故障原因有哪些？如何排除？

项目一 汽车悬挂系统

任务三 车轮与轮胎的检修

任务目标

完成本学习任务后,学生在基础知识和基本技能方面应达到以下要求。

● 知识目标

(1)熟知车轮的功用与结构。

(2)熟知轮胎的功用与结构。

(3)掌握轮胎的换位方法。

● 能力目标

(1)能够对车轮进行动平衡检测。

(2)能够对轮胎进行拆装与检测。

任务引入

通常所说的汽车车轮实际上应称为车轮总成,它包括车轮和轮胎两部分。车轮和轮胎是汽车行驶系统中的重要部件。其作用是支承全车的重量,吸收、缓和路面传来的冲击力。下面进入车轮与轮胎的检修的学习。

任务三　车轮与轮胎的检修

相关知识

汽车车轮总成如图1-54所示，它由车轮和轮胎两大部分组成，是汽车行驶系统中的重要部件。其主要作用包括：支承整车重量；缓和由路面传来的冲击载荷；通过轮胎和路面之间的附着作用来产生驱动力和制动力；保证汽车正常行驶的同时，通过轮胎产生自动回正力矩，使汽车保持稳定的直线行驶方向。

图 1-54　车轮总成

此外，车轮和轮胎还是汽车重要的安全部件，几乎所有的汽车行驶性能都与轮胎有关。

一、车轮

1. 车轮的功用

车轮是介于轮胎和车桥之间承受负荷的旋转部件，其作用是安装轮胎，连接车桥并承受轮胎与车桥之间的各种载荷。

2. 车轮的组成

车轮一般由轮毂、轮辋和轮辐组成。轮毂通过螺栓将车轮固定在车桥上，轮辋用于安装和固定轮胎，轮辐将轮毂和轮辋连接起来。车轮如图1-55所示。

图 1-55　车轮

3. 车轮的类型及结构

1）轮辐

按照轮辐结构的不同，车轮可以分为辐板式车轮和辐条式车轮两种。

（1）辐板式车轮。

车轮中用以连接轮毂和轮辋的钢质圆盘称为辐板，大多是冲压制成的。目前，普通轿车和货车普遍采用辐板式车轮，其结构如图1-56所示。

（2）辐条式车轮。

按辐条结构的不同，辐条式车轮又分为钢丝辐条式车轮和铸造辐条式车轮，如图1-57所示。

钢丝辐条式车轮的结构与自行车车轮完全一样，由于其价格昂贵、维修与安装不便，故仅用于赛车和某些高级轿车。另外，钢丝辐条式车轮还不能与无内胎轮胎组合使用。因此，现代轿车广泛采用铝合金辐条式车轮，即辐条与轮毂铸成一体，其质量小，尺寸精度高，生产工艺好，美观大方，可以明显改善车轮的空气动力学特性，降低汽车油耗。

（a）钢丝辐条式车轮　　（b）铸造辐条式车轮

图1-56　辐板式车轮　　　图1-57　辐条式车轮

2）轮辋

轮辋也称钢圈，按其轮廓结构不同，可分为深槽轮辋、平底轮辋和对开式轮辋。

（1）深槽轮辋。

深槽轮辋是一种整体式轮辋，其断面中部为一深凹槽，可使轮胎拆装方便，如图1-58所示。它主要用于轿车及轻型越野汽车。它有带肩的凸缘，用以安放外胎的胎圈，其肩部通常略向中间倾斜，倾斜角一般是5°±1°。倾斜部分的最大直径称为轮胎胎圈与轮辋的折合直径。深槽轮辋结构简单，刚度大，质量较小，对于小尺寸、弹性较大的轮胎最适宜。尺寸较大又较硬的轮胎，则很难装进这样的整体式轮辋内。

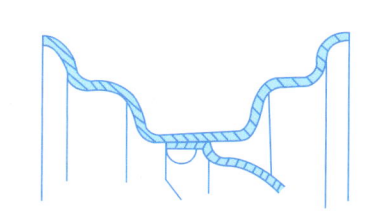

图1-58　深槽轮辋

（2）平底轮辋。

平底轮辋的结构形式很多，如图1-59所示的轮辋断面中部是平直的。挡圈是整体式的，用一个开口弹性锁圈将挡圈固定在轮辋上。在安装轮胎时，先将轮胎套在轮辋上，然后套上挡圈，并将它向内推，直至越过轮辋上的环形槽，再将开口的弹性锁圈嵌入环形槽中。这种轮辋适用于尺寸较大而弹性较小的轮胎。

（3）对开式轮辋。

对开式轮辋由内外两部分组成，其内外轮辋的宽度可以相等，也可以不等，两者用螺栓连成一体。拆装轮胎时，拆卸螺母即可。对开式轮辋如图1-60所示。

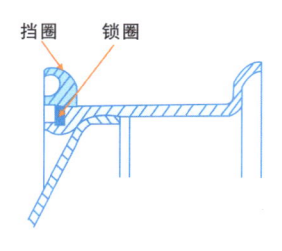

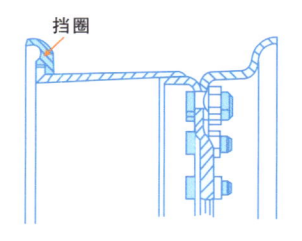

图1-59 平底轮辋　　　　　　　　图1-60 对开式轮辋

下面介绍国产轮辋规格的表示方法。国产轮辋规格用一组数字、字母和符号的组合表示，分为几部分，各部分的含义及具体内容如图1-61所示。

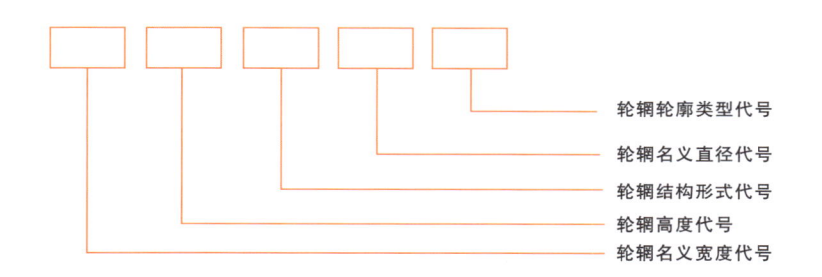

图1-61 国产轮辋规格的表示方法

轮辋名义宽度代号：以数字表示，一般取小数点后两位，单位为in（当以mm表示时，要求轮胎与轮辋的单位一致）。

轮辋高度代号：用一个或几个拉丁字母表示，如C、D、E、F、J、K、L、V等。常用代号及相应高度值见表1-2。

表1-2 轮辋高度代号及高度值（单位：mm）

C	D	E	F	G	H	J	K
15.88	17.45	19.81	22.23	27.94	33.73	17.27	19.26
L	P	R	S	T	V	W	
21.59	25.40	28.58	33.33	38.10	44.45	50.80	

轮辋结构形式代号：用符号"×"表示一件式轮辋，用"-"表示多件式轮辋。一件式轮辋是指轮辋为整体式的，只有一件；而多件式轮辋由轮辋体、挡圈、锁圈等多个部件组成。

轮辋名义直径代号：以数字表示，单位为in（当以mm表示时，要求轮胎与轮辋的单位一致）。

轮辋轮廓类型代号：用几个字母表示，每个代号所表示的轮辋轮廓类型如图1-62所示。

项目一 汽车悬挂系统

深槽轮辋（DC）　　　　　深槽宽轮辋（WDC）

半深槽轮辋（SDC）　　　　平底轮辋（FB）

平底宽轮辋（WFB）　　　　全斜底轮辋（TB）

对开式轮辋（DT）

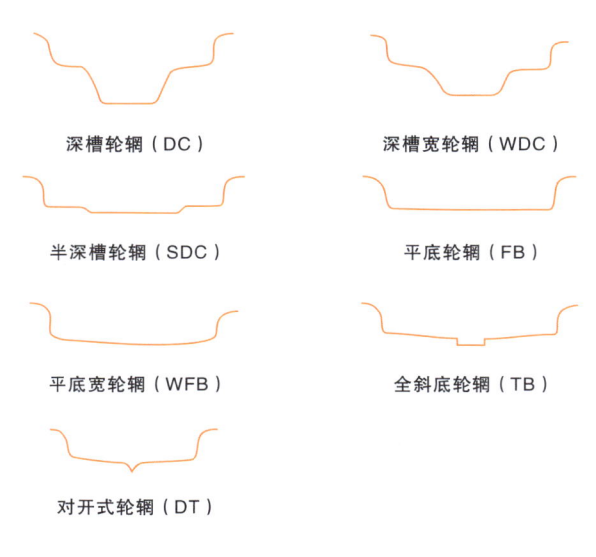

图 1-62　轮辋轮廓类型及代号

二、轮胎

1. 轮胎的作用

轮胎安装在轮辋上，直接与路面接触，它的主要作用包括：支承汽车的重量，承受路面传来的各种载荷；和汽车悬架共同缓和汽车行驶中受到的冲击，并衰减由此产生的振动，以保证汽车有良好的乘坐舒适性和行驶平顺性；保证车轮和路面有良好的附着性，以提高汽车的动力性、制动性和通过性。

轮胎的作用可以概括为支承、缓冲、减振和提高附着性。

2. 轮胎的组成

轮胎按结构可分为斜交轮胎和子午线轮胎。两者结构基本一致，只是由于胎体结构帘布层排列上的差异而存在一些差别。子午线轮胎的结构与组成如图 1-63 所示。

1）胎面

胎面是直接和路面接触的部分，是外胎的外表层，包括胎冠、胎肩、胎侧三部分。

2）胎体

作为轮胎最重要的结构，整个内层帘布被称为胎体。胎体的主要作用是维持气压，承受垂直载荷，同时吸收振动。

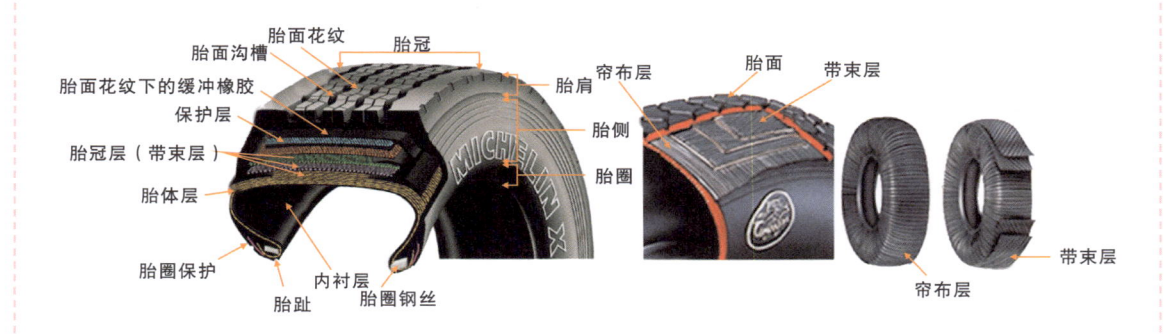

图 1-63 子午线轮胎的结构与组成

3）带束层

带束层是子午线轮胎或带束斜交轮胎的胎面与胎体之间的一个强化层。它的功能与缓冲层相似，通过紧紧包裹胎体来增加胎面的刚性。

4）胎圈（直接和轮辋接触的部分）

胎圈把轮胎附在轮辋上，在接口处包覆帘布。胎圈由胎圈钢丝、胎圈包布和其他零件组成。胎圈一般紧绕轮辋，可保证气压突然增大时，轮胎也不会脱离轮辋。

3. 轮胎规格标记

轮胎规格标记如图 1-64 所示。

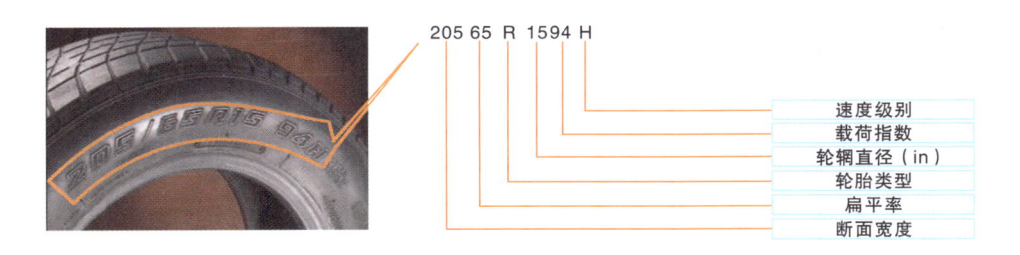

图 1-64 轮胎规格标记

说明：

（1）断面宽度：轮胎正常充气后两侧面间的距离，用数字表示，单位为 mm，如 205、215、195 等。

（2）扁平率：轮胎断面的高度与宽度之比，用数字表示。扁平率越小，车身底部与地面的间隙就越小，车身下的空气阻力就越小。

轮胎常用的扁平率如图 1-65 所示。例如，75 系列表示这一系列轮胎的断面高度是断面宽度的 75%。注意，随着扁平率的增大，车身距离地面的高度也将变大，这会改变车辆的乘坐舒适性和操控性。通常，随着扁平率的减小，车辆的乘坐舒适性下降，但操控性有所改善。相反，

项目一 汽车悬挂系统

随着扁平率的增大，乘坐舒适性有所改善，但车辆操控性下降。消费者购买轮胎时，应该根据用户使用手册确定轮胎规格，常见轮胎及应用车型见表1-3。

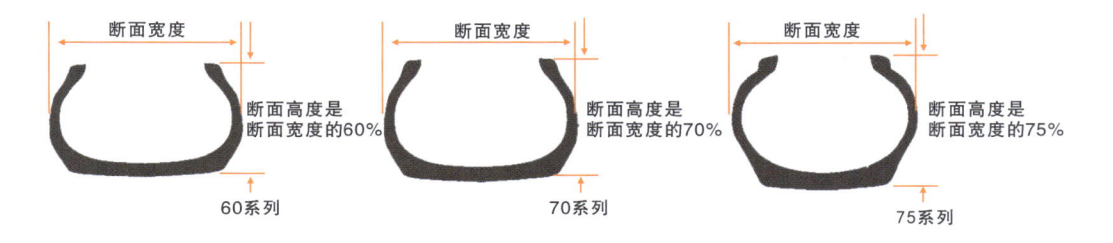

图1-65 轮胎常用的扁平率

表1-3 常见轮胎及应用车型

轮 胎	应用车型
195/60 R14 82	上海通用别克赛欧、雪铁龙爱丽舍、捷达王、波罗1.4MT等
195/60 R14 86	桑塔纳Gli、桑塔纳2000等
195/65 R15 91	广本2.3Vti、广本2.0 Exi、帕萨特1.8 Gsi、宝来1.8等
205/60 R15 91	奥迪A6 1.8/1.8T/2.4、红旗CA7202、风神蓝鸟2.0i、现代索纳塔2.0 GLS
205/65 R15 94	广本雅阁3.0 V6、尼桑风度3.0GV、2.0G、丰田佳美3.0 V6 XLE等
215/70 R15 98	通用别克新世纪、通用别克GL8商务车、林肯城市等
225/60 R16 98	奔驰S280（1999款）、奔驰S320（1999款）、奔驰S500（1999款）

（3）轮胎类型：用字母表示轮胎的结构形式。R代表子午线轮胎，B代表带束斜交轮胎，D代表普通斜交轮胎。

（4）轮辋直径：用数字表示轮辋直径，单位为in，最常用的汽车轮辋直径有13in、14in、15in和16in。

（5）载荷指数：用数字表示荷重等级，即最大载荷质量。例如，荷重等级为85的轮胎的最大载荷质量为515kg。

（6）速度级别：用字母表示速度级别，表明轮胎的最高行驶速度。例如，H表示最高行驶速度为210km/h。

我国采用了国际标准化组织（ISO）规定的速度级别。最高行驶速度应符合表1-4的规定。

表1-4 最高行驶速度

轮胎结构	速度级别	不同轮辋直径轮胎的最高行驶速度/（km/h）		
		10	12	≥13
斜交轮胎	P	120	135	150
子午线轮胎	Q	135	145	160
	S	150	165	180
	H		195	210

4. 轮胎的性能

为了正确掌握轮胎的使用方法，有必要了解轮胎的基本性能。轮胎的性能包括行驶阻力、轮胎所产生的热量、轮胎的制动效能、胎面花纹噪声、驻波、浮滑现象、轮胎磨损等。

1）行驶阻力

汽车行驶中受到的阻力有传动系统中的摩擦阻力、加速过程中的惯性阻力、在斜坡路段由重力等造成的爬坡阻力、空气阻力、轮胎的滚动阻力。

2）轮胎所产生的热量

橡胶、帘布层帘线等材料在轮胎变形时吸收能量并将其转化为热量，因为它们都是不良导体，不能使产生的热量快速散发，所以热量积累在轮胎材料内部，造成轮胎内部温度上升。过量的热量积累，会削弱各橡胶层与轮胎帘线之间的黏合力，最终导致各橡胶层分离，甚至使轮胎爆裂。积累在轮胎内的热量因充气压力、载荷、车速、胎面纹槽深度及轮胎结构等因素而异。

3）制动效能

轮胎与路面之间所产生的制动力可使汽车减速或停车。制动力的大小取决于路面条件、轮胎类型、轮胎结构及轮胎工作的其他条件。轮胎的制动效能可用其摩擦系数评估。摩擦系数越小，则轮胎所产生的摩擦力越小，制动距离越长。

4）胎面花纹噪声

胎面花纹噪声是轮胎最突出的工作声音。与路面接触的胎面纹槽中含有空气，这些空气密封在纹槽与路面之间，并受到压缩。当轮胎离开路面时，受到压缩的空气便从纹槽中突然冲出，产生噪声，这就是胎面花纹噪声。

5）驻波

车辆行驶过程中，随着胎面新的部分与路面接触，轮胎便不断变形。稍后，当该部分胎面离开路面时，轮胎内的空气压力及轮胎本身的弹性会使轮胎恢复原状。当车速较高时，轮胎没有足够的时间来完成这一复原过程。在短暂的时间间隔中，不断地重复上述过程，便会使胎面振动，这些振动被称为驻波。驻波在轮胎附近不断传播，储存在驻波中心的能量大部分转化为热量，使轮胎温度急剧升高。某些情况下，这种热量会导致轮胎爆裂，甚至在几分钟内将轮胎毁坏。一般情况下，轿车轮胎的最大允许速度由出现驻波时的车速决定。

6）浮滑现象

如果车速太高，胎面没有足够的时间从路面上排开积水，不能附着在路面上，车辆便会在积水路面上打滑，这种现象称为浮滑现象。这是因为当车速升高时，水的阻力也相应增大，迫使轮胎"浮"在水面上。

7）轮胎磨损

轮胎在路面上滑动时所产生的摩擦力，会使胎面和其他橡胶面遭受损失或损坏，这就是轮胎磨损。轮胎磨损与充气压力、载荷、车速、路面条件、温度等因素有关。

项目一 汽车悬挂系统

▶ 5. 轮胎换位

轮胎换位可使胎面磨损均匀，能充分合理地使用轮胎，并延长轮胎的使用寿命。建议每行驶 8000~10000 km 对车辆做一次轮胎换位，应根据轮胎的不同特点采用不同的换位方法，如图 1-66 所示。

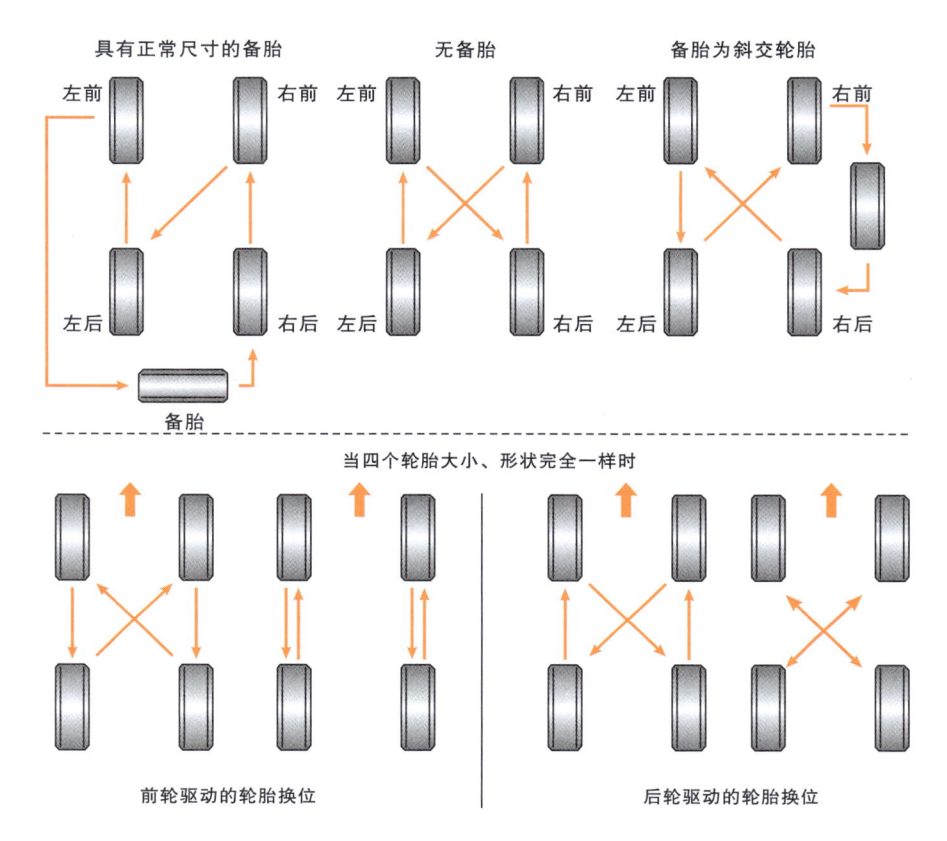

图 1-66 使轮胎磨损均匀的几种轮胎换位方法

▶ 6. 轮胎的静、动平衡

车轮与轮胎是高速旋转的组件，如果不平衡，会使其在超过某一速度行驶时产生共振，造成轮胎爆裂。不平衡也会引起底盘总成零部件损伤，使转向节磨损加剧，使减振器和其他悬架元件变形。就车轮本身而言，由于装有气门嘴，同时还与轮胎、传动轴等传动装置旋转部件组装在一起，产生不平衡在所难免，必须进行平衡的检测与调整。

轮胎有两种类型的平衡：静平衡和动平衡。

1) 静平衡

静平衡是质量围绕车轮等量分配，简单地说就是静止时平衡。不管车轮在其轴上处于什么位置都能保持不动，就达到了静平衡。

2）动平衡

动平衡就是使车轮在运动中保持平衡。轮胎旋转时，没有从一侧移动到另一侧的现象，就达到了动平衡。

为纠正动不平衡，在不平衡处互成 180° 放置两个相同的平衡块，一块在车轮内侧，一块在车轮外侧。这样可以纠正因不平衡质量而使车轮摆动的力偶作用。

3）车轮动平衡检测

（1）将轮子装上动平衡仪，选择大小合适的固定器。将原先的配重块拆除，如图 1-67 所示。

（2）将动平衡仪上的尺子拉出来测量动平衡仪到轮辋的距离，在第一个控制器上输入结果，如图 1-68 所示。

图 1-67　拆卸配重块　　　　图 1-68　测量动平衡仪到轮辋的距离

（3）用弯尺测量轮辋宽度，在第二个控制器上输入结果，如图 1-69 所示。

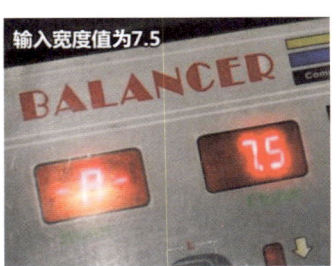

图 1-69　测量轮辋宽度

（4）在控制器上输入轮辋半径，按 START 键开始检测，如图 1-70 所示。

图 1-70　开始检测

项目一　汽车悬挂系统

（5）检测停止后，动平衡仪会显示轮辋内、外侧需要增加的砝码质量，如图 1-71 所示；转动轮胎，根据提示把砝码装上，如图 1-72 所示。

（6）安装完成。

图 1-71　动平衡仪数据显示　　　　　　图 1-72　安装砝码

任务三　车轮与轮胎的检修

任务实践

1. 实践名称

车轮的拆装与检测。

2. 实践准备

游标卡尺、举升机、撬棍、实训车辆、常用工具等。

3. 实践要求与注意事项

（1）明确操作规范和职责范围，预防潜在危险。
（2）实践操作过程中保持场地卫生及安全，不嬉戏打闹。
（3）在使用测量工具时，读数要精确并及时做好记录。
（4）使用维修手册时，要注意避免破损，手册与使用车型相对应。

4. 操作步骤及检修

1）车轮的拆装

（1）车轮的拆卸。
①停放好车辆，拉紧驻车制动器，如图1-73所示。
②安置好举升机的举升臂，然后稍微升起举升机，如图1-74所示。

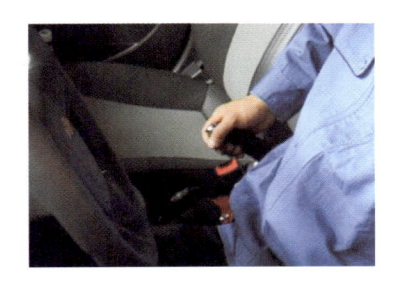

图1-73　停放车辆　　　　图1-74　升起举升机

③拧松轮胎固定螺栓，然后将车辆升至工作位置，如图1-75所示。
④逐一取下轮胎的紧固螺母，如图1-76所示。
⑤双手将轮胎托起并取下，如图1-77所示。
（2）车轮的安装。
①双手托起轮胎，将车轮装回，如图1-78所示。

项目一　汽车悬挂系统

图 1-75　拧松固定螺栓

图 1-76　取下紧固螺母

图 1-77　拆卸轮胎

图 1-78　安装轮胎

②逐一装上紧固螺栓并用扳手拧紧，如图 1-79 所示。
③放下举升机，将车辆放到地面，如图 1-80 所示。

图 1-79　安装紧固螺栓

图 1-80　将车辆放到地面

④紧固车轮螺母，拧紧力矩为 140N·m，如图 1-81 所示。
⑤安装完毕，移走举升臂，如图 1-82 所示。

图 1-81　紧固车轮螺母

图 1-82　移走举升臂

2）轮胎的拆装

（1）轮胎的拆卸。

①旋开气门，释放轮胎内的空气，将旧的平衡块去除，如图 1-83 所示。

②扳动手柄，使脱缘装置向外移开，将轮胎垂直置于脱缘装置与箱体靠架之间，并通过手柄将扳铲引至轮辋的外沿，如图 1-84 所示。

图 1-83　释放轮胎内的空气

图 1-84　将扳铲引至轮辋的外沿

③踩下脚踏开关，即引入板脱开过程，在轮胎两面轮辋外径的各个部位重复这一过程，直至轮胎凸缘完全与轮辋轮沿脱开，并滑入轮辋床内，如图 1-85 所示。

图 1-85　轮胎凸缘与轮辋轮沿脱开

④将轮胎置于转盘上，操作脚踏夹紧开关，夹紧轮辋，如图 1-86 所示。

图 1-86　夹紧轮辋

⑤扳动横臂，装拆头应处于最高位置，否则有损坏轮辋的危险。压下纵臂，在装拆头离轮辋边缘 3~4mm 的位置，拔下夹具手柄，锁定装拆头位置，如图 1-87 所示。

项目一 汽车悬挂系统

⑥用撬棍将轮胎凸缘撬起并滑抬至装拆头的拆卸凸块之上，如图1-88所示。

图1-87 锁定装拆头位置　　　　　图1-88 撬起轮胎凸缘

⑦踩下转盘开关，转盘将带动轮胎旋转，装拆头便能自如地将轮胎从轮辋上卸下，如图1-89所示。

⑧卸下上面的轮胎后，用同样的方法将下面的轮胎从轮辋中卸下，如图1-90所示。

⑨松开夹具手柄，纵臂复位。踩下脚踏开关，松开轮辋，即可将轮辋与轮胎从转盘上取下，拆卸完毕。

图1-89 拆卸轮胎　　　　　图1-90 拆卸下面的轮胎

（2）轮胎的安装。

①与拆卸轮胎的操作一样，将轮辋装入转盘并夹紧，如图1-91所示。

②将润滑膏涂抹在轮胎凸缘上，如图1-92所示。

图1-91 将轮辋装入转盘并夹紧　　　　　图1-92 涂抹润滑膏

③将轮胎斜置于夹紧的轮辋上，将装拆头移到正确的位置并夹紧，将轮胎凸缘前部引入装拆头滑轨上面。踏下转动开关，转盘转动，轮胎即自动转入轮圈。上、下两面的轮胎装配方法相同，先装下面，再装上面，如图1-93所示。

图1-93　安装轮胎

④松开手柄，移去装拆头，松开轮辋，取下轮胎，如图1-94所示。
⑤给轮胎充气，安装完毕，如图1-95所示。

图1-94　取下轮胎

图1-95　给轮胎充气

3）轮胎的检查

轮胎的检查主要是检查轮胎磨损程度和轮胎气压，轮胎磨损程度的检查包括胎面花纹深度的检查（图1-96）和轮胎异常磨损的检查。

轮胎磨损过度，花纹过浅，是行车重要的不安全因素。过度磨损的轮胎，除容易爆裂外，还会使汽车操纵稳定性变差。汽车在雨中高速行驶时，由于不能把水全部从胎下排出，轮胎将会出现浮滑现象，致使汽车失控。花纹越浅，浮滑的倾向越严重。而轮胎（包括备胎）气压的检查对于行车也是非常重要的。轮胎气压不足，会导致轮胎过热，并因轮胎的接地面积不均匀而产生不均匀磨损或胎肩和胎侧快速磨损，缩短轮胎的使用寿命，同时会增大滚动阻力、加大油耗，而且影响车辆的操控，严重时甚至引发交通事故。轮胎气压过高则使车身重量集中在胎面中心上，导致胎面中心快速磨损，不但会缩短轮胎的使用寿命，而且会降低车辆的乘坐舒适性。

图1-96　胎面花纹深度的检查

项目一 汽车悬挂系统

（1）轮胎异常磨损的检查。

观察胎面磨损标记或磨损指示条，可以确定轮胎是否过度磨损。磨损指示条是横贯轮胎表面的一窄条光滑橡胶，当轮胎严重磨损时，不管是均匀磨损或不均匀磨损，磨损指示条都会露出来。如果能够看到磨损指示条，说明轮胎已磨损过度，应更换轮胎。

你检测的数据是_____，处理措施是_____。

（2）轮胎气压的检查。

轮胎要按规定压力充气。充气压力的规定值取决于轮胎的类型、车辆的重量和驾驶性要求。此外，充气压力也要随温度的变化而变化。例如，在天气寒冷时，温度每降低10℃，充气压力要降低大约6.5kPa。无论冬季还是夏季都应按时检查轮胎的气压。

你检测的数据是_____，处理措施是_____。检查轮胎气压是否过高。充气压力过高，会增大轮胎的张力，胎侧会产生过度变形，不能进行正常的弯曲变形。这种情况会导致胎面中部磨损加剧，轮胎吸收路面冲击的能力将降低。轮胎气压过高或过低对轮胎的影响见表1-5。

表1-5 轮胎气压过高或过低对轮胎的影响

条件	胎肩快速磨损	胎冠快速磨损	胎面碎裂
结果			
起因	轮胎气压过低，没有进行轮胎换位	轮胎气压过高	轮胎气压过低或超速
在轮胎冷却状态下调整轮胎气压到规定值			

5. 实践总结

任务三 车轮与轮胎的检修

任务练习

一、填空题

1. 车轮一般由 _____、_____ 和 _____ 组成。轮毂通过螺栓将 _____ 固定在车桥上，轮辋用于安装和固定 _____，_____ 将轮毂和轮辋连接起来。
2. 按照 _____ 结构的不同，车轮可以分为 _____ 车轮和 _____ 车轮两种。
3. 按 _____ 结构的不同，辐条式车轮又分为 _____ 车轮和 _____ 车轮。
4. _____ 的作用可以概括为 _____、_____、_____ 和 _____。

二、判断题

1. 任何轮胎都没有速度限制。（　　）
2. 轮胎只要花纹深度足够就可以一直使用。（　　）
3. 经常使用紧急制动也会加速轮胎磨损。（　　）
4. 经常高速转弯不会加快轮胎外缘的磨损。（　　）
5. 轮胎气压是否合适对车轮的转向能力没有影响。（　　）
6. 4 个车轮的轮胎可以根据喜好随意选择搭配。（　　）

三、选择题

1. 如果车轮的前束调整不当，容易引起车胎的磨损特征是（　　）。
   A. 轮胎单侧胎肩磨损严重　　　　　　　B. 车胎胎冠表面有羽状横纹
   C. 车胎两侧胎肩都磨损严重　　　　　　D. 车胎胎圈磨损严重

2. 对轮胎耐磨性要求最高的部位是（　　）。
   A. 胎边部　　　　　　　　　　　　　　B. 胎肩部
   C. 胎圈部　　　　　　　　　　　　　　D. 胎冠部

3. 拆装轮胎时，对胎唇应涂抹专用润滑脂，防止撕裂，这是因为胎唇的主要作用是（　　）。
   A. 减振　　　　　　　　　　　　　　　B. 耐磨
   C. 密封　　　　　　　　　　　　　　　D. 冷却

四、问答题

1. 车轮的功用是什么？其基本组成部分有哪些？
2. 轮胎的功用是什么？其基本组成部分有哪些？
3. 如何对汽车轮胎进行检查？

项目一 汽车悬挂系统

任务四 四轮定位仪的使用

任务目标

完成本学习任务后，学生在基础知识和基本技能方面应达到以下要求。

● 知识目标
（1）掌握车轮定位的定义。
（2）掌握四轮定位仪的使用方法。

● 能力目标
（1）能够对车轮定位进行调整。
（2）能够对汽车进行四轮定位。

任务引入

四轮定位仪是一种精密测量仪器，用于检测汽车车轮定位参数，并与原厂设计参数进行对比，指导使用者对车轮定位参数进行相应调整，使其符合原设计要求，以达到理想的汽车行驶性能，即操纵轻便、行驶稳定可靠、减少轮胎偏磨损。下面进入四轮定位仪的使用的学习。

相关知识

一、车轮定位

车轮定位包括转向轮定位（也称前轮定位）和后轮定位。

为保证汽车直线行驶稳定、转向后能自动回正和减少轮胎的磨损，转向轮、转向节和前轴三者之间应保持一定的安装位置，称为转向轮定位。它包括主销后倾、主销内倾、前轮外倾和前轮前束四方面内容。

1. 主销后倾

主销安装在前轴上，上端略向后倾斜，称为主销后倾。主销后倾示意图如图1-97所示。在纵向平面内，主销轴线与垂线之间的夹角 γ 称为主销后倾角。主销后倾使得主销轴线在地面上的交点移向前方，造成它与轮胎的接地中心产生一段距离，这段距离称为主销拖距。拖距也可在接地中心的后方，此时主销为负后倾。对于主销轴线交于前方的正拖距，车轮容易维持直线方向。当车轮受外界干扰发生偏转而引起车辆转向时，由于拖距的存在，在地面侧向力、纵向力作用下形成回正力矩，使车轮重新回到直行位置。

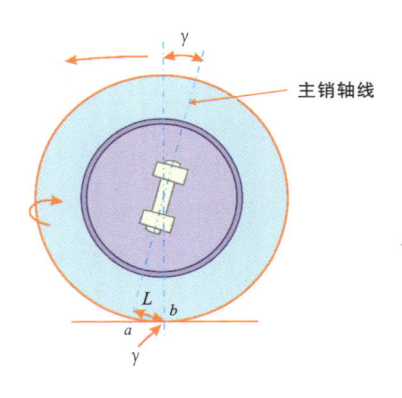

图1-97 主销后倾示意图

主销后倾的作用是增强汽车直线行驶时的稳定性和在转向后使前轮自动回正。

主销后倾角越大，车速越高，转向轮的稳定效应越强，自动回正作用也越强，但转向越沉重，所以主销后倾角一般不超过3°。主销后倾角是前轴、悬架和车架装配在一起时，使前轴向后倾斜或在钢板弹簧座间加装楔形垫块而形成的。

2. 主销内倾

在汽车的前后方向，主销上部向内倾斜一个角度，称为主销内倾，如图1-98所示。此时，主销轴线与地面垂线之间的夹角称为主销内倾角，用 β 表示。

项目一　汽车悬挂系统

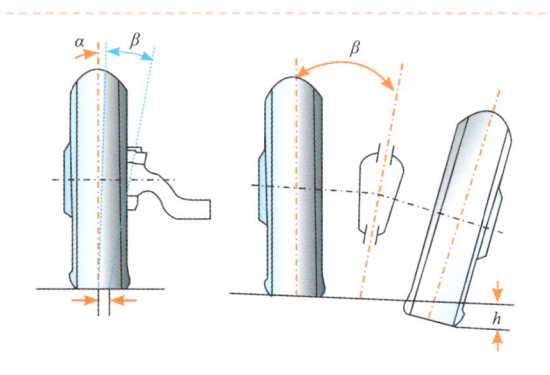

图 1-98　主销内倾示意图

车辆向左或向右转向时，车轮会围绕主销转动，主销轴线称为转向轴线。对于没有真正主销实体的汽车来说，其减振器上支撑轴承与下悬架臂球头销之间的连线就是转向轴线。

由于主销内倾，转向轮在转向时绕主销转动，会使车轮陷入地面以下。当然，这是不可能的，实际转向时是强迫汽车的前部稍稍抬高。这样，汽车的重力将会使转向轮自动回正。确定主销内倾角时，还可调整主销（转向轴线）与地面的交点到轮胎接地中心的距离，即调整主销偏距。减小主销偏距，可以减小转向时的摩擦阻力。主销内倾角不能过大，否则转向过于沉重。主销内倾角一般为 8°~13°。主销后倾和主销内倾都有使转向轮自动回正的作用，但主销后倾的回正作用与车速有关，而主销内倾的回正作用与车速无关。因此，高速行驶时主要靠主销后倾的作用，而低速行驶时主要靠主销内倾的作用。

3. 前轮外倾

从车辆前方看，车轮相对于垂线的夹角称为前轮外倾角，如图 1-99 所示。当车轮顶部向车外侧偏移时，车轮外倾角为正值；车轮顶部向车内侧偏移时，车轮外倾角为负值。

4. 前轮前束

前轮安装后，两前轮的旋转平面不平行，前端略向内收，这种现象叫前轮前束。两轮前端距离 B 小于后端距离 A，其差值（$A-B$）称为前轮前束值。正值时为正前束，负值时为负前束。前轮前束示意图如图 1-100 所示。

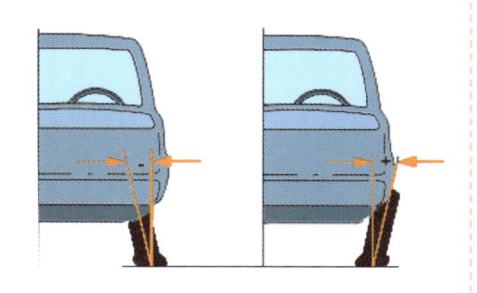

图 1-99　前轮外倾角示意图

二、汽车四轮定位仪

四轮定位仪是专门用来测量车轮定位参数的设备。四轮定位仪可检测的项目包括前轮前束值、前

图 1-100　前轮前束示意图

轮外倾角、主销后倾角、主销内倾角、后轮前束值、后轮外倾角、轮距、轴距、推力角和左右轴距差等。

四轮定位仪有气泡水准式、光学式、激光式、电子式和电脑式等。气泡水准定位仪由于具有结构简单、价格低廉、便于携带等优点，在国内应用广泛。

▶ 1. 气泡水准定位仪

气泡水准定位仪按适用车型范围分为两种：一种适用于大、中、小型汽车，另一种仅适用于小型汽车，如图1-101所示。前者一般由水准仪、支架、转盘（转角仪）等组成，后者一般由水准仪和转盘组成。

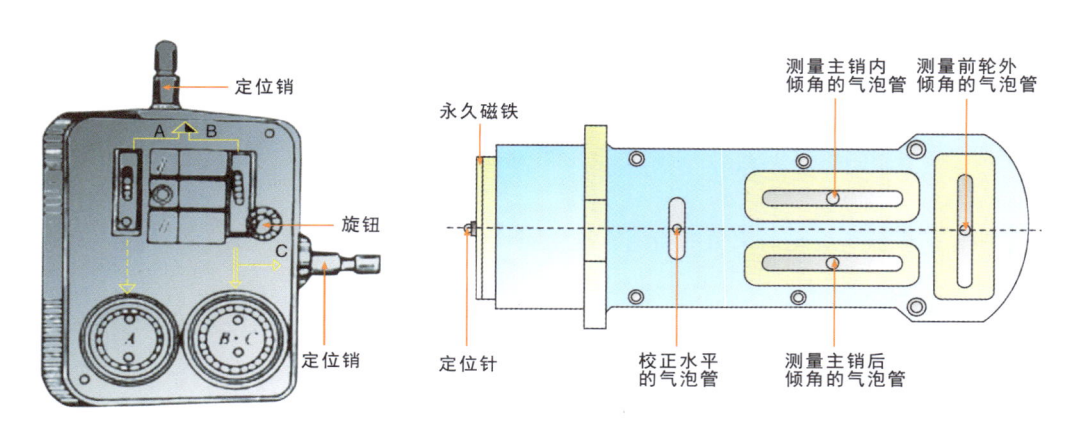

（a）适用于大、中、小型汽车的气泡水准定位仪　　（b）适用于小型汽车的气泡水准定位仪

图1-101　气泡水准定位仪

◆气泡水准定位仪的使用方法

常见气泡水准定位仪的使用方法大同小异，下面以国产GCD-1型水准仪为例介绍使用方法。

GCD-1型水准仪除包含一个水准仪、两个支架和两个转盘外，还配备有两个聚光器、两个标尺、两根标杆和一个踏板抵压器。聚光器在标杆配合下可测量车轮前束值，在标尺配合下可测量后轴与前轴间的平行度、后轴与车架间的垂直度及后轴与车架在水平面内的弯曲变形等。踏板抵压器可将制动踏板压住，以节省人力。

（1）检测前的准备。

确保汽车轮胎及气压符合规定，车轮轮辋轴承、转向节衬套与主销的配合符合要求，汽车制动可靠。

检测场地应水平且平整。检测时，应保证前后车轮接触地面处于同一水平面上。

汽车两前轮处于直驶位置，分别放置在各自的转盘上，并使主销中心线的延长线通过转盘中心。确定前轮直驶位置后，将转盘扇形刻度尺调整到零位，对准游动指针，然后固定。当再次转动转向盘时，前轮的转角可从转盘刻度尺上读取。

先将固定支架的两个固定脚卡在轮辋适当部位，再移动活动支架，使其固定脚也卡在轮辋上，然后用活动支架的偏心卡紧机构将三个固定脚卡紧在轮辋上。此时，三个固定脚的定位端面紧贴在轮辋的边缘上。松开调整支座弹性固定板上的固定螺栓,使调整支座沿导轨滑动,通过特制芯棒使调整支座安装聚光器或水准仪的孔中心与前轮中心重合,然后拧紧螺栓,将调整支座固定于导轨上。经验表明,当支架中心与车轮中心偏离 2~3mm 时,对测量结果影响甚微,因此也可以目视对中,而不使用芯棒。

将聚光器定位销轴插入支座孔中,使销轴定位端面与支座定位端面贴合,然后拧紧弹簧卡固定螺钉,使聚光器不会从支座上滑落。顶起被测车轮,使其离开转盘,在其圆周上施力时能自由转动。将标杆以轮辋半径 7 倍的距离放在所测车桥之前或之后的地面上。一般而言,测前轮轮辋变形量时,可把标杆放于前桥之前;测后轮轮辋时,可把标杆放在后桥之后。聚光器通电源后发出强光束,转动聚光器的调节盘,使光束指针的扇形缺口朝上,调整聚光器伸缩套筒,使光束指针清晰地指在标杆上带有刻度的标牌上,用手把持聚光器,松开弹簧卡固定螺钉,缓慢转动车轮一周,读出光束指针指示的最大值与最小值,最大值与最小值之差即轮辋端面的摆差。当摆差大于 3mm 时,一般认为轮辋是不合格的,应予更换。对于有摆差的车轮轮辋,为了消除对检测车轮定位角度值的影响,可转动调整支座上的滚花调节螺钉,直至光束指针指示的最大值与最小值之差在 3mm 之内为止。轮辋的变形得到补偿后,将车轮放回转盘上。

(2)检测车轮前束值。

汽车前轮前束值与后轮前束值的检测方法相同,这里以前轮前束值为例,讲述前束值的检测方法。

汽车两前轮放于转盘上,找正直驶位置后,在检测前束值的过程中不得再转动转向盘,如图 1-102 所示。

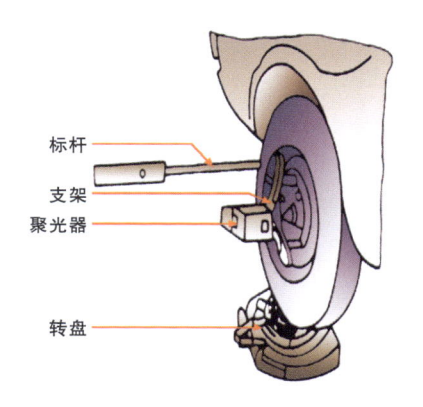

图 1-102 检测车轮前束值

调节标杆长度,使同一标杆两标牌之间的距离略大于被测轮距,并能使聚光器光束指针大致投射到标牌的中间位置。两套标杆一定要调整到等长,特别是标牌之间的距离要相等,否则将影响检测结果。

将已调好的两套标杆放置在被测车桥的前后两侧,并平行于该车桥。每一标杆距车轮中心的距离为车轮规定前束测点处半径的 7 倍。车轮上规定前束测点依车型而定,有的测点在胎面中心处,有的测点在胎侧凸出处,而有的测点在轮辋边缘处。检测前束值应注意查阅汽车使用说明书。

先将车轮一侧聚光器的光束投向前标杆的标牌上,使光束指针指于某一整数位置上;再将该聚光器的光束向后投射到后标杆的标牌上，并平行移动后标杆，使光束指针落在与前标牌相同的数值上；最后将另一侧聚光器分别向前标杆、后标杆投射光束，读出光束指针指示值，计算前束值。若前标杆指示值为 25mm，后标杆指示值为 28mm，则前束值为 28-25=3mm；若前标杆指示值为 28mm，后标杆指示值为 25mm，则前束值为 –3mm，即负前束。

（3）检测车轮外倾角。

在车轮保持直驶位置不动的情况下，将水准仪黑箭头指示的定位销插入车轮上支架的中心孔内，并使水准仪在左右方向上大致处于水平状态。轻轻拧紧弹簧卡锁紧螺钉，固定水准仪，如图 1-103 所示。

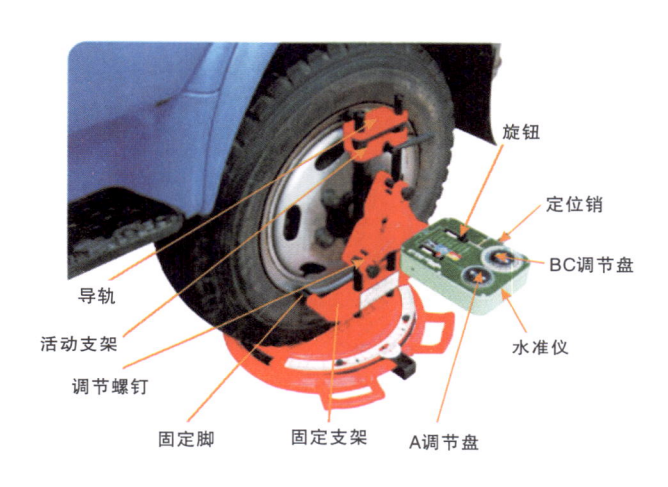

图 1-103 检测车轮外倾角和主销后倾角

转动水准仪上的 A 调节盘，直到对应气泡管内的气泡处于中间位置为止，然后在黑刻度盘上读出 A 调节盘红线所指角度值，该角度值即前轮外倾角。用同样的方法可检测其他车轮的外倾角。

（4）检测主销后倾角。

前轮外倾角测定后，可不动水准仪，接着进行主销后倾角的检测。

将前轮向内转 20°（左前轮向左转，右前轮向右转，下同），松开弹簧卡锁紧螺钉，使水准仪左右方向处于水平状态，然后拧紧锁紧螺钉。

转动水准仪上的 BC 调节盘，使其上红线与蓝、红、黄刻度盘零线重合。调整对应气泡管的旋钮，使气泡居中。

将前轮向相反方向转 40°，转动 BC 调节盘使气泡居中，在蓝刻度盘上读出 BC 调节盘红线所示之值，该值即主销后倾角。

（5）检测主销内倾角。

检测前应使前轮处于制动状态，以防止转动转向盘时前轮滚动。

将定位销插入支架中心孔内，轻轻拧紧锁紧螺钉，如图 1-104 所示。将被测前轮向内转 20°，松开锁紧螺钉，使水准仪在左右方向上处于水平状态，然后拧紧锁紧螺钉。

转动 BC 调节盘，使其红色刻线与蓝、红、黄刻度盘零线重合。调节对应气泡管的旋钮，使气泡居中。将前轮向外转 40°，转动 BC 调节盘使气泡管中的气泡居中。此时，BC 调节盘红线

项目一 汽车悬挂系统

在红刻度盘上或黄刻度盘上所示之值即主销内倾角。检测左前轮时，在黄刻度盘上读数；检测右前轮时，在红刻度盘上读数。

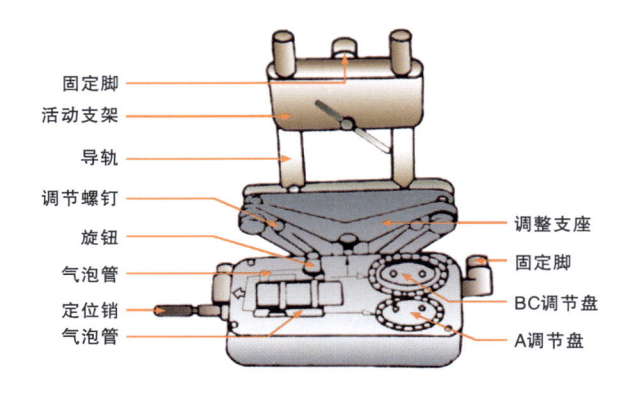

图 1-104 检测主销内倾角

（6）检测前轮最大转角。

前轮最大转角是指前轮处于直线行驶位置时，分别向左、右转至极限位置的角度。

前轮处于直驶位置，置转盘扇形刻度尺于零位，并加以固定。

转动转向盘，使前轮向任意一侧转至极限位置，从扇形刻度尺上读出的数值即该侧最大转角。同理可测出另一侧的最大转角。

2. 电脑式四轮定位仪

电脑式四轮定位仪由主机、显示器、打印机、前后车轮检测传感器、传感器支架、转盘、刹车锁、转向盘锁及导线等构成，同时配有专用软件和数据光盘，可读取近 10 年来世界各地汽车四轮定位参数，且可更新。它还配有数码视频图像数据库，可显示检查和调整位置等。

为便于检测和调整，被检汽车须放在地沟上或举升平台上，地沟或举升平台应处于水平状态，四轮定位仪则安装在地沟两旁或举升平台上。

◆ **电脑式四轮定位仪的使用方法**

（1）检测前的准备。

把汽车开上举升平台，托住车轮，将汽车举升 0.5m（第一次举升）。

托住车身，将汽车举升至车轮能自由转动（第二次举升）。

拆下各车轮，检查轮胎磨损情况，要求各轮胎磨损基本一致。

检查轮胎气压，使其符合标准值。

做车轮动平衡试验，完成后将车轮装回车上。

检查车身高度、车身四个角的高度和减振器技术状况，如车身不平，应先调平。检查转向系统和悬架是否松旷，如松旷，则应先紧固或更换零件。

（2）检测步骤。

把传感器支架安装在轮辋上，再把传感器（定位校正头）安装到支架上，并按使用说明书的规定进行调整，如图 1-105 所示。

开电脑主机进入测试程序，输入被测汽车的车型和生产年份。

进行轮辋变形补偿，转向盘处于直驶位置，使每个车轮旋转一周，即可把轮辋变形误差输入电脑。

降下第二次举升量，使车轮落到平台上，把汽车前部和后部向下压动 4~5 次，使各部位落到实处。

用刹车锁压下制动踏板，使汽车处于制动状态。

将转向盘左转至电脑显示"OK"，输入左转角度值；然后将转向盘右转至电脑显示"OK"，输入右转角度值。

图 1-105　将传感器支架安装在轮辋上

将转向盘回正，电脑显示出后轮的前束及外倾角数值。

调整转向盘，并用转向盘锁锁止转向盘，使之不能转动。

将安装在四个车轮上的定位校正头的水平仪调到水平线上，此时电脑显示出转向轮的主销后倾角、主销内倾角、转向轮外倾角和前束数值。电脑将比较各测量数值，得出"无偏差""在允许范围内"或"超出允许范围"的结论。

若结论为"超出允许范围"，应按电脑提示的调整方法进行针对性调整。调整后仍不能解决问题，则应更换有关零部件。

再次压试汽车，左右转动转向轮，观察屏幕上的数值有无变化，若有变化，应重新调整。

拆下定位校正头和支架后，进行路试，检查四轮定位调整的效果。

项目一　汽车悬挂系统

任务练习

一、填空题

1. 车轮定位包括 _____ 和 _____。
2. _____ 的作用是增加汽车直线行驶时的 _____ 和在转向后使前轮 _____。
3. 四轮定位仪是专门用来测量 _____ 的设备。

二、判断题

1. 主销内倾和主销后倾都有使转向轮自动回正的作用。（　　）
2. 主销后倾角越大，车速越高，转向轮的稳定效应越强。（　　）
3. 主销内倾角越大越好，转向越轻松。（　　）
4. 在给车辆做四轮定位前不需要对四个轮胎的气压进行检测。（　　）
5. 汽车前轮前束与后轮前束的检测方法相同。（　　）
6. 进行四轮定位检测时，车轮可以倾斜地停在四轮定位仪上。（　　）

三、选择题

1. 主销后倾角过大会造成（　　）。
   A. 转向轻便　　　　　　　　　　B. 转向跑偏
   C. 转向沉重　　　　　　　　　　D. 转向不稳

2. 主销内倾角除使转向操纵轻便外，还具有（　　）的作用。
   A. 使转向轮自动回正　　　　　　B. 减少轮胎磨损
   C. 减小车轮行驶跑偏　　　　　　D. 提高车轮安全性

3. 四轮定位过程中，前轮必须处于四轮定位仪（　　）。
   A. 转角盘中心　　　　　　　　　B. 转角盘前端
   C. 转角盘后端　　　　　　　　　D. 前后均可以

四、问答题

1. 四轮定位的好处有哪些？
2. 什么情况下需要做四轮定位？

项目二

汽车转向系统

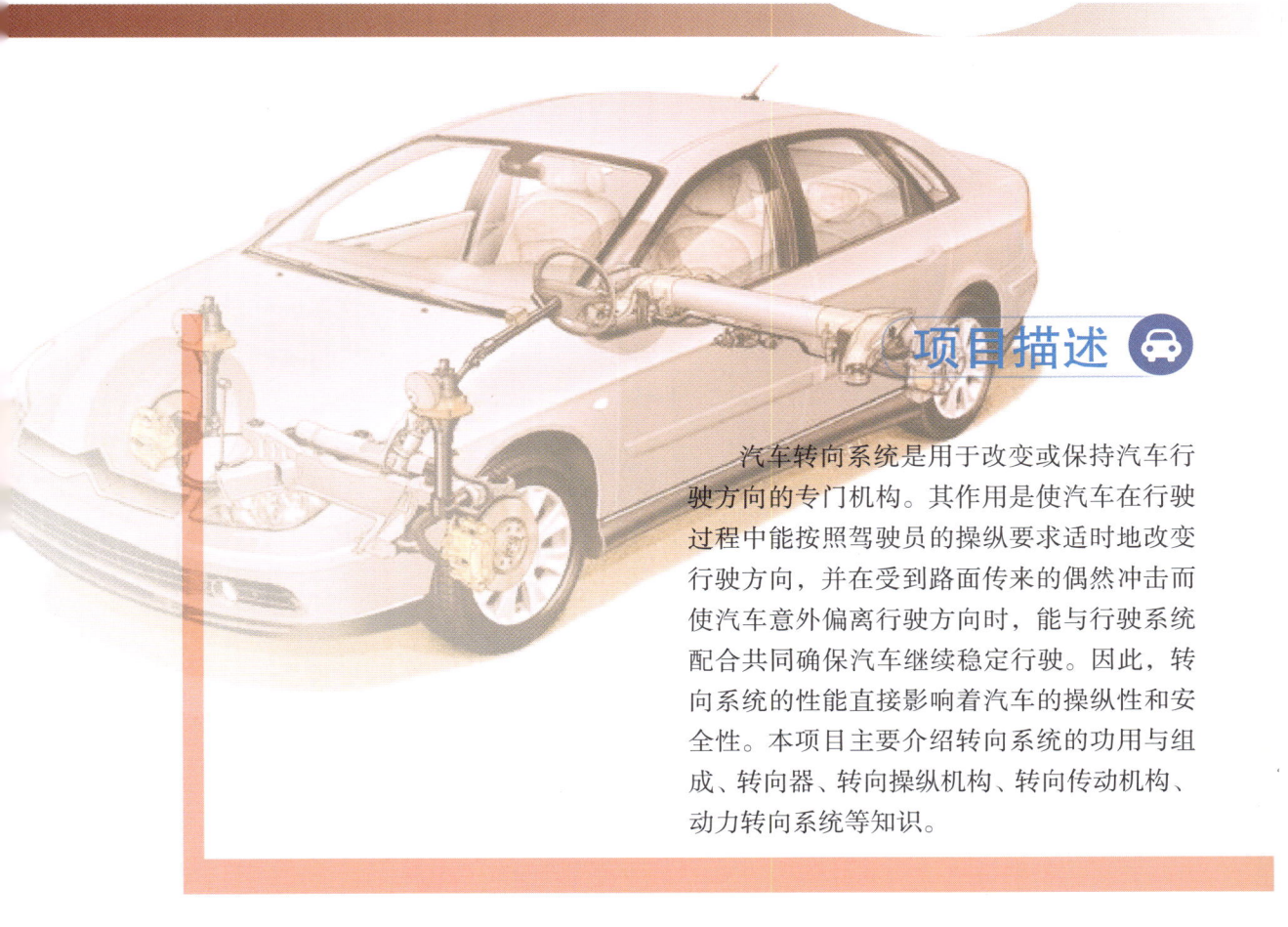

项目描述

汽车转向系统是用于改变或保持汽车行驶方向的专门机构。其作用是使汽车在行驶过程中能按照驾驶员的操纵要求适时地改变行驶方向，并在受到路面传来的偶然冲击而使汽车意外偏离行驶方向时，能与行驶系统配合共同确保汽车继续稳定行驶。因此，转向系统的性能直接影响着汽车的操纵性和安全性。本项目主要介绍转向系统的功用与组成、转向器、转向操纵机构、转向传动机构、动力转向系统等知识。

项目二　汽车转向系统

任务一 转向系统的功用与组成

任务目标

完成本学习任务后，学生在基础知识和基本技能方面应达到以下要求。

● 知识目标
（1）熟知转向系统的功用。
（2）熟知转向系统的工作原理。
（3）熟知转向系统的分类与组成。

● 能力目标
（1）能够描述转向车轮的运动规律。
（2）能够阐述转向传动比的意义。

任务引入

转向系统是汽车底盘中的重要组成部分，关系到汽车行驶的操纵性和安全性。它能够使汽车在行驶过程中改变行驶方向，并作用在转向盘上的力矩传到车轮上。下面进入转向系统的功用与组成的学习。

任务一 转向系统的功用与组成

相关知识

一、转向系统的功用

用来改变或保持汽车行驶方向的机构称为汽车转向系统。转向系统的功用是使汽车在行驶过程中能够按照驾驶员的操纵要求适时地改变行驶方向，并在受到路面传来的偶然冲击而使汽车意外偏离行驶方向时，能与行驶系统配合共同保持汽车稳定地行驶。转向系统是保持汽车安全行驶的重要系统之一，因此对转向系统进行及时的检查与维护是保证安全行车、减少交通事故的有效措施。汽车转向系统如图 2-1 所示。

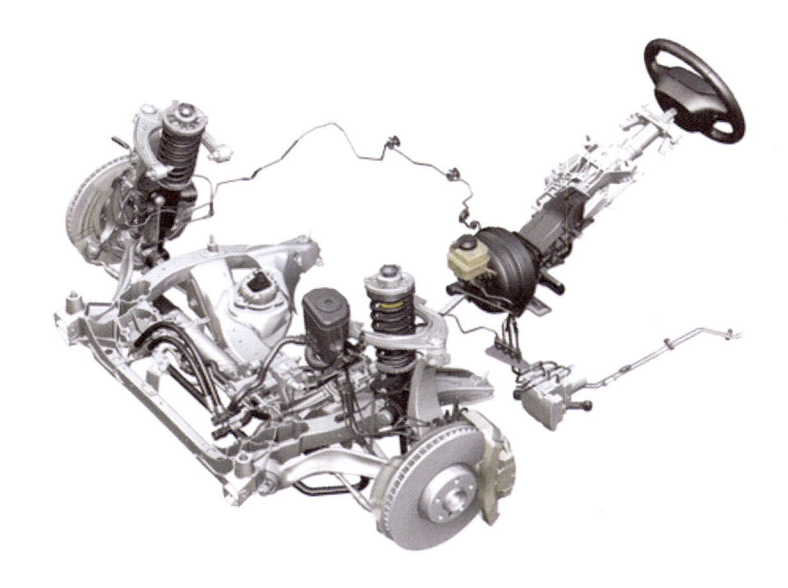

图 2-1 汽车转向系统

二、转向系统的分类

汽车转向系统分为两大类：机械转向系统和动力转向系统。完全靠驾驶员体力操纵的转向系统称为机械转向系统，借助动力来操纵的转向系统称为动力转向系统。动力转向系统又可分为液压动力转向系统和电动助力动力转向系统。

▶ 1.机械转向系统

机械转向系统以驾驶员的体力作为转向能源，其中所有传力件都是机械式的。机械转向系统由转向操纵机构、转向器和转向传动机构三大部分组成，如图 2-2 所示。

项目二　汽车转向系统

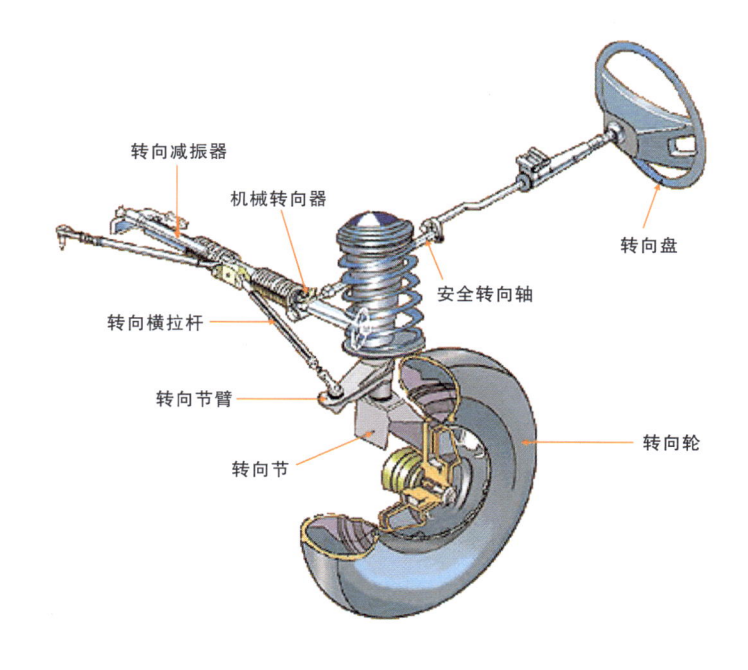

图 2-2　机械转向系统

1）转向操纵机构

转向操纵机构由转向盘、转向轴、转向管柱等组成，它的作用是将驾驶员转动转向盘的操纵力传给转向器。

2）转向器

转向器（也称转向机）是完成由旋转运动到直线运动（或近似直线运动）的一组齿轮机构，它也是转向系统中的减速传动装置。目前较常用的有齿轮齿条式、循环球曲柄指销式、蜗杆曲柄指销式、循环球 – 齿条齿扇式、蜗杆滚轮式等。

3）转向传动机构

转向传动机构的功用是将转向器输出的力和运动传到转向桥两侧的转向节，使两侧转向轮偏转，且使两转向轮偏转角按一定关系变化，以保证汽车转向时车轮与地面的相对滑动尽可能小。

2. 动力转向系统

动力转向系统是在机械转向系统的基础上加设一套转向加力装置而形成的。转向加力装置减轻了驾驶员操纵转向盘的作用力。转向能源来自驾驶员的体力和发动机（或电动机），其中发动机（或电动机）占主要部分。在转向加力装置的辅助下，驾驶员能轻松地控制转向。

1）液压动力转向系统（图 2-3）

当驾驶员转动转向盘时，通过机械转向器使转向横拉杆移动，并带动转向节臂，使转向轮偏转，从而改变汽车的行驶方向。与此同时，转向器输入轴还带动转向器内部的转向控制阀转动，

任务一 转向系统的功用与组成

使转向动力缸产生液压作用力，帮助驾驶员完成转向操作。由于有转向加力装置的作用，驾驶员只需比采用机械转向系统时小得多的转向力矩，就能使转向轮偏转。

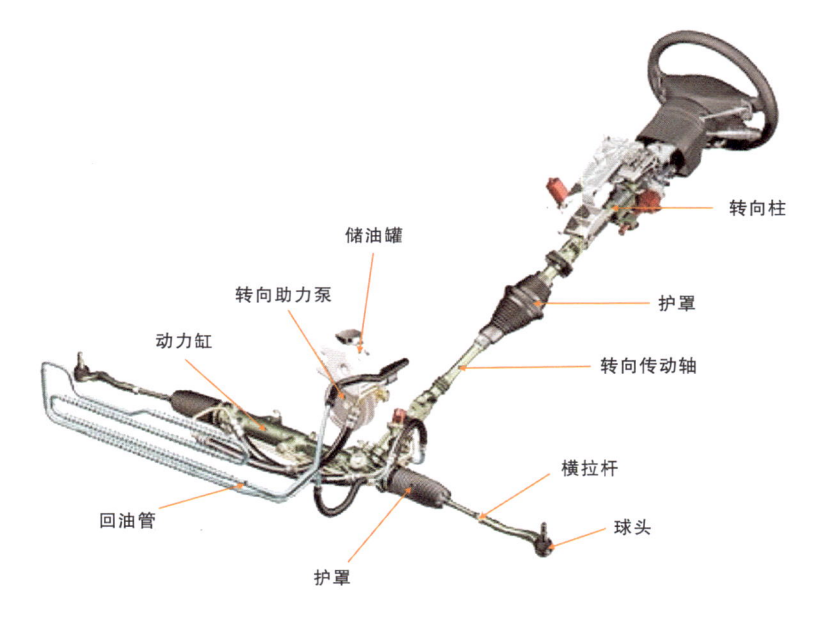

图 2-3 液压动力转向系统

2）电动助力动力转向系统

电动助力动力转向系统，简称电动式 EPS。电动式 EPS 利用电动机作为助力源，根据车速和转向参数等因素，由电子控制单元完成助力控制，其原理可概括如下：当操纵转向盘时，装在转向盘轴上的转矩传感器不断地测出转向轴上的转矩信号，该信号与车速信号同时输入电子控制单元。电子控制单元根据这些输入信号，确定助力转矩的大小和方向，即选定电动机的电流和转动方向，调整转向辅助动力的大小。电动机的转矩由电磁离合器通过减速机构减速增矩后，加在汽车的转向机构上，使之得到一个与汽车工况相适应的转向作用力。例如，福克斯的 EHPAS 电子液压系统由电脑根据发动机转速、车速及转向盘转角等信号，驱动电子泵给转向系统提供助力。电动助力动力转向系统如图 2-4 所示。

三、汽车转向系统的基本组成和工作原理

1. 基本组成

汽车转向系统由转向操纵机构、转向器和转向传动机构三部分组成，其具体组成如图 2-5 所示。转向操纵机构包括转向盘、转向轴、转向万向节、转向传动轴；转向器有多种类型，轿车上常采用齿轮齿条转向器；转向传动机构包括转向摇（垂）臂、转向直（纵）拉杆、转向节臂、转向梯形臂、转向横拉杆等。

项目二 汽车转向系统

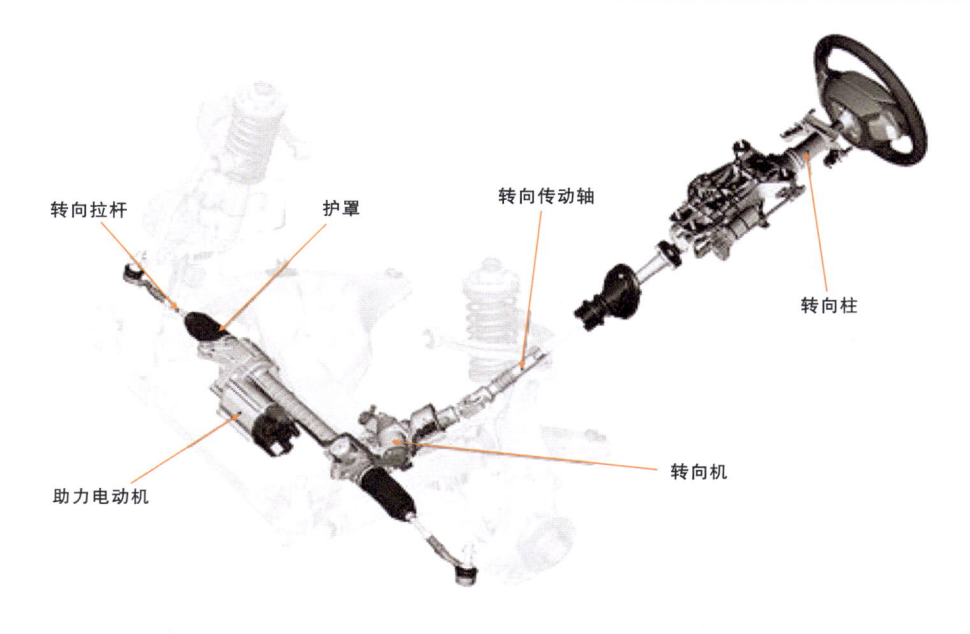

图 2-4 电动助力动力转向系统

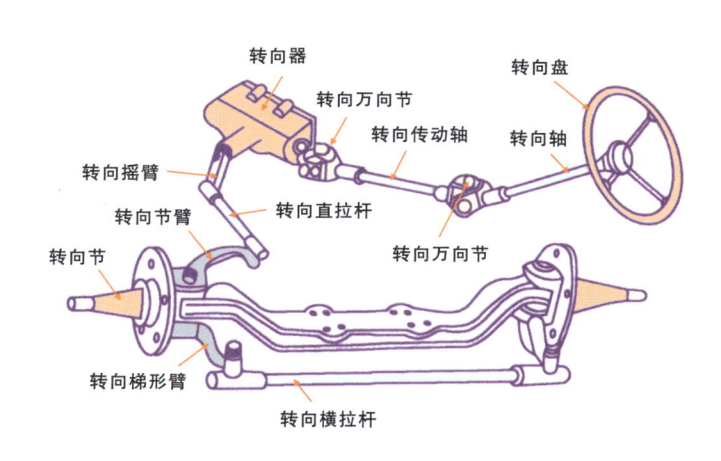

图 2-5 汽车转向系统的组成

▶ **2. 工作原理**

如图 2-5 所示，汽车转向时，驾驶员转动转向盘，通过转向轴、转向万向节和转向传动轴，将转向力矩输入转向器。转向器中有 1~2 级啮合传动副，具有降速增矩的作用。转向器输出的转矩经转向摇臂，再通过转向直拉杆传给固定在左转向节上的转向节臂，使左转向节及装于其上的左转向轮绕主销偏转。左、右转向梯形臂的一端分别固定在左、右转向节上，另一端则与转向横拉杆通过球铰链连接。当左转向节偏转时，经左转向梯形臂、转向横拉杆和右转向梯形臂的传递，右转向节及装于其上的右转向轮随之绕主销同向偏转一定的角度。左、右转向梯形臂和转向横拉杆构成转向梯形，其作用是在汽车转向时，使左、右转向轮按一定的规律进行偏转。

四、转向系统参数

1. 转向系统角传动比

转向盘的转角与安装在转向盘同侧的转向轮偏转角的比值,称为转向系统角传动比,用 i_w 表示。转向盘转角和转向摇臂摆角之比 i_1 称为转向器角传动比。转向摇臂摆角与同侧转向轮偏转角之比 i_2 称为转向传动机构角传动比。显然,$i_w = i_1 \times i_2$。i_w 越大,则克服一定的地面转向阻力所需的转向盘上的转向力矩越小,使转向操纵轻便,但操纵灵敏度就会下降。但 i_w 不能过大,过大将导致转向操纵不够灵敏,即转向盘转动的圈数增加。

转向器角传动比 i_1 货车为 16~32,轿车为 12~22。转向传动机构角传动比 i_2 一般为 1 左右。

2. 转向时车轮的运动规律

汽车转向时,内侧车轮和外侧车轮滚过的距离是不等的。对于前置后驱汽车而言,后桥左、右两侧的驱动轮由于差速器的作用,能够以不同的转速滚过不同的距离。但前桥左、右两侧的转向轮要滚过不同的距离,必然要引起车轮沿路面边滚动边滑动,致使转向时的行驶阻力增大,轮胎磨损加剧。为避免这种现象,要求转向系统能保证在汽车转向时,所有车轮均做纯滚动。显然,只有在转向时,所有车轮的轴线都交于一点方能满足该要求。此交点 O 称为汽车的转向中心,如图 2-6 所示。由图 2-6 可见,汽车转向时内侧车轮转向角 β 大于外侧车轮转向角 α。α 与 β 的关系如下:

$$\cot \alpha = \cot \beta + B/L$$

式中,α ——外侧车轮转向角;
β ——内侧车轮转向角;
B ——两侧主销之间的距离;
L ——汽车轴距。

转向盘打到底,由转向中心 O 到外转向轮与地面接触点的距离 R 称为汽车最小转弯半径。R 越小,则汽车转向所需要的场地就越小,汽车的机动性也越好。

汽车内侧车轮转向角一般在 35°~42°,汽车的最小转弯半径一般为 5~12m。

汽车的转向操纵性能并不完全取决于转向系统,它还与行驶系统有关。汽车在直线行驶过程中,转向轮会受到偶然出现的地面侧向反力作用而发生意外偏转,从而使汽车意外转向。为了使汽车能稳定地保持直线行驶,要求转向轮偶然发生偏转后,能立即自动回复到直线行驶的位置。前面所讲的转向车轮定位就是保证转向轮自动回正性能的结构措施之一。此外,悬架导向装置的结构和布置,以及轮

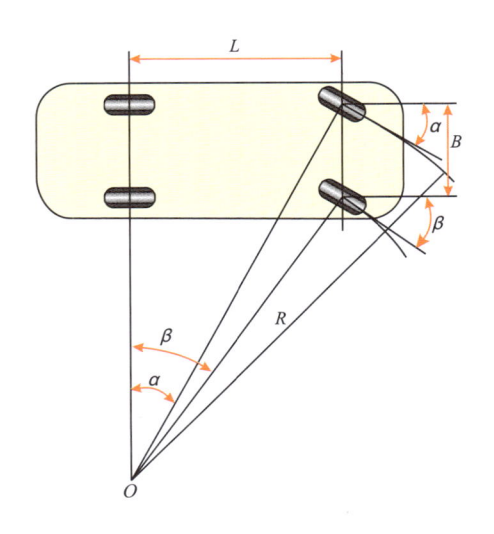

图 2-6 汽车转向示意图

项目二 汽车转向系统

胎的径向和侧向刚度都对汽车的转向操纵性有很大影响。

▶ 3. 转向盘自由行程

转向盘在空转阶段的角行程称为转向盘的自由行程，这主要是由转向系统各传动件之间的装配间隙和弹性变形所引起的，一般要求小于10°。

具体检查方法：使汽车前轮处于直线行驶状态，用指尖向左、右侧轻轻推动转向盘，在转向盘外圆周上测量手感变重时（即轮胎开始转动）的自由行程。如该值在规定范围之内，说明状态正常，否则需要调整，不同的转向器，调整的方法也不同。

五、四轮转向

所谓四轮转向（Four Wheel Steering，4WS）是指在汽车转向过程中，4个车轮可根据前轮或行车速度等信号同时相对车身偏转。四轮转向汽车的后轮可以与前轮同向偏转，也可以反向偏转，如图2-7所示。

若后轮转向与前轮转向方向相同，则为同向控制模式。其转弯半径比两轮转向的转弯半径大。汽车在40km/h以上行驶时，后轮同向偏转角为2.5°。其作用是使汽车在转向时车身与行驶方向的偏转角小，减少汽车调整行驶方向时的旋转和侧滑，提高操纵稳定性，且能保证汽车在潮湿路面上稳定地转向。

若后轮转向与前轮转向方向相反，则为反向（逆向）控制模式，其转弯半径比两轮转向的转弯半径小。低速时后轮逆向偏转角最大为5°，适用于汽车驶入车库和在狭窄的拐角处转弯。随着车速的升高，后轮转向角变小，在车速达到40km/h时，转向角变成0°。这就提高了汽车停车或在狭小空间转向的机动性。

四轮转向系统的工作方式有机械式、液压式和电动式等。

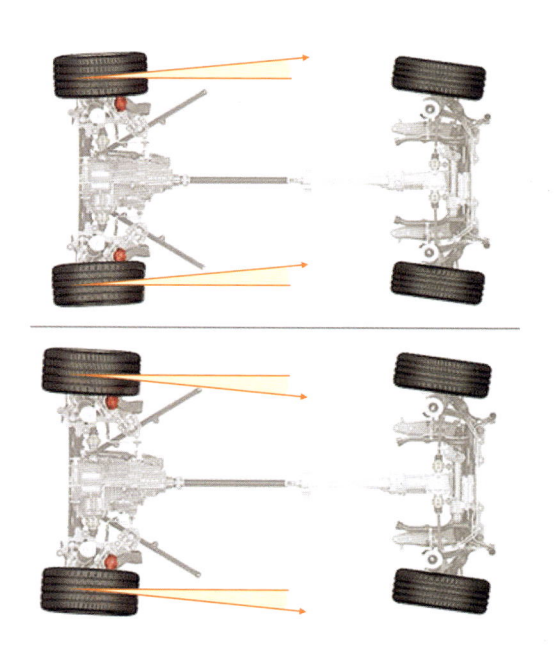

图2-7 四轮转向

◆ 四轮转向系统的优点

（1）在转向时能够基本保持车辆质心侧偏角为零，且能够改善汽车对转向盘输入的动态响应特性，在一定程度上改善横摆角速度和侧向加速度的瞬态响应性能指标，明显改善车辆高速行驶的稳定性。当在高速行驶中转向时，四轮转向系统通过后轮与前轮的同向转向，能有效降低车辆侧滑事故的发生概率，明显改善车辆高速行驶的稳定性及安全性，进而缓解驾驶者在各种路况下（尤其是在风雨天）高速驾车的疲劳程度。

（2）缩小车辆低速转向时的转弯半径。在低速转向时，车辆因前、后轮的反向转向能够缩小转弯半径达 20%。四轮转向技术使大型车辆具有如同小型车辆的操纵及泊车敏捷性。

（3）提高车辆的挂车能力。通过转向后轴对挂车的转向牵引，四轮转向系统极大地提高了转向操作的随动性和正确性，改善了车辆挂车行驶的操纵性、稳定性及安全性。

项目二 汽车转向系统

任务练习

一、填空题

1. 用来改变或保持汽车行驶方向的机构称为汽车 _____。汽车 _____ 的功能就是按照驾驶员的意愿控制汽车的 _____。
2. 汽车转向系统分为两大类：_____ 和 _____。
3. 转向操纵机构由 _____、_____、_____ 等组成，它的作用是将驾驶员转动转向盘的操纵力传给 _____。

二、判断题

1. 汽车转向时，内转向轮的偏转角 β 应当小于外转向轮的偏转角 α。　　　　（　　）
2. 汽车的转弯半径越小，则汽车的转向机动性能越好。　　　　（　　）
3. 汽车的轴距越小，则转向机动性能越好。　　　　（　　）

三、选择题

1. 在动力转向系统中，转向所需的能源来源于（　　）。
   A. 驾驶员的体能　　　　　　　　B. 发动机动力
   C. AB 均有　　　　　　　　　　D. AB 均没有

2. 转弯半径是指由转向中心到（　　）。
   A. 内转向轮与地面接触点间的距离　　B. 外转向轮与地面接触点间的距离
   C. 内转向轮之间的距离　　　　　　D. 外转向轮之间的距离

3. 汽车转向时，只有 4 个车轮轴线交于一点，才能保证各车轮（　　）。
   A. 纯滚动　　　　　　　　　　　B. 纯滑动
   C. 既滚动也滑动　　　　　　　　D. 不滚动也不滑动

4. 当汽车转向且外转向轮转角达最大值时，其转弯半径（　　）。
   A. 最大　　　　　　　　　　　　B. 不能确定
   C. 最大与最小之间　　　　　　　D. 最小

四、问答题

1. 什么是转向盘自由行程？如何检查？
2. 简述转向时车轮的运动规律。
3. 转向系统的作用是什么？它由哪几部分组成？

任务二 转向器

任务目标

完成本学习任务后,学生在基础知识和基本技能方面应达到以下要求。

● 知识目标
(1) 熟知转向器的功用。
(2) 熟知转向器的结构与组成。
(3) 熟知转向器的工作原理。

● 能力目标
(1) 能够对汽车转向器进行拆装。
(2) 能够对转向器进行检测与调整。

任务引入

转向器是一种特殊的减速机构,其传动比较大,且要求具有一定的可逆性。放大驾驶员的操纵力及改变其传动方向是转向器必须具备的两个功能。下面进入转向器的学习。

项目二　汽车转向系统

相关知识

一、转向器的功用

转向器是转向系统中降速增矩的传动装置，其功用是增大由转向盘传到转向节的力，并改变力的传动方向。

转向器将转向盘的转动转变为转向臂的摆动，借以达到改变力的传递方向和获得所要求的传动比，进而通过转向传动机构操纵转向轮偏转。其结构形式有很多，通常按照其传动副形式来分类，其中循环球式、齿轮齿条式和蜗杆曲柄双销式转向器在汽车上广泛应用。

转向器传动效率是指转向器输出功率与输入功率之比。当功率由转向盘输入，从转向摇臂输出时，所求得的传动效率称为正传动效率；反之，转向摇臂受到道路冲击而传到转向盘的传动效率则称为逆传动效率。

作用力很容易由转向盘经转向器传到转向摇臂，而转向摇臂所受的路面冲击也比较容易经转向器传到转向盘，这种转向器称为可逆式转向器，其正、逆传动效率都很高。可逆式转向器有利于汽车转向后转向轮自动回正，但也容易将坏路对车轮的冲击力传到转向盘，出现"打手"现象。

不论哪种类型的转向器，转向系统各连接零件之间和传动副之间总存在装配间隙。当汽车直线行驶时转动转向盘，消除这些间隙和克服机件的弹性变形，使车轮开始偏转，这时转向盘转过的角度称为转向盘自由行程。转向盘自由行程对于缓和路面冲击及避免驾驶员过度紧张是有利的。一般规定转向轮处于直线行驶状态时，转向盘向左、向右的自由行程不超过15°。

二、转向器的分类

（1）按转向器中传动副的结构形式分类，主要有齿轮齿条式、循环球式、蜗杆曲柄指销式、蜗杆滚轮式等。

（2）按传动效率分类，可分为可逆式转向器、极限可逆式转向器和不可逆式转向器。

三、转向器的结构与工作原理

1. 齿轮齿条式转向器

齿轮齿条式转向器分为两端输出式和中间输出式两种。

1）两端输出式齿轮齿条式转向器

两端输出式齿轮齿条式转向器结构图如图2-8所示。作为传动副主动件的转向齿轮轴，通过向心球轴承和滚针轴承安装在转向器壳体中，其上端通过花键与万向节叉和转向轴连接。与转向齿轮啮合的转向齿条水平布置，两端通过球头座与转向横拉杆相连。弹簧通过压块将齿条压靠在齿轮上，保证无间隙啮合。

弹簧的预紧力可以通过螺塞调整。当转动转向盘时，转向器齿轮转动，使与之啮合的齿条沿轴向移动，从而使左右横拉杆带动转向节左右转动，使转向车轮偏转，实现汽车转向。

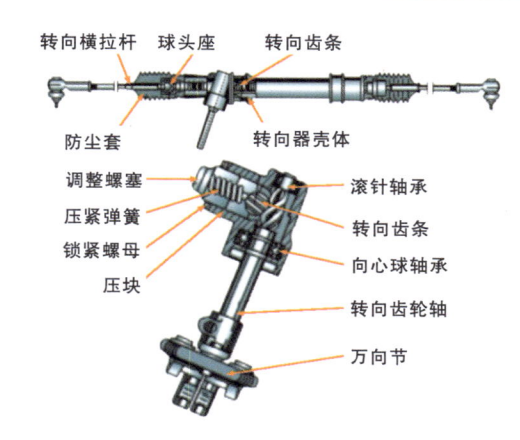

2）中间输出式齿轮齿条式转向器

中间输出式齿轮齿条式转向器结构图如图2-9所示。其结构及工作原理与两端输出式齿轮齿条式转向器基本相同，不同之处在于它在转向齿条的中部用螺栓与左右转向横拉杆相连。在单端输出的齿轮齿条式转向器上，齿条的一端通过内外托架与转向横拉杆相连。

采用齿轮齿条式转向器可以使转向传动机构简化（不需要转向摇臂和转向直拉杆等），齿轮与齿条无间隙啮合，无须调整，而且逆传动效率很高。这种转向器多用于前轮为独立悬架的轻型、微型轿车和货车上。

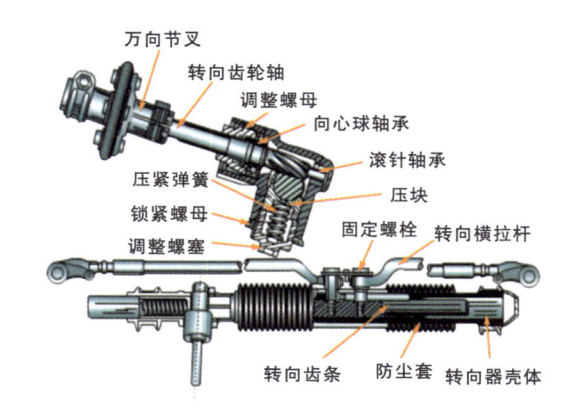

图2-8 两端输出式齿轮齿条式转向器结构图

图2-9 中间输出式齿轮齿条式转向器结构图

2. 循环球式转向器

循环球式转向器一般有两级传动副，第一级是螺杆螺母传动副，第二级是齿条齿扇传动副，如图2-10所示。

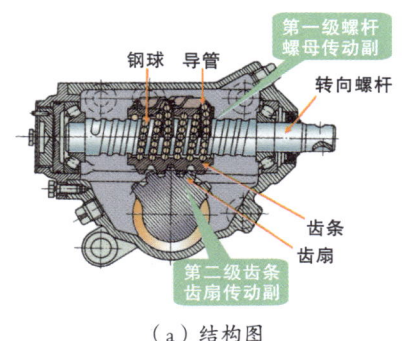

（a）结构图 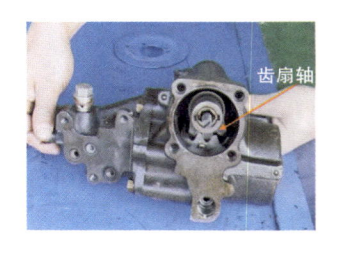　　（b）实物图 　　（c）分解图

图2-10 循环球式转向器

项目二 汽车转向系统

◆ 工作原理

转向螺杆转动时，通过钢球将力传给转向螺母，使螺母沿轴向移动。同时，在螺杆、螺母和钢球间的摩擦力矩作用下，所有钢球在螺旋管状通道内滚动，形成"球流"。钢球在管状通道内绕行两周后，流出螺母而进入导管的一端，再由导管另一端流回螺旋管状通道。因此，在转向器工作时，两列钢球只是在各自的封闭流道内循环而不致脱出。

3. 蜗杆曲柄指销式转向器

蜗杆曲柄指销式转向器中的传动副是蜗杆和指销，如图 2-11 所示。按其传动副中指销的数目分为单销式和双销式两种。指销在曲柄中的支承形式可以是滑动结构，也可以是滚动结构。

◆ 工作原理

蜗杆曲柄指销式转向器的传动副以转向蜗杆为主动件，其从动件是装在摇臂轴曲柄端部的指销。转向蜗杆转动时，与之啮合的指销即绕摇臂轴轴线做圆弧运动，并带动摇臂轴转动。

图 2-11 蜗杆曲柄指销式转向器

四、转向器的拆装

1. 齿轮齿条式转向器的拆装

1）拆卸

（1）将助力转向储油罐中的油液放尽，如图 2-12 所示。
（2）将汽车举升到一定高度。拆卸助力泵上的固定螺钉，如图 2-13 所示。

图 2-12 放尽油液　　　　图 2-13 拆卸固定螺钉

（3）拆卸助力泵的防撞罩，如图2-14所示。
（4）拆卸助力泵带轮，如图2-15所示。

图2-14　拆卸防撞罩　　　　　　　　图2-15　拆卸带轮

（5）取下助力泵，如图2-16所示。
（6）分离左、右下摆臂与前悬架，如图2-17所示。

图2-16　取下助力泵　　　　　　　　图2-17　分离下摆臂和前悬架

（7）将维修托架移至汽车前横梁中下方，如图2-18所示。
（8）拆下横梁与底盘的紧固螺钉，如图2-19所示。

图2-18　移动维修托架　　　　　　　图2-19　拆下紧固螺钉

（9）缓缓放下转向机构与前横梁总成，如图2-20所示。
（10）从前悬架横梁上拆下转向器，如图2-21所示。
（11）拆下转向器护罩，如图2-22所示。

项目二　汽车转向系统

图 2-20　放下转向机构与前横梁总成

图 2-21　拆下转向器

（12）拆下驱动轴防护套，如图 2-23 所示。

图 2-22　拆下转向器护罩

图 2-23　拆下驱动轴防护套

（13）旋下驱动轴与转向器的连接螺栓，如图 2-24 所示。
（14）取出驱动轴，如图 2-25 所示。

图 2-24　旋下连接螺栓

图 2-25　取出驱动轴

（15）取出垫圈，如图 2-26 所示。

图 2-26　取出垫圈

2）安装

按照拆卸过程的相反顺序安装。

2. 循环球式转向器的拆装

1）拆卸

（1）从车上拆下转向器。

①松开转向摇臂紧固螺母，然后用拉拔器从转向摇臂轴上拉下转向摇臂。

◆注意：

拆之前应在转向摇臂与摇臂轴间做好装配标记。切不可用锤子猛烈敲击摇臂。

②拆下滑动万向节与转向螺杆间的夹紧螺栓，使转向螺杆与万向节滑动叉分离。

③拆下转向器固定螺栓，从车上取下转向器总成，并将其外部清洗干净，固定在台虎钳上。

（2）旋出紧固螺母和弹性垫圈，拆下转向垂臂，如图 2-27 所示。

◆注意：

拆转向垂臂时，先用铜棒顶出垂臂，然后取下（图 2-28）。

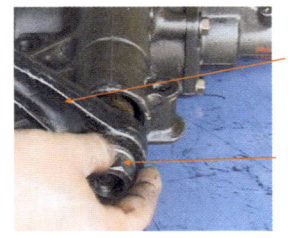

图 2-27　旋出垂臂紧固螺母　　　　图 2-28　用铜棒顶出垂臂

（3）拆下电磁开关的 3 个紧固螺栓，取出电磁开关总成，如图 2-29、图 2-30 所示。

图 2-29　拆下电磁开关紧固螺栓　　　图 2-30　取下电磁开关总成

（4）旋出调压阀，如图 2-31 所示。

（5）拆下侧盖板的紧固螺栓，如图 2-32 所示。

图 2-31　旋出调压阀　　　　　　　图 2-32　拆下侧盖板紧固螺栓

（6）转动转向螺杆，使转向螺母处于转向螺杆的中间位置（将转向螺杆转到底后再退回约3.5圈），然后拧下转向器侧盖上的紧固螺栓，如图2-33所示。

（7）拆下转向器侧盖，如图2-34所示。

图 2-33　拧下紧固螺栓　　　　　　图 2-34　拆下转向器侧盖

（8）用铜棒轻轻敲击转向摇臂轴外端，取出转向摇臂轴，如图2-35所示。

（9）拧下转向器底盖上的紧固螺栓，如图2-36所示。

图 2-35　取出转向摇臂轴　　　　　图 2-36　拧下转向器底盖紧固螺栓

（10）从壳体中取出转向螺杆及转向螺母总成，如图2-37所示。

◆注意：

取出转向螺杆及转向螺母总成时不要碰伤油封。

（11）检测转向螺杆及转向螺母总成，如图2-38所示。如果转向螺杆及转向螺母总成无异常情况（转动灵活，滚道无异常损伤，轴向及径向间隙符合要求等），则不要解体该总成。如果发现有异常必须解体，则首先拆下导管夹，然后取下钢球导管，如图2-39所示。

图 2-37　取出转向螺杆及转向螺母总成　　　图 2-38　检测转向螺杆及转向螺母

（12）握住螺母，慢慢转动螺杆，取出全部钢球，如图 2-40 所示。

图 2-39　取下钢球导管　　　图 2-40　取出全部钢球

（13）用专用工具旋出螺杆紧固螺母，并取出转向螺杆，如图 2-41 所示。

图 2-41　旋出螺杆紧固螺母并取出转向螺杆

（14）用卡钳取出卡簧，如图 2-42 所示。

（15）取下油槽、垫圈及轴承，如图 2-43 所示。

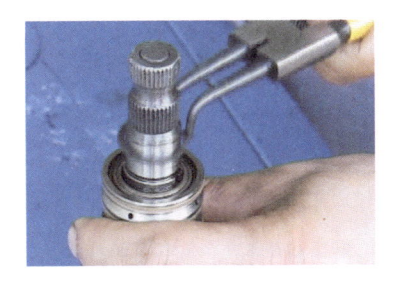

图 2-42　取出卡簧　　　图 2-43　取下油槽、垫圈及轴承

2）装配

按与拆卸相反的顺序进行装配。

五、转向器的调整

1. 齿轮齿条式转向器的调整

齿轮齿条式转向器的结构如图2-44所示。齿轮与齿条啮合间隙的调整方法是先旋转盖上的调整螺塞，使弹簧座与导块接触，再将调整螺塞旋出30°~60°，然后检查转向齿轮的转动力矩，如此重复操作，直至转向齿轮的转动力矩符合原厂规定，最后紧固锁紧螺母。

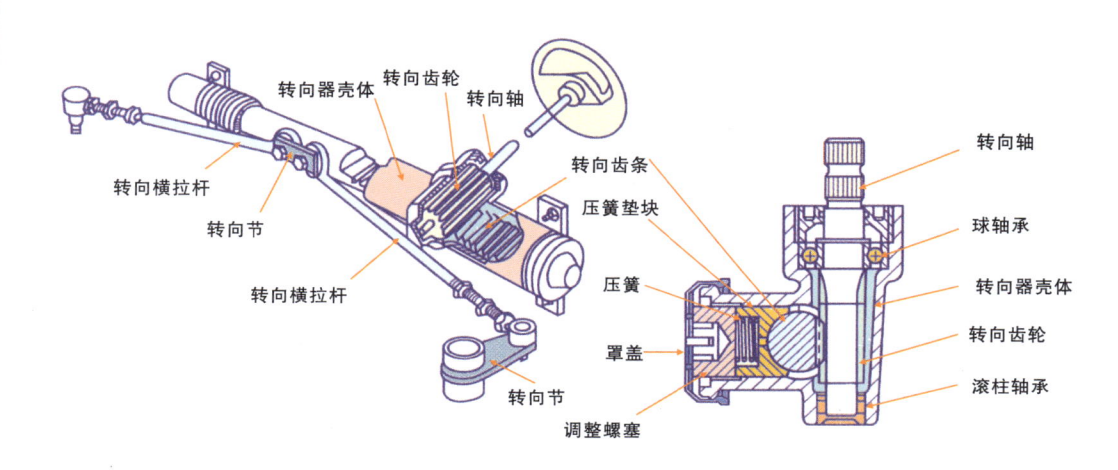

图2-44 桑塔纳轿车采用的齿轮齿条式转向器的结构

2. 循环球式转向器的调整

循环球式转向器的结构如图2-45所示。

1）轴承预紧度的调整

转向螺杆通过两个推力球轴承支承在转向器壳体上，两个轴承的内座圈分别支承在转向螺杆的轴肩上，其轴向距离不能改变；而轴承的外座圈分别支承在转向器壳体和轴承盖上，轴承盖和转向器壳体之间装有调整垫片，它就是用来调整轴承预紧度的。增大调整垫片的厚度，可使轴承预紧度变松。

2）齿条与齿扇啮合间隙的调整

转向螺母下平面上加工出的齿条是倾斜的，与之相啮合的是变齿厚齿扇。使齿扇轴相对于齿条做轴向移动，便可调整两者的啮合间隙。齿扇轴的轴向位置是通过调整螺钉进行调整的。旋入调整螺钉，则齿条与齿扇的啮合间隙减小；旋出螺钉，则啮合间隙增大。调整好后用锁紧螺母锁紧。

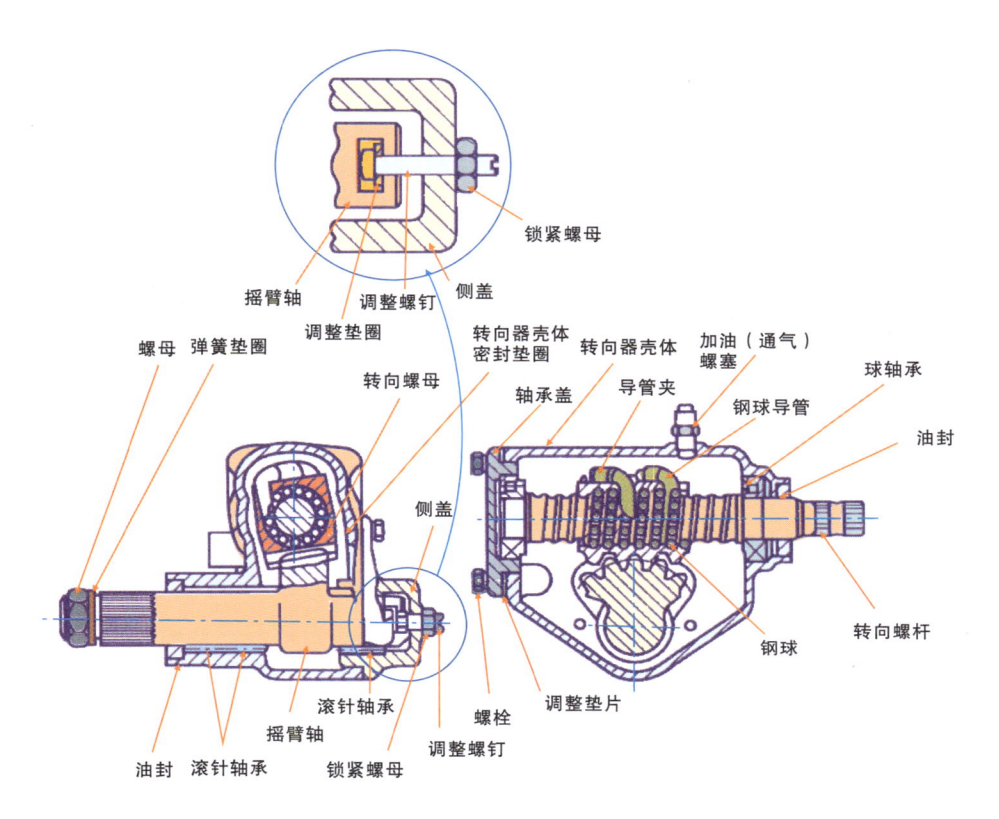

图 2-45 循环球式转向器的结构

3. 蜗杆曲柄指销式转向器的调整

1）转向蜗杆轴承预紧度的检查和调整

蜗杆轴承预紧度的检查和调整，应在摇臂轴装入壳体之前进行。调整使用的专用工具如图 2-46 所示。

用内六角扳手把调整螺塞拧到底，再退回 1/8~1/4 圈，使蜗杆轴在输入端具有 1.0~1.7N·m 的预紧力矩；用专用扳手将锁紧螺母拧紧，紧固调整螺塞，拧紧力矩为 49N·m，如图 2-47 所示。锁紧调整螺塞时，要保证调整螺塞位置不变。锁紧后应复查输入端转矩是否符合要求，不符合要求则应重新调整。

2）指销轴承预紧度的调整

调整指销轴承的预紧度时，把指销上的螺母拧紧，使指销能转动自如，并且无轴向间隙。调整后，将止动

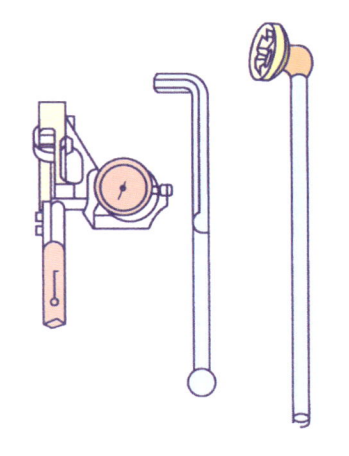

图 2-46 调整蜗杆轴承预紧度的专用工具

垫片翻起1~2齿，将螺母锁紧，如图2-48所示。

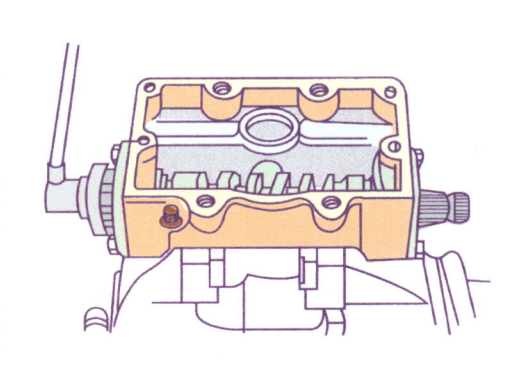

图2-47 蜗杆轴承预紧度的调整

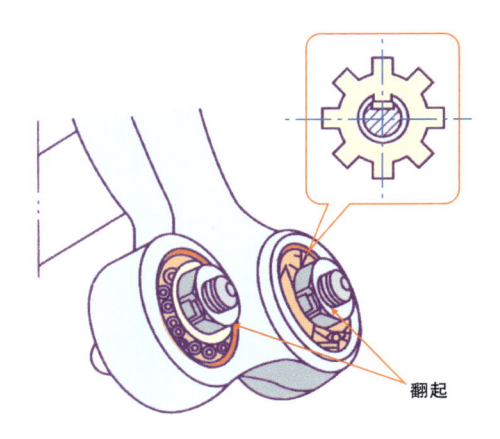

图2-48 调整指销轴承的预紧度

3）指销与蜗杆啮合间隙的调整

先松开摇臂轴调整螺钉的锁紧螺母，将蜗杆轴转到转不动后，再退回3圈左右，使指销处于蜗杆的中间位置，如图2-49所示。顺时针旋转摇臂轴调整螺钉，同时来回转动蜗杆，直到感觉有阻力为止。在蜗杆的输入端检查转动力矩，应不大于2.7N·m。在调整螺钉的周围涂上密封胶，然后拧紧锁紧螺母，拧紧力矩不小于49N·m。

复查蜗杆输入端的转动力矩，如有变化应重新调整，直到符合要求为止。

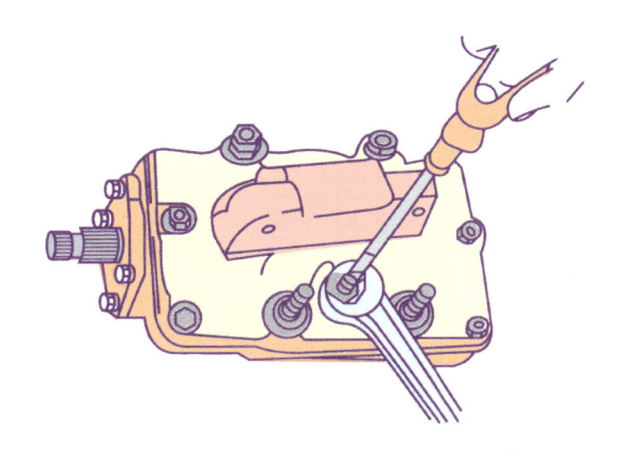

图2-49 指销与蜗杆啮合间隙的调整

任务二 转向器

任务实践

1. 实践名称

转向器的拆装与检修。

2. 实践准备

实训车辆、齿轮齿条式转向器、循环球式转向器、塞尺、平面度尺、V形铁架、百分表、千分尺、常用工具等。

3. 实践要求与注意事项

（1）明确操作规范和职责范围，预防潜在危险。
（2）实践操作过程中保持场地卫生及安全，不嬉戏打闹。
（3）在使用举升机的过程中应上好保险后再开始工作。
（4）使用维修手册时，要注意避免破损，手册与使用车型相对应。

4. 操作步骤及检修

1) 转向器的拆装

（1）转向器的拆卸。
①用千斤顶将汽车稳固地支起，使前轮离地，如图2-50所示。
②在万向节及转向器小齿轮轴上冲出记号，以便重新安装时确保它们仍处在原来的位置。
③拆下万向节连接到转向齿轮轴的固定螺栓，如图2-51所示。

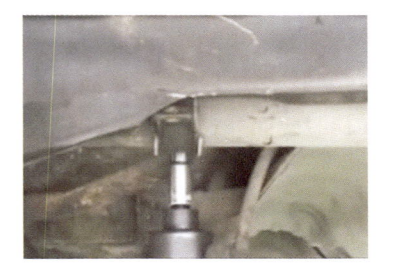

图2-50　支起车辆　　　　　　　图2-51　拆卸固定螺栓

④拆下转向器总成两端横拉杆与转向节处的固定螺母，如图2-52所示。
⑤用图2-53所示的球头销拆卸工具拔出球头销，使横拉杆与转向节脱开。
⑥拆下前托架上转向器壳的两个固定螺栓，取下两个隔套。

85

⑦拆下转向器总成，如图2-54所示。

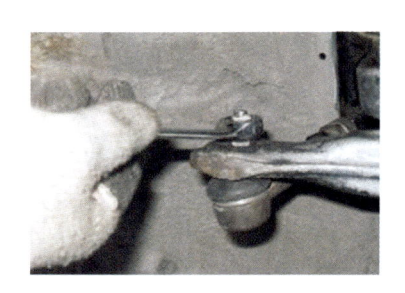

图2-52 拆下固定螺母

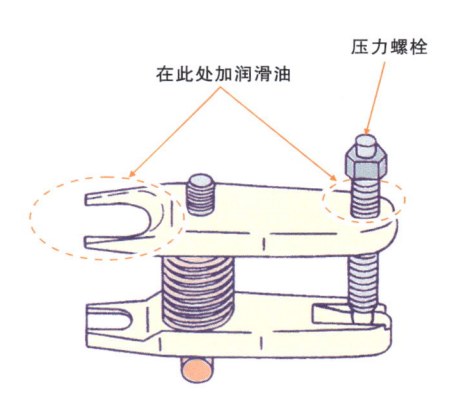

图2-53 球头销拆卸工具

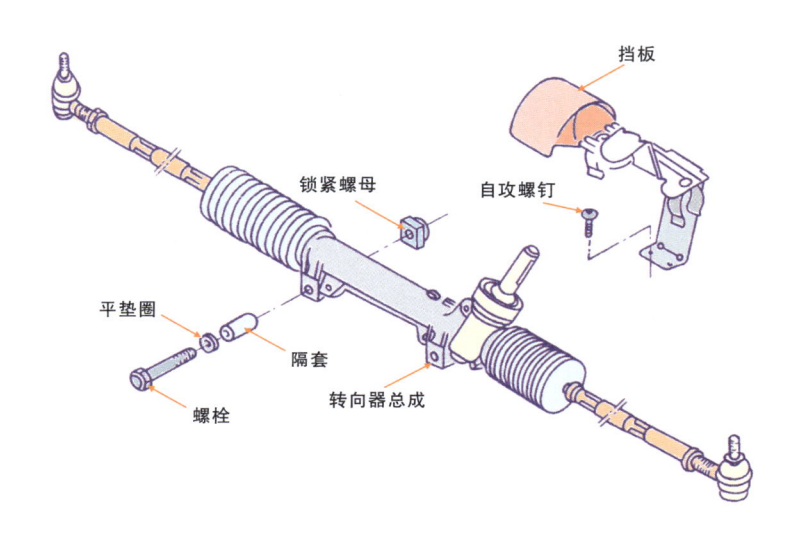

图2-54 转向器总成

（2）转向器总成的分解。
转向器总成分解图如图2-55所示。转向器总成分解可参照图2-55进行，其步骤如下。
①清洗转向器外部，将转向器壳体夹在软口台虎钳上。
②标记横拉杆接头与调整螺母的相对位置，并拆下横拉杆接头。
③拆下内外防尘套箍圈，并将防尘套拆下。
④拆下转向器横拉杆。
⑤转动齿轮轴直至齿条端与转向器壳体的距离达到某一标记值，用冲心錾标出齿轮轴与壳体的相对位置。该标记的作用是便于重新安装。
⑥拆下转向器侧面的紧固螺钉，依次拆下端盖、密封圈、调整垫圈、压紧弹簧、顶块。
⑦从转向器壳体中拆下齿轮轴油封。
⑧拆下弹性挡圈。
⑨用软口台虎钳夹住齿轮轴端部，用软锤轻敲转向器壳体，以便将齿轮轴及轴承拆下。

⑩将齿条从转向器壳体上拆下。

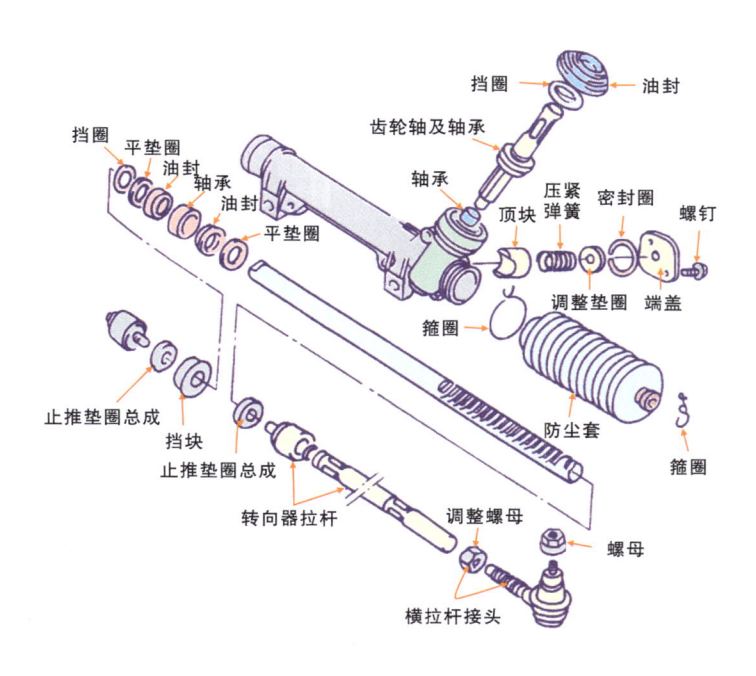

图 2-55 转向器总成分解图

（3）转向器总成的组装。
转向器总成的组装按其分解的相反顺序进行，但应注意下列问题。
①装配前在有关部位如齿轮轴轴承处加润滑脂。
②齿条、齿轮装入啮合时，应注意齿条端部至转向器壳体的标记距离，并使齿轮轴与壳体上的冲点记号对正。
③安装齿条导向调节装置时，应注意检查压紧弹簧的弹力及调整垫片的厚度，保证齿条与齿轮具有最佳的啮合状态，齿条移动时既无卡滞的感觉，又无松旷的感觉。
④安装横拉杆接头时，应对正原来拆卸时的记号，以便调整前束或避免调整前束。
⑤通过左右滑动齿条来检查防尘套的安装情况，正常时防尘套不应有变形或扭曲。
⑥转向器总成组装完成后，应对转向器总成进行装车前的整体检查。小齿轮轴应转动自如，转向齿条左右移动应平滑，均不得有卡滞现象。

（4）转向器的安装。
按转向器拆卸的相反顺序将转向器装上汽车，安装时应注意下列问题。
①应调整好转向轴的位置，保证转向盘、转向轴和小齿轮轴之间的正确装配关系。
②将各紧固螺母换成新螺母，并按规定的力矩拧紧各紧固螺栓、螺母。
③检查和调整前轮前束，使之恢复正常，并确保左右前轮具有相同的前束，最后紧固防尘套外箍圈和横拉杆端的锁紧螺母。

项目二 汽车转向系统

2）齿轮齿条式转向器的检修

（1）齿轮、齿条的检修。

检查主动齿轮端头及衬套的磨损情况，磨损严重时应更换。你检查的结果是_____，处理措施是_____。

检查齿条各部的磨损情况，如有缺齿应更换。你检查的结果是_____，处理措施是_____。

齿轮、齿条在总成修理时应进行隐伤检查，齿条的直线度误差不得大于 0.30mm；若齿面无疲劳损坏，但出现左右大转角转向沉重且无法调整，应予以更换。你检查的结果是_____，处理措施是_____。

（2）转向器的调整。

安装调整螺塞和油封，调整转向齿轮轴承的预紧度。以手感无轴向窜动、转动自如为宜。转向齿轮的转向力矩应符合原厂规定，一般约为 0.5N·m。你检查的结果是_____，处理措施是_____。

安装齿条衬套时，转向齿条与衬套之间的间隙不得大于 0.15mm。你检查的结果是_____，处理措施是_____。

齿轮与齿条啮合间隙的调整，实际上也是齿条预紧力的调整。由于结构的差异，调整方法有所不同，一般有两种调整方法：一是改变齿条导块和盖之间的垫片厚度来调整转向齿轮和转向齿条的啮合深度，完成预紧力的调整；另一种方法是用盖上的调整螺塞改变齿条导块和弹簧座之间的间隙，完成齿轮与齿条啮合间隙的调整。

3）循环球式转向器的检修

（1）转向器壳体的检修。

检查转向器壳体和侧盖，若出现严重裂纹，则需要更换；若裂纹不严重，可用粘补法修复，如图 2-56 所示。你检查的结果是_____，处理措施是_____。

图 2-56 检查壳体和侧盖

检查壳体及盖的平面度。其接合面的平面度误差应不大于 0.10mm，否则应修磨平整。你检查的结果是_____，处理措施是_____。

当摇臂轴轴承孔中心线与螺杆中心线垂直度误差超过极限值（公差为 0.04~0.06mm），两轴轴心距（公差为 0.10mm）过大时，会引起转向沉重，同时会减少传动副间隙可调整的次数，缩短转向器使用寿命。可以利用镗模镗削摇臂轴衬套，并校正两衬套的同轴度和两轴线的垂直度与轴心距。你检查的结果是＿＿＿＿＿＿，处理措施是＿＿＿＿＿＿。

（2）转向螺杆及螺母的检修。

检查转向螺杆、螺母，若有裂纹存在，应更换新件，钢球滚道应无剥落、脱层或能感觉到的压坑。你检查的结果是＿＿＿＿＿＿，处理措施是＿＿＿＿＿＿。

用百分表在 V 形铁上测量螺杆轴颈对中心的跳动量，不得大于 0.08mm，否则应校正。你检查的结果是＿＿＿＿＿＿，处理措施是＿＿＿＿＿＿。

检查钢球的规格、数量，应符合原厂规定，其直径差不得大于 0.01mm，与滚道配合间隙应不大于 0.05mm。若钢球磨损、剥落，与滚道间隙达到 0.10mm 以上，则应成组更换。你检查的结果是＿＿＿＿＿＿，处理措施是＿＿＿＿＿＿。

检查钢球导管，如破裂或导管舌头部位损伤，应更换。你检查的结果是＿＿＿＿＿＿，处理措施是＿＿＿＿＿＿。

检查轴承轴颈，若有磨损，可电镀修复。螺母齿条若有剥落和严重损伤，应更换。你检查的结果是＿＿＿＿＿＿，处理措施是＿＿＿＿＿＿。

（3）转向摇臂轴的检修。

检查转向螺杆、螺母，若有裂纹存在，应更换新件，钢球滚道应无剥落、脱层，用磁力探伤法检查裂纹。转向摇臂轴不得有任何性质的裂纹存在，若有裂纹，应更换，不许焊修。你检查的结果是＿＿＿＿＿＿，处理措施是＿＿＿＿＿＿。

检查端部的花键和螺纹。若花键有明显的扭曲，应更换新件；螺纹损伤两牙以上，应更换或堆焊车削后套螺纹修复，如图 2-57 所示。你检查的结果是＿＿＿＿＿＿，处理措施是＿＿＿＿＿＿。

图 2-57 检查花键和螺纹

检查齿扇有无剥落和点蚀。若有轻微剥落和点蚀，可用油石将剥落和点蚀磨平后使用；若严重剥落、变形，应更换。你检查的结果是＿＿＿＿＿＿，处理措施是＿＿＿＿＿＿。支承轴颈磨损超过极限时，可刷镀或喷焊修复。

（4）轴承及油封的检修。

检查轴承滚道表面，如有裂痕、压坑、剥落或保持架扭曲变形，应成套更换新件。你检查的结果是＿＿＿＿＿＿，处理措施是＿＿＿＿＿＿。

检查钢球或滚针，如磨损、剥落或碎裂，应成套更换新件，如图 2-58 所示。你检查的结果

项目二　汽车转向系统

是＿＿＿＿＿＿，处理措施是＿＿＿＿＿＿。

检查转向摇臂轴油封和转向螺杆油封刃口，若有损坏或油封橡胶老化，应更换新件。你检查的结果是＿＿＿＿＿＿，处理措施是＿＿＿＿＿＿。

图 2-58　检查钢球或滚针

（5）转向器的调整。

使转向器处于中间位置（直行位置），调整调整螺钉，使啮合间隙为零；转向器处于中间位置时，转向器的转动力矩应为 1.5~2.0N·m。调整好后，按规定力矩锁紧调整螺钉；安装摇臂时，要注意使摇臂与摇臂轴两者的记号对正，摇臂锁紧螺母应紧固可靠。你检查的结果是＿＿＿＿＿＿，处理措施是＿＿＿＿＿＿。

▶ 5. 实践总结

_____

_____

_____

_____

_____

_____

任务练习

一、填空题

1. 转向器是转向系统中_____的传动装置，其功用是增大由_____传到_____的力，并_____的传动方向。
2. _____将转向盘的转动转变为转向臂的摆动，借以达到改变力的_____和获得所要求的_____，进而通过转向传动机构操纵_____偏转。
3. 转向器传动效率是指转向器_____与_____之比。

二、判断题

1. 转向系统的角传动比越大，转向越省力，所以角传动比越大越好。（　　）
2. 汽车转向时，内侧车轮的偏转角小于外侧车轮的偏转角。（　　）
3. 转向半径越小，汽车在转向时所需要的场地面积就越小。（　　）
4. 为了提高行车的安全性，转向轴可以有少许轴向移动。（　　）

三、选择题

1. 转向系统的三个主要组成部分是转向操纵机构、转向器和（　　）。
A. 转向前束　　　　　　　　　　B. 转向传动机构
C. 转向摇臂　　　　　　　　　　D. 转向盘

2. 为了适应整体布置的要求，有些汽车在转向盘和转向器之间由（　　）连接。
A. 轴　　　　　　　　　　　　　B. 万向传动装置
C. 软管　　　　　　　　　　　　D. 木块

3. 转向盘转角与安装在转向盘同侧的转向轮偏转角的（　　），称为转向器的角传动比。
A. 差值　　　　　　　　　　　　B. 和值
C. 积值　　　　　　　　　　　　D. 比值

4. 转向盘自由行程一般不超过（　　）。
A. 10°　　　　　　　　　　　　B. 15°
C. 25°　　　　　　　　　　　　D. 30°

四、问答题

1. 简述循环球式转向器的调整方法。
2. 简述齿轮齿条式转向器的结构和工作原理。

项目二　汽车转向系统

任务三　转向操纵机构

任务目标

完成本学习任务后,学生在基础知识和基本技能方面应达到以下要求。

● 知识目标
(1)熟知转向操纵机构的功用与组成。
(2)熟知转向盘的结构与组成。
(3)熟知转向管柱的结构与组成。

● 能力目标
(1)能够对转向盘进行检测。
(2)能够对转向操纵机构进行拆装与检测。

任务引入

转向操纵机构用于产生转动转向器所必需的操纵力,并具有一定的调节性和安全性。转向操纵机构要将驾驶员操纵转向盘的力传给转向器,同时为了使驾驶员舒适驾驶,还要求转向操纵机构能进行调节,以满足驾驶员的不同需求;为了防止车辆撞击后对驾驶员的损伤,转向操纵机构还应具有一定的安全保护装置。下面进入转向操纵机构的学习。

相关知识

一、转向操纵机构的功用

转向操纵机构的功用是产生转动转向器所必需的操纵力,并具有一定的调节性和安全性。转向操纵机构要将驾驶人操纵转向盘的力传给转向器,同时为了使驾驶人舒适驾驶,还要求转向操纵机构可以进行调节,以满足驾驶人的不同需求;为了防止车辆撞击后对驾驶人的损伤,还要求转向操纵机构具有一定的安全保护装置。

二、转向操纵机构的组成

转向操纵机构一般由转向盘和转向管柱等组成。转向操纵机构位置图如图 2-59 所示,其示意图如图 2-60 所示。转向盘和转向管柱的功用是产生足够的力以驱动转向器转动。转向管柱由多个零部件组成。转向盘和转向管柱的具体形式随汽车生产年代和生产厂家的不同而不同。

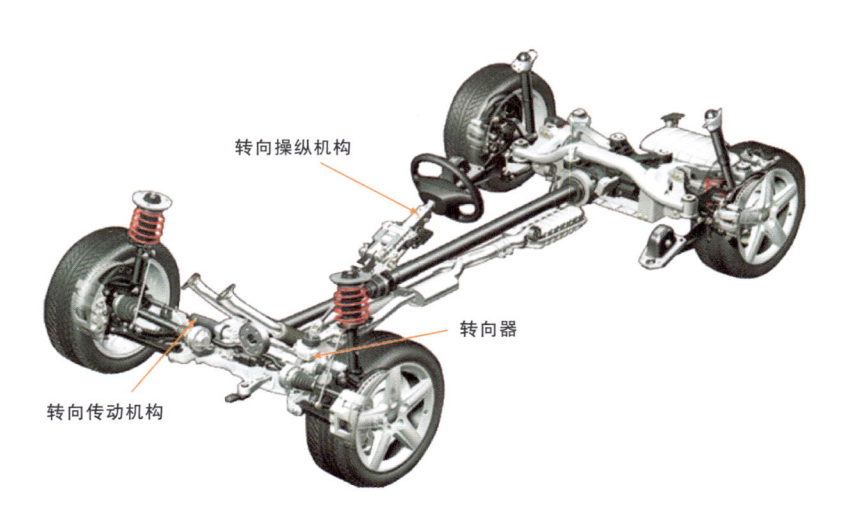

图 2-59 转向操纵机构位置图

转向操纵机构包含以下主要部件。
转向盘——产生转向力。
上罩和下罩——保护内部各零部件。
万向节——可在有一定夹角的轴间传递转向力矩。
柔性联轴器——允许主轴和中间轴以很小的夹角传动。
中间轴——用以连接柔性联轴器和万向节。
安装支架——确保转向管柱安装到位。

项目二　汽车转向系统

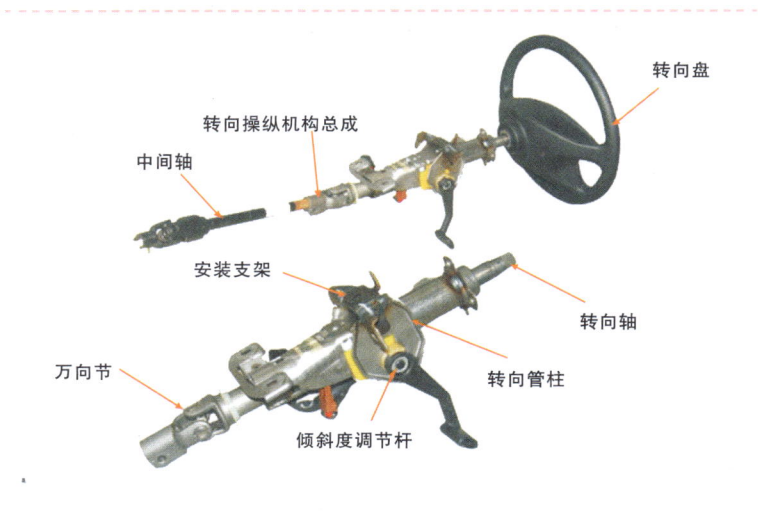

图 2-60　转向操纵机构示意图

▶ 1. 转向盘

转向盘由一个坚硬的轮圈和许多连接轮圈与中心轮毂的辐条组成，其中心和转向轴上端装配在一起。多数转向盘的轮毂都有内花键，与转向轴的外花键装配到一起。中心轮毂的螺栓或螺母能确保转向盘固定到转向轴上。转向盘的组成如图 2-61 所示。

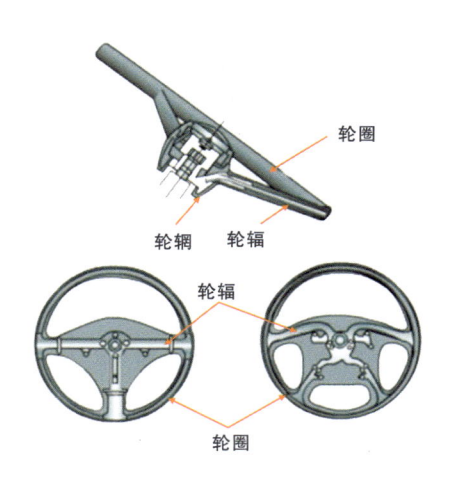

图 2-61　转向盘的组成

转向盘的轮毂、轮辋及辐条通常由钢、铝合金、镁合金或碳纤维制造。轮辐有 1~4 根。采用一根辐条时有利于观察仪表。为保证转向盘有足够的刚度，必须采用增强材料，即内芯。轮辐应有足够大的面积，以利于驾驶员的身体与转向盘冲撞接触时，降低它们之间产生的碰撞力。轮辐

任务三 转向操纵机构

过多的转向盘，虽然有足够的强度和刚度，但对驾驶员观察仪表有不利影响。

转向盘的轮毂部分设计有内花键，用来与转向轴上的花键配合并固定。轮毂、轮辋、辐条与内芯组成转向盘骨架总成，骨架总成通过注塑成形或发泡成形等工艺组成转向盘本体。对于高级转向盘，则在其外侧再包一层皮革，其粘接或缝制几乎全部为手工操作。也有在转向盘本体上印制桃木花纹的。

当汽车发生碰撞时，从安全性出发，不仅要求转向盘具有柔软的外表皮，起到缓冲作用，而且要求转向盘在撞车时，其骨架能产生一定变形，以吸收冲击能量，降低驾驶员受到伤害的程度。

转向盘上装有喇叭按钮，有些轿车的转向盘上还装有定速巡航与车载娱乐系统控制开关和撞车时保护驾驶员的安全气囊。

随着汽车工业的发展，越来越多的汽车采用带有安全气囊系统的转向盘，其主要包括气囊、气体发生器、传感器等部分。车辆发生碰撞时，传感器接收到信息，控制单元比较、判断信息，使气体发生器工作为气囊充气，气囊冲出转向盘中部的易碎盖板并完成充气，充满气体的气囊支承、保护人员的头部和胸部。转向盘与安全气囊如图2-62所示。

现代汽车使用的转向盘具有以下特点。

（1）造型科学化。

（2）多层柔软化。

（3）功能多样化。

（4）尺寸小型化。

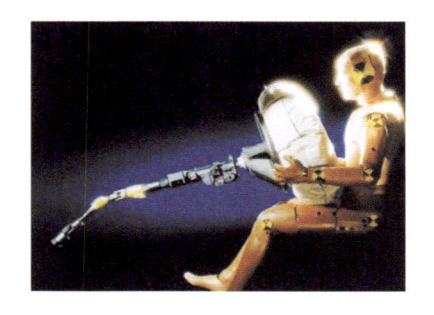

图2-62 转向盘与安全气囊

2. 转向管柱

汽车转向管柱上接转向盘，下接转向器，起着承上启下的作用，在正常使用中承担着把转向盘传来的转矩传到转向器的任务。另外，管柱上还附带了常用的组合开关等电子组件。如图2-63所示为转向管柱总成。

1）转向管柱的功用

转向管柱包括转向主轴和转向柱管。转向主轴的功用是将转向盘的旋转运动传递到转向器，它通过轴承支承于转向柱管中；转向柱管则固定在车身上。为了舒适可靠地操纵转向装置，现代汽车的转向管柱必须具备以下功能。

（1）柔性连接。

转向管柱的上部与转向盘固定连接，下部装有转向器。其连接方式有两种：一种是与转向器输入轴直接连接；另一种是通过万向节或柔性联轴器与转向器的输入轴相连接。为了兼顾汽车底盘和车身总体布置要求，往往需要使转向器与转

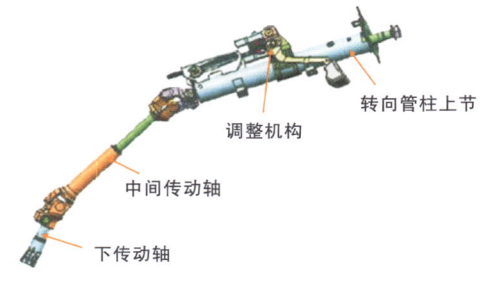

图2-63 转向管柱总成

向管柱的轴线以一定角度相交。因此，许多新型汽车在转向操纵机构中采用了万向传动装置。而且，采用柔性联轴器连接，还可以有效地阻止路面对车轮的冲击经过转向器传到转向盘，从而可以显著减轻转向盘上的冲击和振动。

（2）能量吸收功能。

当汽车发生碰撞时，转向管柱能量吸收机构可以减小驾驶人因身体惯性的作用撞击转向盘所产生的冲击，防止转向轴伤害驾驶人，如图2-64所示。

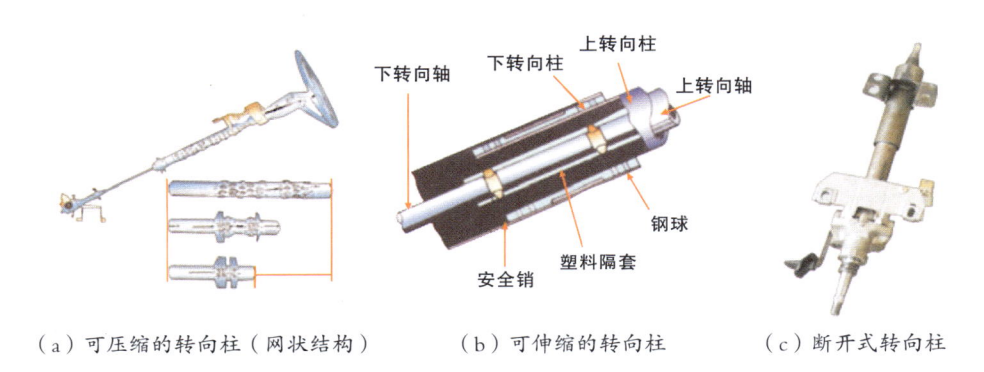

（a）可压缩的转向柱（网状结构）　　（b）可伸缩的转向柱　　（c）断开式转向柱

图2-64　能量吸收机构

早期的方法是将转向柱的一部分做成网状结构，如图2-64（a）所示，在碰撞过程中很容易被压扁。当汽车遇到障碍物而撞车时，转向器对转向柱产生一个向上的推力，转向柱在受到这个推力（一次碰撞）作用时，连接上、下转向柱的塑料销被剪断，上转向柱将沿下转向柱的内孔滑动伸缩。与此同时，转向柱套管上的网格部分也被轴向压缩而变形。

第二种是由两部分组成的转向柱。其中一部分直径小，因此能够插进另一部分中，且用滚柱轴承支承。在碰撞过程中，直径小的部分下滑入直径大的部分，如图2-64（b）所示。

还有一种就是断开式转向柱，发生碰撞时转向柱与车身分离，如图2-64（c）所示。

（3）倾斜度可调。

倾斜度可调式转向管柱是为了适应各种驾驶姿势而设置的，驾驶人可以自由选择转向盘位置。

（4）伸缩功能。

如图2-65所示，转向管柱伸缩机构可使转向盘的位置向前或向后调整，以适应不同驾驶姿势。其转向盘安装在滑动轴上，滑动轴与滑动轴套管合为一体，可以在转向管柱上的支架内滑动。滑动轴通过花键与主轴相连，并将转向盘的转向力传至主轴。滑动轴也可在主轴的花键上前后移动。由于滑动轴套管上的棘齿位于转向管柱上支架的槽中，所以滑动轴只能前后移动，而不能转动。

（5）倾斜度调整记忆功能。

某些汽车上还装有倾斜度调整记忆机构（图2-66）。这种机构可避免转向盘妨碍驾驶人进出驾驶室。当拉动倾斜度调整杆使转向盘向上倾斜后，转向盘可自行回到原来的位置，其主要部件有倾斜度调整杆和记忆杠杆。工作时由倾斜度调整用计算机控制倾斜度调整电动机。

（6）锁止功能。

当驾驶人从钥匙筒中拔出钥匙后，转向锁止机构能将主转向轴锁定在转向管柱上，如果这时不用钥匙启动发动机，将无法进行车辆的转向操作，从而防止车辆被盗。

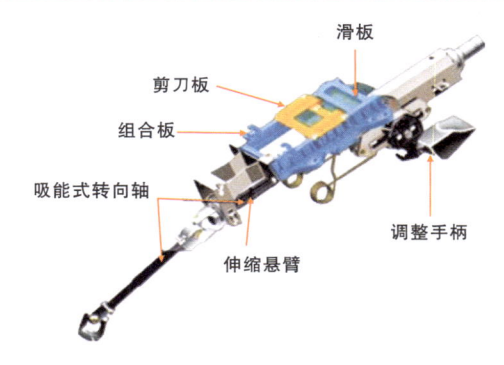

图 2-65 转向管柱伸缩机构

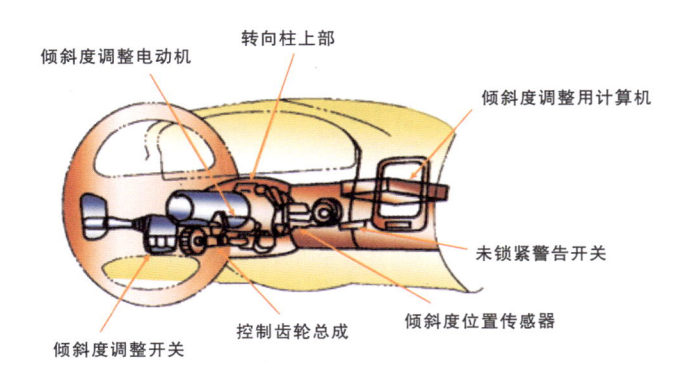

图 2-66 倾斜度调整记忆机构

2）转向管柱设计参数

（1）压缩行程：转向柱及中间轴的压缩行程在 150mm 以上。

（2）转向柱系统的最小临界压缩力：1.1~2.5kN。

（3）转向柱可断开连接盒分离力：连接盒每个注塑销的破坏力为 500N，转向柱上每个可断开连接盒一般有 2~4 个注塑销。

（4）除保证规定的轴向压缩力外，还要有足够的抗弯强度，以提高轴向吸能效果。

（5）压缩吸能部分上、下端有一定的强度和刚度差异，以保证压缩吸能力的传递。典型的缓冲吸能转向系统包括转向盘、转向轴套管、转向轴、转向器，以及当转向盘受到撞击时能够吸收冲击能量的其他元件等，如图 2-67 所示。变形及溃缩部位分上节和下节（中间传动轴及下传动轴）两部分，一般以驾驶室前围为界限，可吸收来自车前的一次碰撞能量和来自驾驶员的二次碰撞能量。

转向管柱的上节溃缩结构繁多，但大都利用摩擦力、剪断力和变形力来吸收能量，轴向变形常用的机构有花键轴及花键套式、尼龙销式、钢珠滚压式和套管挤压吸能式等，中间传动轴及下传动轴常用的结构有花键式、波纹管式、胶盘式或多种结构配合。

由于转向管柱溃缩及吸能主要在轴向，而对于部分车型，由于设计原因导致碰撞过程中管柱受力方向并不都是轴向，从而导致轴向溃缩不能完全发挥作用，所以在设计中应考虑管柱的弯曲受力，减小弯矩同样可以满足要求，防止碰撞过程中管柱轴向窜动过大。波纹管在满足转矩

项目二　汽车转向系统

要求的同时，还可满足碰撞轴向溃缩要求或弯曲溃缩功能。因此，带波纹管形式的转向传动轴得到了广泛的应用。

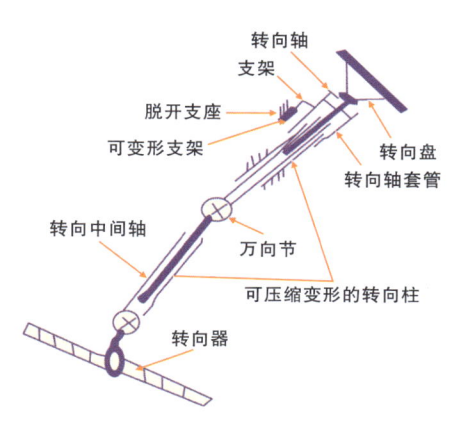

图 2-67　典型的缓冲吸能转向系统

三、转向操纵机构的拆装

1. 转向盘的拆装

1）转向盘的拆卸

（1）拆卸前，首先断开蓄电池的负极电缆，等待 10 分钟以上方可继续操作。

（2）拧下转向盘与安全气囊连接的固定螺栓，如图 2-68 所示。

（3）取出安全气囊总成，并断开其线束插头，如图 2-69 所示。

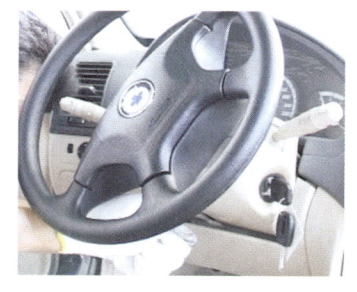

图 2-68　拧下固定螺栓

图 2-69　取出安全气囊总成

（4）拧出转向盘的紧固螺栓，并取下转向盘总成，如图 2-70 所示。

图 2-70　取下转向盘总成

2）转向盘的安装

◆注意：

在调整螺旋电缆之前应先摆正轮胎。

（1）顺时针将螺旋电缆旋转到极限位置。
（2）将螺旋电缆逆时针旋回约 2.5 圈。
（3）对齐螺旋电缆上的标记点。
（4）装上转向盘总成，如图 2-71 所示。

图 2-71　安装转向盘总成

◆注意：

安装时应摆正转向盘位置。

（5）拧上转向盘总成的紧固螺栓，按规定力矩拧紧。拧紧力矩：35N·m。
（6）安装转向盘时，不要用力击打转向盘和转向管柱。
（7）插上安全气囊线束插头。
（8）最后装上安全气囊总成，拧上其紧固螺栓。

2. 转向管柱的拆装

1）转向管柱的拆卸

（1）断开蓄电池的负极电缆（如果带有 SRS 系统，须等待 10 分钟以上才可进行拆卸）。

项目二 汽车转向系统

（2）拆卸驾驶员安全气囊（如果装备有的话）和转向盘。

（3）如图2-72所示，分解转向管柱系统。

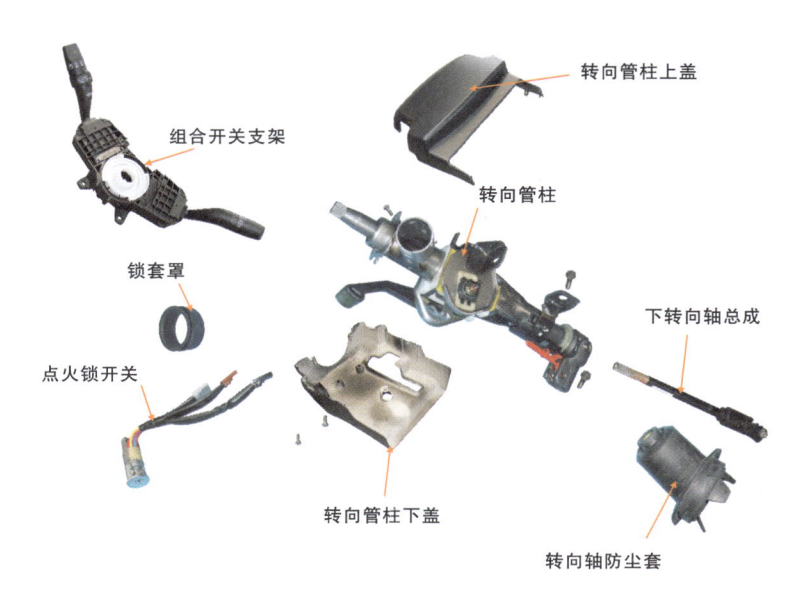

图2-72 转向管柱系统分解图

（4）松开组合开关顶端的螺钉，然后从转向管柱轴上拆除组合开关总成。

（5）从组合开关断开线束插接器，然后从转向管柱上松开线束夹。

（6）拆除夹紧转向下轴的螺栓，断开转向下轴总成，然后将其从管柱轴上拆除。

（7）拆除配合螺母和螺栓，然后拆卸转向管柱。拆卸转向柱时，不要剧烈摇晃转向柱下轴。剧烈摇晃下轴，会造成转向柱接头断裂。如果接头断裂或轴叉断开，则要更换转向柱。

（8）拆下转向柱下罩中的3个固定螺钉，卸下转向柱下罩及上罩，如图2-73所示。

（9）将转向盘高度调节手柄（图2-74）向前推到底，松开转向管柱，将转向管柱调到最低点后，再将调节手柄向后拉到底，脱开转向管柱周围的插接件。

（10）拆下转向管柱固定螺母，如图2-75所示。

（11）拆下转向柱与下转向轴的连接螺栓的锁紧螺母，如图2-76所示。

（12）拆卸转向柱与转向柱支架相连的两个固定螺栓，如图2-77所示，卸下转向管柱。

2）转向管柱的安装

（1）按拆卸的相反顺序安装转向管柱，并注意以下事项。

①锁套罩安装在点火锁开关上的位置应正确，不能错位。

图2-73 拆下转向柱下罩及

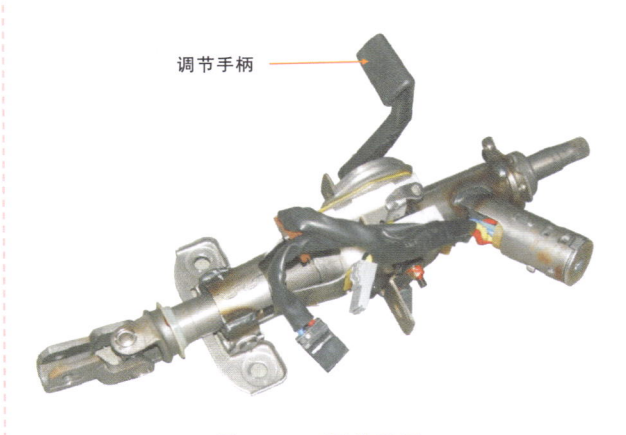

图 2-74　调节手柄

图 2-75　拆下转向管柱固定螺母

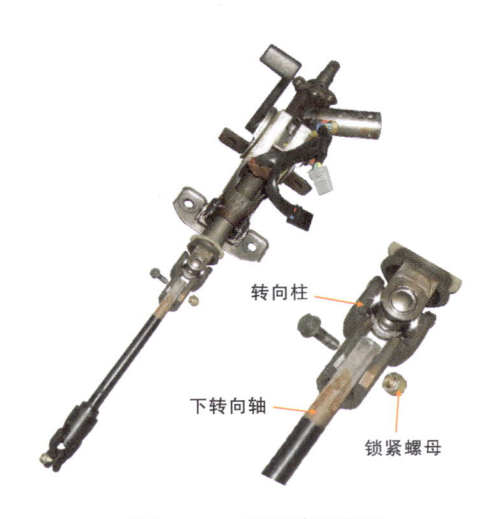

图 2-76　拆卸锁紧螺母

图 2-77　拆卸固定螺栓

②确认点火线束没有被其他零件卡住或夹住。

（2）将转向柱移至最上端位置，拔起倾斜度调节杆。将转向球头的上端插入转向下轴（将螺栓孔与轴上的平面对齐）并与轴上的平面部分对齐，如图 2-78 所示。按规定力矩拧紧锁紧螺栓。

（3）将转向球头的下端送进小齿轮轴（将螺栓孔与轴上的槽对齐），松松地套上下部连接螺栓，如图 2-79 所示。确认下部连接螺栓可靠地装入小齿轮轴的槽内。

（4）拉动转向管柱叉球头，确认万向节球头节叉安装到位，然后安装连接螺栓并拧紧至规定力矩。

（5）安装转向柱固定螺母和螺栓，按规定力矩拧紧。拧紧力矩：17N·m。

（6）将转向盘高度调节手柄向前推到底，升起转向柱，然后将转向柱调到最低点，锁住转向盘。拧紧转向管柱固定螺母。

（7）松开转向柱，将其降低并锁住，装上转向柱周围的插接件。

项目二　汽车转向系统

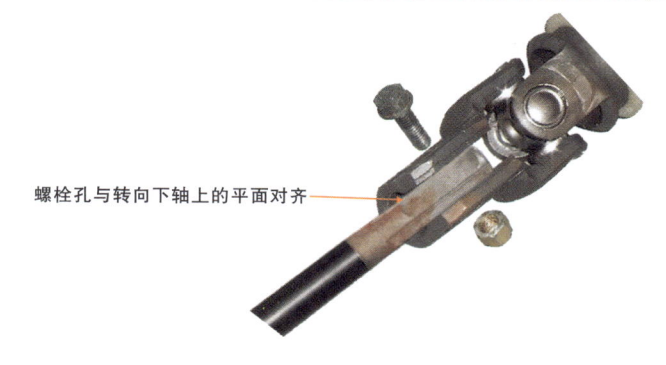

图 2-78　安装转向下轴

图 2-79　转向下轴与转向器转向轴的安装

（8）安装转向柱上罩、下罩及固定螺钉、下盖板及固定螺钉。
（9）安装转向盘及转向盘锁紧螺母，按规定力矩拧紧。拧紧力矩：35N·m。
（10）安装转向盘面盖。
（11）完成安装时，需要注意以下事项。
①确保线束布置正确且已紧固。
②确认插接器插接正确。
③重新安装转向盘。
④重新连接蓄电池负极电缆。
⑤检查喇叭和转向信号灯开关。
⑥必要时应检查车轮定位。

四、转向操纵机构的检修与调整

1. 安全转向柱的检查

检查安全转向柱有无弯曲、安全联轴节有无磨损或损坏、弹簧弹性是否失效，如有则应修理或更换。

2. 转向盘的检查

用双手握住转向盘，在轴向和径向方向上用力摇动，观察此时转向盘是否移位、轴承是否松旷，检查转向盘与转向轴的安装情况。

转向盘大螺母应紧固，支承轴承应完好无松旷，柱管装置应稳定，支架应无断裂；转向传动轴万向节应不松旷，滑动叉扭转间隙应不大于30mm，结合长度应不小于60mm，各横销螺栓应紧固，弹簧垫、防尘套应完好无损。

3. 转向盘转动阻力的检查

转向盘转动阻力一般用弹簧秤拉动转向盘边缘进行测量，如图2-80所示。

4. 转向盘自由行程的检查

汽车每行驶12000km左右，应检查一次转向盘的自由行程，检查方法如下。

图2-80 转向盘转动阻力的检查

（1）在配备动力转向系统的车辆上启动发动机，机械转向系统则无须启动发动机。

（2）将转向轮转到直线行驶的位置。

（3）轻轻转动转向盘，在转向轮就要开始移动时（或感觉到阻力时），使用直尺测量转向盘外缘的移动量，一般为10~15mm。

（4）如果不符合要求，应检查转向器间隙、调整转向球头销等。

5. 转向盘锁止功能的检查

（1）将点火开关转至"LOCK"位置，轻轻转动转向盘，此时转向盘应被锁止，不能转动。

（2）将点火开关转至"ACC"位置，转向盘应能自由转动。

项目二 汽车转向系统

任务实践

1. 实践名称

转向操纵机构的拆装与检查。

2. 实践准备

举升机、实训车辆、常用工具等。

3. 实践要求与注意事项

（1）明确操作规范和职责范围，预防潜在危险。
（2）实践操作过程中保持场地卫生及安全，不嬉戏打闹。
（3）在使用举升机的过程中应上好保险后再开始工作。
（4）使用维修手册时，要注意避免破损，手册与使用车型相对应。

4. 操作步骤及检修

1）转向盘自由行程的检查

转向盘自由行程是指转向轮在直线行驶位置时转向盘的空转行程。由于转向系统各传动件之间不可避免地存在着装配间隙，并且这些间隙将随着零件的磨损而增大，因此，在转动转向盘时，首先必须消除各种配合间隙，然后才能带动转向轮转动。也就是说，转向盘必须首先空转一定角度，然后才能带动转向轮偏转。一般汽车转向盘左右自由转动量不超过 30mm，如图 2-81 所示。

适当的自由行程，可以缓和路面冲击，减轻驾驶人的疲劳，并使转向操纵柔和。但从转向灵敏性出发，转向盘的自由行程不能太大，否则会使转向滞后。例如，五菱汽车转向盘自由行程的限值为 30mm，如测得的数值超过限值，则应检查下列部件的连接：横、直拉杆上的球头销、连接销、转向摇臂轴套，转向齿轮与齿条啮合部位，转向轴的万向节、柔性联轴器等处的间隙（可用分段检查法检查）。正常状况下，这些连接处的间隙应是零或很小，它们的叠加反映在转向盘上就是自由行程。

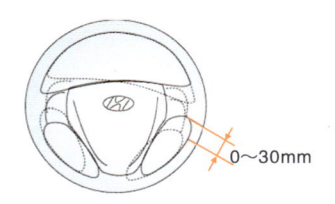

图 2-81 转向盘自由行程

转向盘自由行程检查步骤如下。

（1）检查转向盘紧固螺母，若松动，应予紧固，如图 2-82 所示。再检查转向装置滑动花键部分的磨损情况，若磨损过度，应更换转向传动叉。你检查的结果是_____，处理措施是_____。

（2）检查摇臂轴与螺母啮合间隙是否过大，若过大，应予调整。你检查的结果是＿＿＿＿＿＿，处理措施是＿＿＿＿＿＿。

（3）检查转向器内平面轴承是否符合要求。如钢球在轴承上下滚道内运动不正常，使传动力很小（如同空行程），转过一定范围又恢复正常的力矩，则在左右转向时有一种启动力甚轻的感觉，转向盘会由于车辆的振动产生左右晃动。你检查的结果是＿＿＿＿＿＿＿＿＿＿，处理措施是＿＿＿＿＿＿。

图 2-82　紧固转向盘

（4）检查直、横拉杆与转向节等有无松动等缺陷，如图 2-83 所示。你检查的结果是＿＿＿＿＿＿＿＿＿，处理措施是＿＿＿＿＿＿。

（5）转向盘自由行程过大的原因。
①转向器蜗杆与蜗轮（或齿扇、指销等）间隙过大。
②转向传动装置松动。
③转向传动装置的球铰间隙过大（松动）。
④前轮轴承或转向节主销与衬套松旷等。

图 2-83　直、横拉杆与转向节的检查

2）转向柱的检修

检查转向柱的变形与损坏情况，不允许补焊或校正，若变形或损坏严重，必须更换。检查转向柱轴承的磨损与烧蚀情况，严重时应更换。你检查的结果是＿＿＿＿＿＿，处理措施是＿＿＿＿＿＿。

3）万向节的检修

用手检查万向节在十字轴的两个方向的径向间隙，若发现有间隙，应更换万向节。你检查的结果是＿＿＿＿＿＿，处理措施是＿＿＿＿＿＿。

4）转向操纵机构的拆装

（1）拆卸。
①将点火开关转到"OFF"位置，断开蓄电池负极电缆（至少等待 90 秒以禁用 SRS 系统）。
②脱开定位爪，拆下转向盘下盖。
③从转向盘下盖的安装孔插入螺丝刀，向上推扭力弹簧以分离转向盘下侧卡销，如图 2-84 所示。
④使用螺丝刀推入 2 个扭力弹簧以分离 2 个转向盘上侧卡销，如图 2-85 所示。
⑤从转向盘总成上取出喇叭按钮总成，断开喇叭连接器。
⑥用保护带包住的螺丝刀松开空气囊连接器锁。拆下喇叭按钮总成，如图 2-86 所示。拆下喇叭按钮总成时，不要拉空气囊线束。
⑦松开定位螺母，在转向盘总成和转向主轴上标上装配标记，并断开转向盘总成连接器，如图 2-87 所示。

图 2-84　分离转向盘下侧卡销

项目二 汽车转向系统

图 2-85 分离转向盘上侧卡销

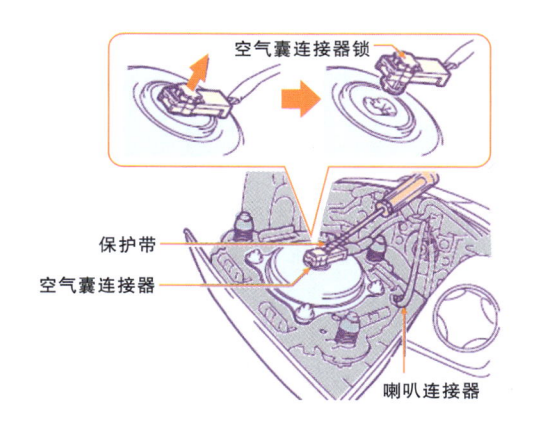

图 2-86 拆下喇叭按钮总成

⑧用专用工具拆下转向盘总成，如图 2-88 所示。

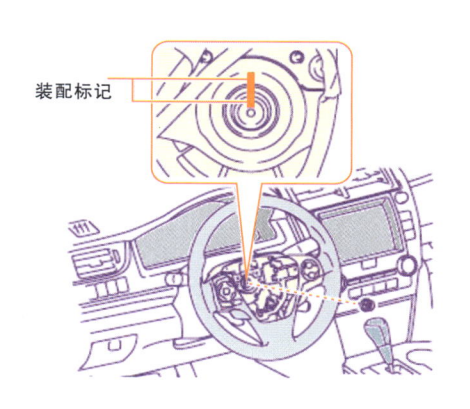

图 2-87 断开转向盘总成连接器

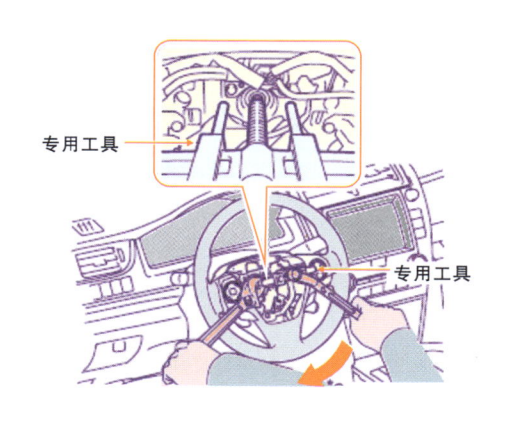

图 2-88 拆下转向盘总成

⑨拆卸仪表板下的空气囊总成，如图 2-89 所示。

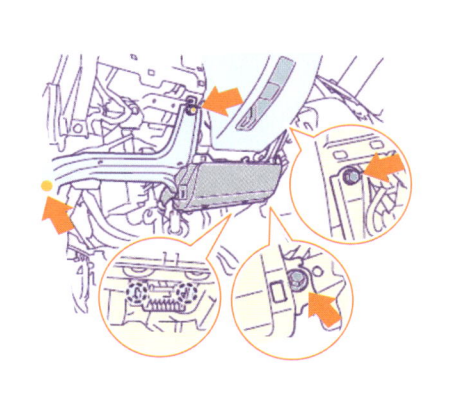

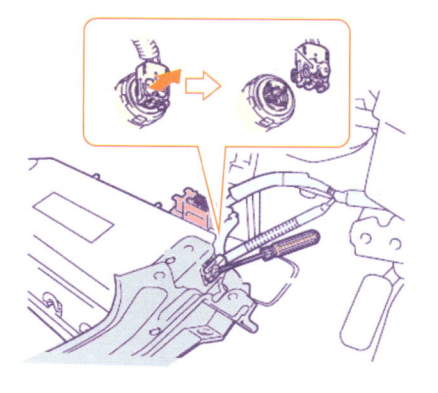

图 2-89 拆下空气囊总成

⑩松开2个螺钉。按压转向柱下盖的左右两侧，并脱开2个定位爪。将手指插入转向柱下盖倾斜度调节杆的开口处以脱开定位爪并拆下转向柱下盖，如图2-90所示。

图2-90　拆下转向柱下盖

⑪从转向柱上盖上脱开4个卡扣和2个导具。脱开2个定位爪以拆下转向柱上盖，如图2-91所示。

⑫拆卸带螺旋电缆分总成的转向信号开关总成，如图2-92所示。

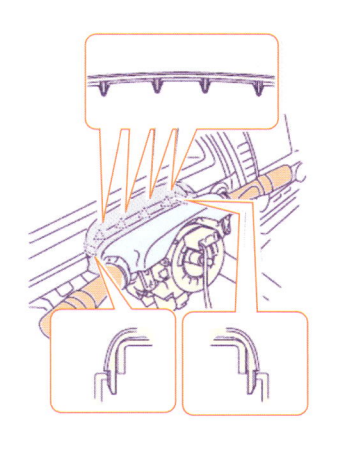

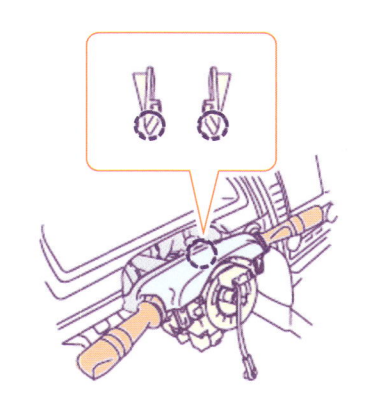

图2-91　拆下转向柱上盖　　　　图2-92　拆卸转向信号开关总成

⑬在转向中间轴总成和转向拉杆总成上标上装配标记。拆下螺栓并从转向拉杆总成上分离转向中间轴总成，如图2-93所示。

⑭拆卸风道分总成，如图2-94所示。

⑮断开转向柱上的连接器和卡箍，松开固定螺栓，拆下转向柱总成，如图2-95所示。

⑯在转向中间轴总成和转向柱总成上标上装配标记。从转向柱总成上拆下转向中间轴，如图2-96所示。

项目二 汽车转向系统

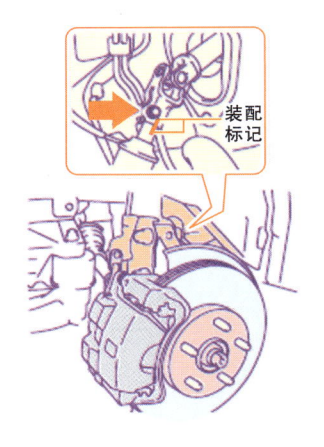

图 2-93 分离转向中间轴总成

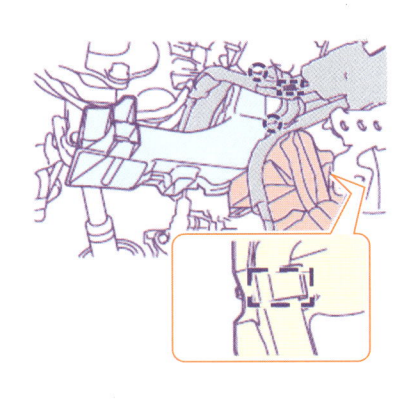

图 2-94 拆卸风道分总成

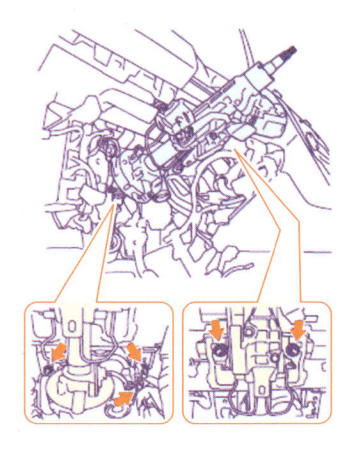

图 2-95 拆下转向柱总成

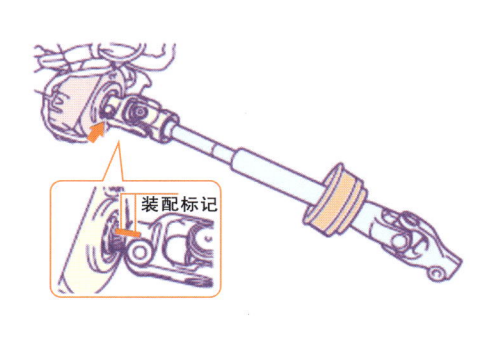

图 2-96 拆下转向中间轴

（2）安装。

①将转向中间轴总成安装到转向柱总成上，螺栓扭矩：35N·m。要将转向中间轴总成和转向柱总成上的装配标记对准，如图 2-97 所示。

②连接转向柱总成上的连接器和卡箍，安装转向柱总成。螺母扭矩：25N·m，接地导线扭矩：8.4N·m。

③将转向中间轴总成连接到转向拉杆总成上，如图 2-98 所示。螺栓扭矩：35N·m。

④安装带螺旋电缆分总成的转向信号开关总成，如图 2-99 所示。

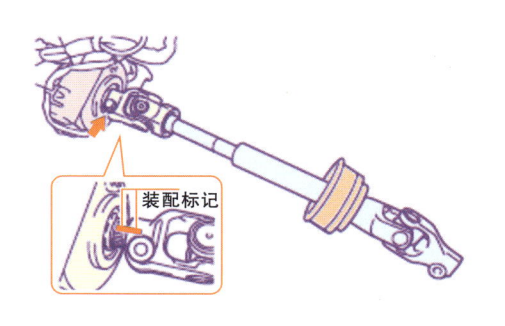

图 2-97 安装转向中间轴总成

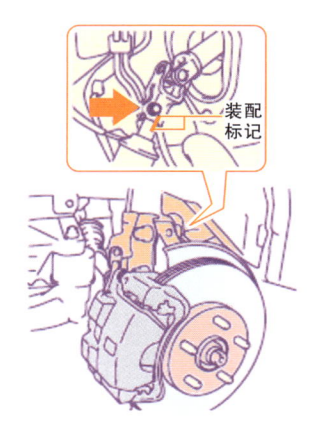

图 2-98　将转向中间轴总成连接到转向拉杆总成上 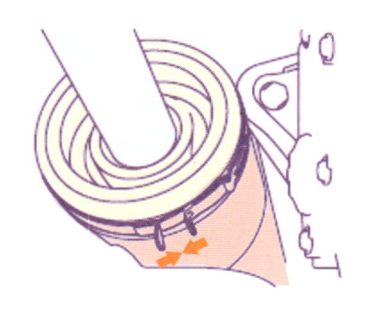　　　　图 2-99　安装转向信号开关总成

◆注意：
不要在连接蓄电池且点火开关转到"ON"位置的情况下更换螺旋电缆。不要在连接蓄电池且点火开关转到"ON"位置的情况下旋转不带转向盘的螺旋电缆。检查转向传感器时，应确保转向盘已安装且对准正前方。

⑤接合定位爪，安装转向柱上盖和下盖，如图 2-100 所示。
⑥安装 2 个螺钉，如图 2-101 所示。扭矩：2.0N·m。

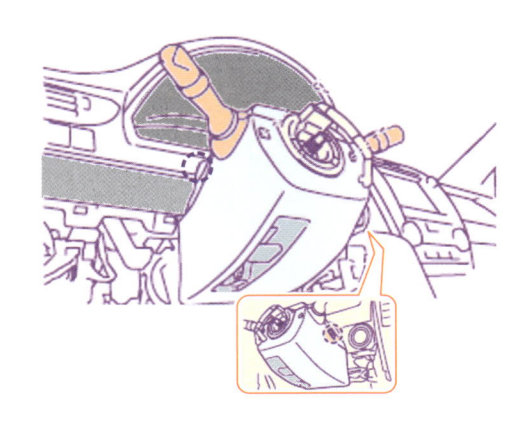

图 2-100　安装转向柱上盖和下盖 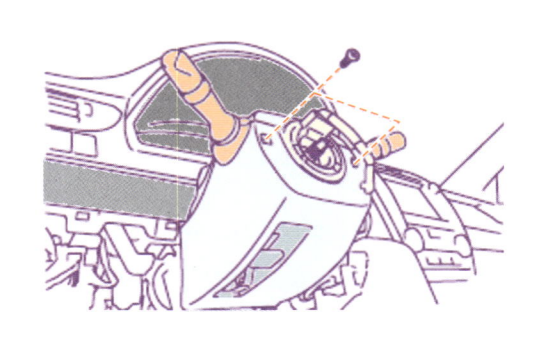　　　　图 2-101　安装螺钉

⑦接合定位爪，如图 2-102 所示。
⑧确认点火开关置于"OFF"位置，且蓄电池负极电缆已断开。将空气囊连接器连接到仪表板下空气囊总成上，如图 2-103 所示。安装 2 个卡扣和 4 个螺栓，扭矩为 10N·m。

◆注意：
连接空气囊连接器时，不要损坏空气囊线束。确认仪表板下 1 号空气囊总成牢固安装，没有过大的缝隙且不向外凸出。

项目二　汽车转向系统

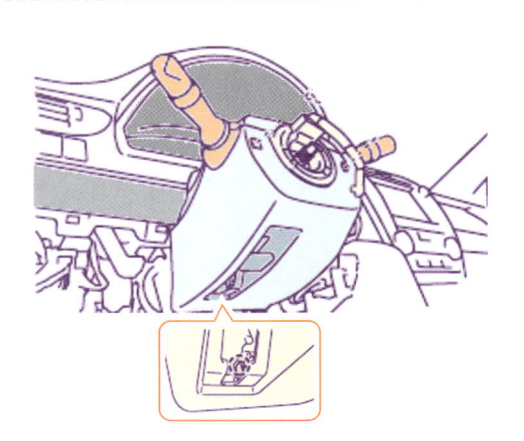

图 2-102　接合定位爪

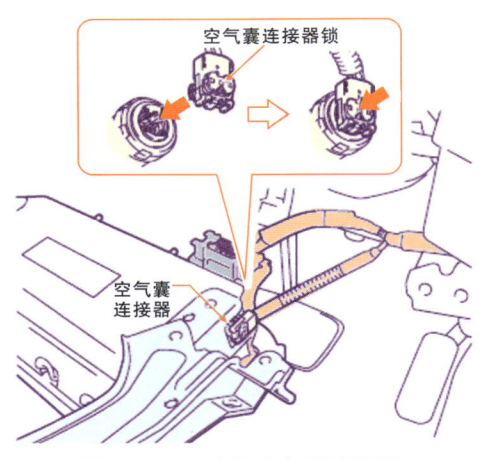

图 2-103　连接空气囊连接器

⑨转动前轮，使其对准正前方。检查螺旋电缆分总成是否居中，如图 2-104 所示。

⑩将转向盘总成和转向主轴上的装配标记对准，安装转向盘总成，定位螺母扭矩：50N·m，如图 2-105 所示。

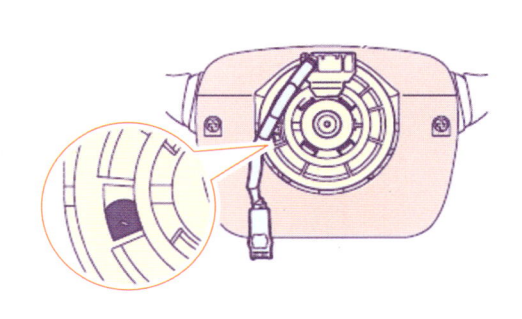

图 2-104　检查螺旋电缆分总成是否居中

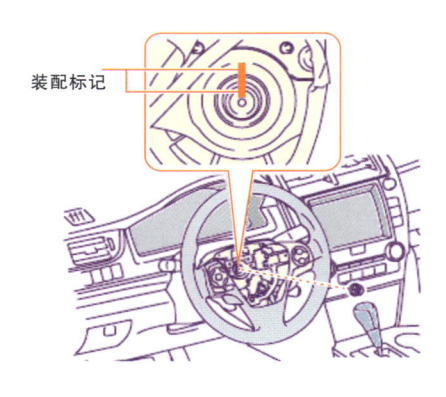

图 2-105　安装转向盘总成

⑪检查转向盘中心点，将空气囊连接器和喇叭连接器连接到喇叭按钮总成上。接合定位爪和导具，安装转向盘下盖。

⑫将电缆连接到蓄电池负极端子上，检查喇叭是否鸣响。进行诊断系统检查，检查 SRS 警告灯。

▶ 5. 实践总结

_____

_____

任务三 转向操纵机构

任务练习

一、填空题

1. 转向操纵机构的功用是产生转动 _____ 所必需的 _____，并具有一定的 _____ 和 _____。
2. 转向操纵机构一般由 _____ 和 _____ 组成。转向盘由 _____、_____、_____ 和垫块组成。
3. 汽车转向管柱上接 _____，下接 _____，起着 _____ 的作用，在正常使用中承担着把转向盘传来的 _____ 传到转向器的任务。

二、判断题

1. 汽车转向时，内侧车轮的偏转角小于外侧车轮的偏转角。（ ）
2. 汽车的转弯半径越小，则汽车的转向机动性能越好。（ ）
3. 转向系统的角传动比越大，则转向越轻便、越灵敏。（ ）
4. 为使汽车正常转向，要保持转向轮有正确的滚动和滑动。（ ）
5. 汽车转向时，左右车轮偏转的角度是不相等的。（ ）

三、选择题

1. 转弯半径是指由转向中心到（　　）。
A. 内转向轮与地面接触点间的距离
B. 外转向轮与地面接触点间的距离
C. 内转向轮之间的距离
D. 外转向轮之间的距离

2. 转向轮绕着（　　）摆动。
A. 转向节
B. 主销
C. 前梁
D. 车架

3. 转向轴一般由一根（　　）制造。
A. 无缝钢管
B. 实心轴
C. 低碳合金钢管
D. 以上都不是

四、问答题

1. 简述转向盘的检查方法。
2. 现代汽车的转向管柱必须具备的功能有哪些？
3. 简述转向操纵机构的功用与组成。

项目二 汽车转向系统

任务四 转向传动机构

任务目标

完成本学习任务后,学生在基础知识和基本技能方面应达到以下要求。
- 知识目标

(1)熟知转向传动机构的功用与组成。
(2)掌握转向传动机构的布置方式。
- 能力目标

能够对转向传动机构进行检测与调整。

任务引入

从转向器到转向轮之间的所有传动杆件称为转向传动机构。转向传动机构是汽车转向系统的重要组成部分,是汽车转向的传力机构。下面进入转向传动机构的学习。

任务四 转向传动机构

相关知识

一、转向传动机构的功用

转向传动机构的功用是将转向器输出的力和运动传到转向桥两侧的转向节，使两侧转向轮偏转，并使两转向轮偏转角按一定关系变化，以保证汽车转向时车轮与地面的相对滑动尽可能小。

二、转向传动机构的组成与布置方式

1. 转向传动机构的组成

转向传动机构主要由转向摇臂、转向直拉杆、转向节臂、转向梯形臂和转向横拉杆等组成。由转向器输出的力矩经上述各组件传到两轮的转向节，并由转向梯形臂和转向横拉杆组成的转向梯形机构保证左右两转向轮的偏转角满足转向运动关系。

1）转向摇臂

转向摇臂是转向器传动副和直拉杆间的传动件，作用是把转向器输出的力和运动传给直拉杆或横拉杆，进而推动转向轮偏转，如图2-106所示。

2）转向直拉杆

转向直拉杆的作用是将转向摇臂传来的力和运动传给转向梯形臂。转向直拉杆结构图如图2-107所示。

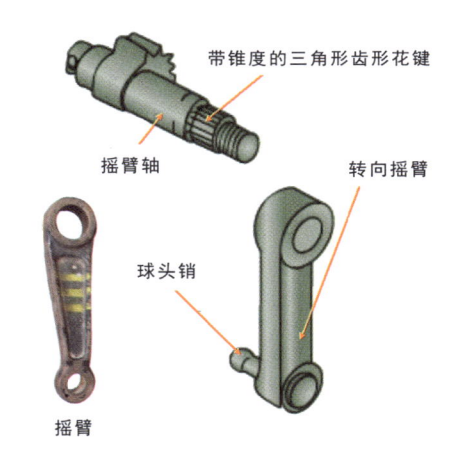

图2-106 转向摇臂

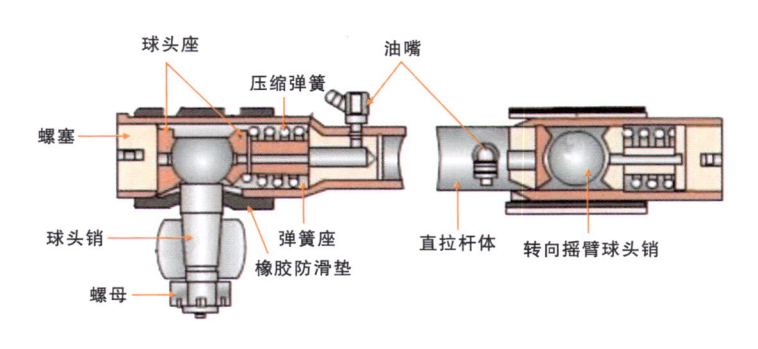

图2-107 转向直拉杆结构图

113

项目二　汽车转向系统

3）转向横拉杆

转向横拉杆分成左、右两根，其内端为与杆身一体的不可调的圆孔接头，孔内压装有橡胶金属缓冲环，与转向齿条支架用螺栓铰接。横拉杆外端为带球头的可调式接头，球头销与转向臂相连。通过调节横拉杆长度可调整前轮前束值。球头销的球碗由弹簧顶紧球头，以消除间隙。转向横拉杆结构图如图 2-108 所示。

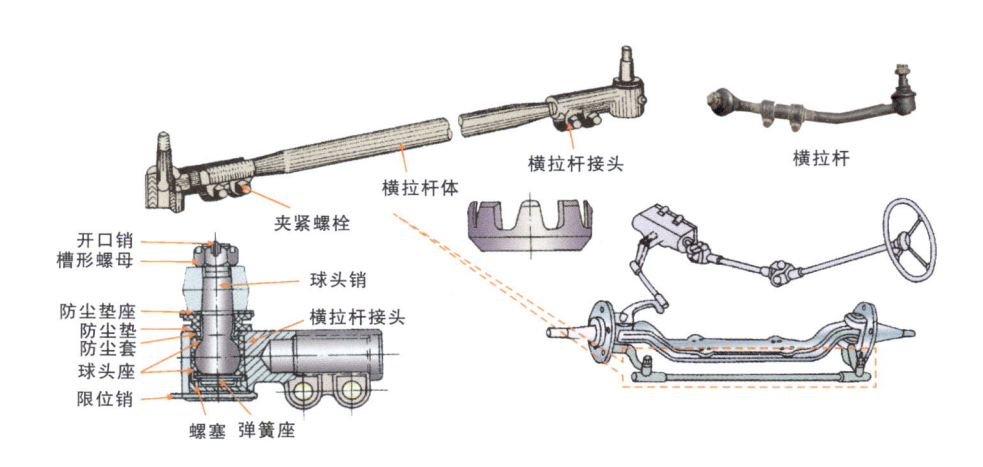

图 2-108　转向横拉杆结构图

4）转向减振器

随着车速的提高，转向轮有时会产生摆振（转向轮绕主销轴线往复摆动，甚至引起整车车身的振动），影响汽车的稳定性、舒适性，加剧前轮轮胎的磨损。为了克服转向轮摆振，在转向传动机构中设置转向减振器。转向减振器的一端与车身（或前桥）铰接，另一端与转向直拉杆（或转向器）铰接。转向减振器结构图如图 2-109 所示。

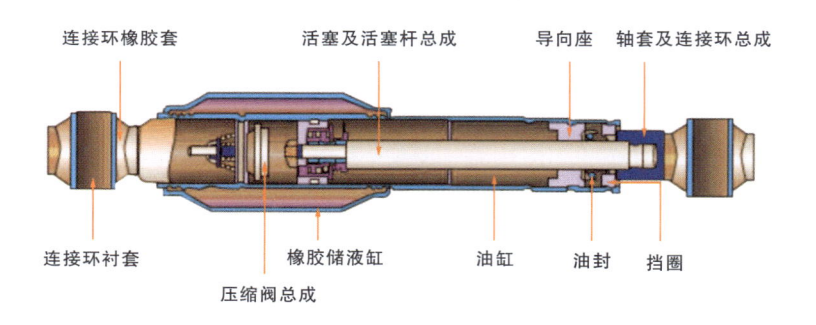

图 2-109　转向减振器结构图

任务四 转向传动机构

2. 转向传动机构的布置方式

转向传动机构的组成和布置因转向器位置和转向桥悬架类型不同而异。

1）与非独立悬架配用的转向传动机构布置方式

当前桥仅为转向桥时，转向梯形布置在前桥之后，如图2-110（a）所示。当汽车直线行驶时，梯形臂和横拉杆在与道路平行的平面内的交角 θ 大于90°。

在前桥为转向驱动桥或发动机位置较低的情况下，为避免运动干涉，往往将转向梯形布置在前桥之前，如图2-110（b）所示。此时，交角 θ 小于90°。

若转向摇臂不是在汽车纵向平面内前后摆动，而是在与道路平行的平面内左右摆动，则转向直拉杆横置，如图2-110（c）所示。

（a）转向梯形在前桥之后　　（b）转向梯形在前桥之前　　（c）转向直拉杆横置

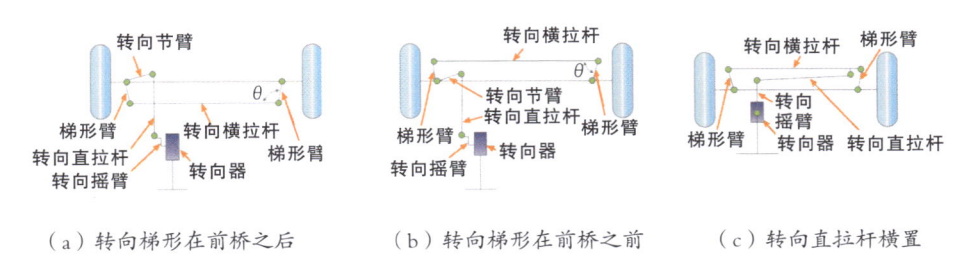

图2-110　与非独立悬架配用的转向传动机构示意图

2）与独立悬架配用的转向传动机构布置方式

当转向轮独立悬挂时，每个转向轮分别与车架做独立运动，因而转向桥是断开的。与此相应，转向传动机构中的转向梯形也必须是断开式的，分成几段。

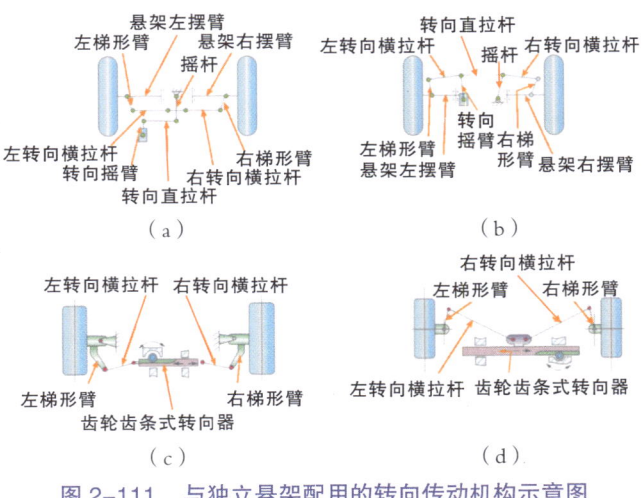

图2-111为几种与独立悬架配用的转向传动机构示意图。其中，图2-111（a）、（b）为与循环球式转向器配用的转向传动机构布置方式，图2-111（c）、（d）为与齿轮齿条式转向器配用的转向传动机构布置方式。

图2-111　与独立悬架配用的转向传动机构示意图

三、转向传动机构的检修与调整

1. 转向摇臂的检查

（1）用磁力探伤法检查转向摇臂是否有裂纹，若有裂纹应更换。
（2）检查转向摇臂上端的锯齿花键有无磨损、损坏，若有应更换。
（3）检查转向摇臂的锁紧螺母，其螺纹不应有损伤，否则应更换。
（4）检查转向摇臂下端和转向拉杆球头销的连接是否牢固、可靠，切不可松旷，否则应修复。

2. 转向直拉杆和横拉杆的检查

（1）检查横拉杆杆体有无裂纹、弯曲，其直线度误差应小于或等于2mm，否则应校直；直拉杆8字孔磨损量应小于或等于2mm。
（2）各螺纹部位不应有损坏，与螺塞配合应不松旷，否则应更换。
（3）球头销、球座体及钢碗应无裂纹、不起槽；球头销颈部磨损量应小于或等于1mm，球面磨损失圆应小于或等于0.50mm，螺纹应完好；弹簧不应有弹力减弱或折断现象。
（4）防尘装置应齐全有效。

3. 转向节臂和梯形臂的检查

（1）检查转向节臂和梯形臂是否有裂纹，若有应更换。
（2）检查两端部的固定与连接部位，不应有松动，要求牢固、可靠。

4. 转向减振器的检查（以桑塔纳轿车为例）

（1）检查转向减振器的漏油情况，其容量为86mL。若渗漏严重，应更换或分解修理，更换密封圈等零件。
（2）检查支承是否开裂，若开裂应更换。
（3）检查减振器的工作行程，必须拆下来做试验。L_{max} = 556mm，L_{min} = 344.5mm，最大阻尼载荷为560N，最小阻尼载荷为180N。

5. 转向拉杆球头销预紧度的调整

（1）组装横、直拉杆总成时，要在球头销、球碗表面涂抹润滑油。
（2）组装直拉杆时，用弯头扳手将调整螺塞拧到底后，再退回1/4圈左右，并使开口销孔对准，然后穿入开口销锁止螺塞，如图2-112所示。
（3）组装横拉杆时，将螺塞拧到底，再退回1/4~1/2圈，装上开口销锁止螺塞。

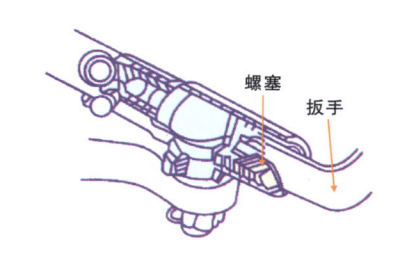

图2-112 转向拉杆球头销预紧度的调整

任务四 转向传动机构

任务实践

▶ **1. 实践名称**

转向传动机构的拆装与检修。

▶ **2. 实践准备**

举升机、实训车辆、常用工具等。

▶ **3. 实践要求与注意事项**

（1）明确操作规范和职责范围，预防潜在危险。
（2）实践操作过程中保持场地卫生及安全，不嬉戏打闹。
（3）在使用举升机的过程中应上好保险后再开始工作。
（4）使用维修手册时，要注意避免破损，手册与使用车型相对应。

▶ **4. 操作步骤及检修**

1）主要部件的检修

（1）检查裂纹。

必须用探伤法检查横、直拉杆，转向摇臂，转向节臂及球头销是否有裂纹，若发现裂纹，一律更换。你检查的结果是＿＿＿＿＿＿，处理措施是＿＿＿＿＿＿。

（2）检查直拉杆。

直拉杆应无明显变形，用百分表检测直拉杆的弯曲度，应符合技术标准，一般为2.00mm。若弯曲变形超标，应进行冷压校正。你检查的结果是＿＿＿＿＿＿，处理措施是＿＿＿＿＿＿。

（3）检查直拉杆装球头销的承孔。

若磨损超过极限值，应予以焊修后加工至规定的尺寸，或者将标准尺寸的钢板（钢板厚度不小于3.5mm）焊在上面。直拉杆端头螺栓螺纹损坏，可重新予以套丝进行修复。你检查的结果是＿＿＿＿＿＿，处理措施是＿＿＿＿＿＿。

（4）检查球头销。

当球头销座孔上缘磨损厚度小于2.00mm时，可堆焊后进行车削修理。球头销的球面及颈部小直径磨损大于0.80mm时应予更换。你检查的结果是＿＿＿＿＿＿，处理措施是＿＿＿＿＿＿。

（5）检查转向摇臂的花键。

花键应无明显扭曲或金属剥落现象，转向摇臂装在摇臂轴上后，其端面应高出摇臂轴花键端面2~5mm。你检查的结果是＿＿＿＿＿＿，处理措施是＿＿＿＿＿＿。

（6）检查横拉杆。

用百分表检测横拉杆的弯曲度，大于2.00mm时，应进行冷压校正。如弹簧失效或折断、螺塞损坏，一律更换。你检查的结果是＿＿＿＿＿＿，处理措施是＿＿＿＿＿＿。

2）转向传动机构的调整

（1）球节的调整。

直、横拉杆两端球节如有松旷现象，可将调整螺塞旋到底，使弹簧抵紧球座，再把螺塞退回1/3~1/2圈，直到球节转动稍有阻力感且又不过紧，也无卡滞现象，然后上好开口销。

（2）前束的调整。

①检查时将汽车停放在平地上，使前轮处于直线行驶位置。在两轮上做好记号，把前束尺放在两轮之间的记号上。尺与前轴在同一水平面上，记住尺上的数值，然后将汽车向前推进，直到前束尺随车轮转动到后面与前轴在同一水平面为止。此时，前束尺上的数值减去开始测量的数值即前束值。

②也可将前桥架起进行调整。

为使调整准确可靠，应事先将轮毂轴承预紧度调整好，两前轮轮胎气压一致，否则会有误差。

（3）转向角的检查与调整。

转向角的检查必须在前轮前束调整合格后进行。检查时，首先把前桥用千斤顶顶起，再把前轮置于直线行驶位置，使之静止不动。然后，在左、右轮轮胎下垫一块平板，在平板上固定一张白纸，用木尺靠近车轮外边缘，画出与车轮平行的直线。然后，把转向盘左转到极限位置，用同样的方法画出第二条直线。最后，用量角器测量夹角的大小，此角即左轮最大转向角。用同样的方法，可测出右轮的转向角。

转向角经过检测后，若不符合原厂规定，必须进行调整。调整时，改变其限位螺柱的长度即可。一般汽车的两个限位螺柱都装在转向节凸缘上，旋进螺柱时转向角增大，旋出螺柱时转向角减小。对于前桥驱动的汽车，限位螺柱一般装在转向节壳上，调整方法同上所述。调整好后，把限位螺柱焊死。注意：调整时要把转向盘向左或向右打到底，以前轮轮胎不与翼子板或直拉杆等部位碰触，并有8~10mm距离为合适。

（4）转向盘自由行程的调整。

转向盘自由行程是指处于直线行驶位置的前轮不发生偏转的情况下，转向盘所能转过的角度，一般不超过30°。如果超出这个范围，汽车行驶时转向盘将左右偏摆晃动。

检查时，把汽车前轮置于直线行驶的位置，把检查器刻度盘和指针分别夹在转向轴管和转向盘上，然后向左或向右转动转向盘，感到有阻力时，记住指针所在的位置，再反向转动转向盘，直至感到有阻力时为止，指针在刻度盘上转过的角度，即转向盘自由行程。

调整转向盘自由行程时，要二人协作进行，一人左右转动转向盘，另一人在车下观察。

如果转向臂转动很大，而前轮并不转动或转动很小，则故障在传动机构；如果转向盘转动了较大角度，而转向臂并不转动，则故障在转向器。经过检查判断后，再确定调整的部位。

①首先检查转向盘紧固螺母，若松动，应予以紧固。再检查转向装置滑动花键的磨损情况，若磨损过大，应更换转向传动滑动叉。

②检查摇臂轴与螺母啮合间隙是否过大，过大应予以调整。

③检查转向器内平面轴承是否符合要求。

④检查直、横拉杆及转向节等有无松动等缺陷。

（5）转向摇臂的调整。

当汽车直线行驶时，转向器的滚轮必须在蜗杆的中间位置相啮合。因此，在将转向摇臂装到摇臂轴上之前，必须把前轮摆在直线位置上，并将转向盘从一个极限位置转到另一极限位置，记住转动的总圈数，取此圈数的一半，即滚轮在蜗杆的中间啮合位置。这时，再把转向摇臂装到摇臂轴上。安装时要注意，摇臂端面要高出摇臂轴花键端面 2~5mm。最后装上紧固螺母，并按规定力矩拧紧。

3）转向传动机构的拆装

（1）拆卸。

①用尖嘴钳取下开口销，拧下锁紧螺母，分离转向节与转向横拉杆球头，如图 2-113 所示。

②取下转向机及转向轴下轴，如图 2-114 所示。

图 2-113　拧下锁紧螺母　　　　　图 2-114　取下转向机及转向轴下轴

③拧下转向器总成托架紧固螺栓，取出转向器总成，如图 2-115 所示。

④拧下转向机壳体盖板锁紧螺栓，并将其取下，取下壳体上端的防尘罩，拧松锁紧螺母，将转向轴下轴与转向机分离，如图 2-116 所示。

图 2-115　取出转向器总成　　　　图 2-116　分离转向轴下轴

⑤取下转向机下端防尘罩，拧下锁紧螺母，取出 2 号锥齿轮，如图 2-117 所示。

⑥取下油封，用卡簧钳取出蛇形卡簧，取出 1 号锥齿轮，再取下调整螺塞，如图 2-118 所示。

⑦拧下横拉杆外球头，如图 2-119 所示，并取下锁紧螺母。

⑧拆下转向内球头防尘罩的卡箍，如图 2-120 所示。

图 2-117 取出锥齿轮　　　　　　　　图 2-118 取下调整螺塞

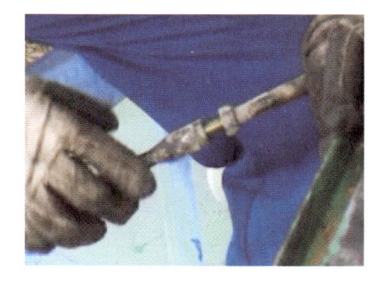

图 2-119 拧下横拉杆外球头　　　　　图 2-120 拆下卡箍

⑨用同样的方法拆下另一端外球头及防尘罩。

⑩转向器的分解：拧下转向齿条调整螺塞，用尖嘴钳夹出转向齿条导向座压紧弹簧，再取出转向齿条导向座，如图 2-121 所示。

⑪拧下横拉杆内球头，如图 2-122 所示。

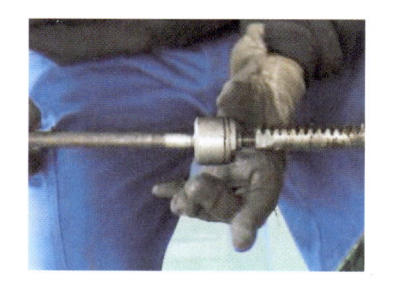

图 2-121 转向器的分解　　　　　　　图 2-122 拧下横拉杆内球头

⑫用卡簧钳取出防尘罩，取下油封，并用卡簧钳夹出卡簧，如图 2-123 所示。

⑬拧出另一端横拉杆内球头，将齿条从转向器壳体一端取出，如图 2-124 所示。

（2）安装。

①转向器的复装：先将其清洗干净，并用抹布擦干，将润滑脂涂到转向器壳体内，将小齿轮连同轴承一起装入齿条壳体插孔内，用木棒将其敲入到位，装入卡簧将其固定，在转向器壳体的一端涂上润滑脂，并将齿条装入转向器壳体内，使齿条在壳体内转动自如，如图 2-125 所示。

②将转向器壳体内涂上润滑脂，将转向齿条导向座装入转向器壳体内，如图 2-126 所示。

任务四 转向传动机构

图 2-123 取下油封

图 2-124 取出齿条

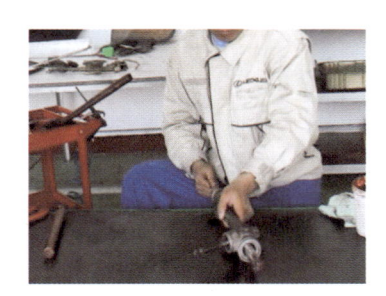

图 2-125 转向器的复装

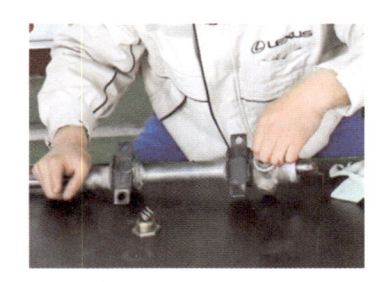

图 2-126 装入转向齿条导向座

③将转向齿条导向座压紧弹簧装入，将转向齿条调整螺栓拧紧，拧紧至20N·m后退回25°，如图2-127所示。

④装入横拉杆内球头，如图2-128所示，拧紧力矩为88N·m。

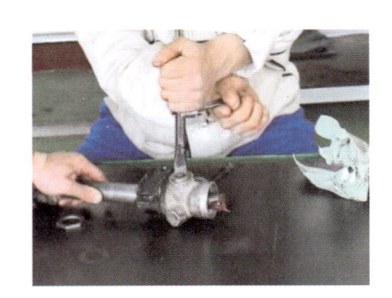

图 2-127 拧紧螺栓

图 2-128 装入横拉杆内球头

⑤装上齿条保护罩，在内端套上卡夹并拧紧，外罩的外端须固定好夹扣，装上锁紧螺母及外球头，如图2-129所示。

⑥将内球头调整到合适位置，拧紧锁紧螺母，如图2-130所示。用同样的方法将另一侧转向横拉杆装复。

⑦在小齿轮轴上装上新的油封，并盖上防尘罩。

⑧转向机的组装：在转向机壳体内涂上润滑脂，将1、2号锥齿轮分别装入转向机壳体内，如图2-131所示。

⑨将2号锥齿轮涂上润滑脂，拧入调整螺塞并拧紧，再拧上锁紧螺母，盖上防尘罩，如图2-132所示。

项目二 汽车转向系统

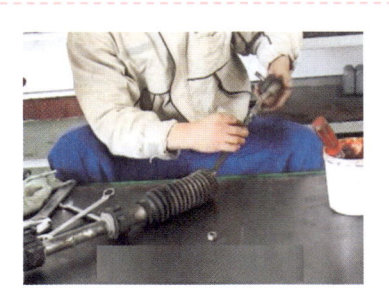

图 2-129　装上锁紧螺母及外球头　　　　图 2-130　拧紧螺母

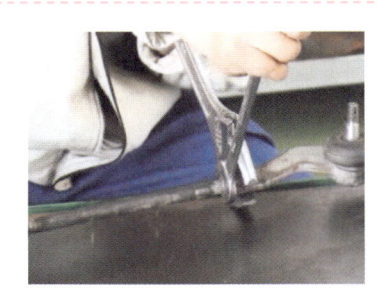

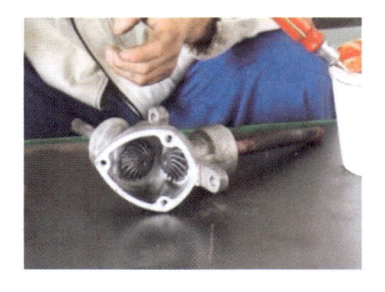

图 2-131　转向机的组装　　　　图 2-132　拧紧螺母

⑩在 1 号锥齿轮上涂上润滑脂，装入调整螺塞，拧上锁紧螺母，将其固定，并套上新的油封，盖上防尘罩。

⑪在转向机壳内装入适量润滑脂，如图 2-133 所示，盖上转向机盖，拧紧其紧固螺栓。

⑫转向机的安装：将转向器总成放到底盘相应位置，按规定力矩拧紧转向器托架固定螺栓，将转向轴下轴与转向器总成对接，并拧紧万向节的固定螺栓；将转向轴下轴与转向机对接，将转向机装到固定位置，并拧紧其紧固螺栓，拧紧转向机与转向轴下轴对接处的紧固螺栓，如图 2-134 所示。转向器总成与转向轴下轴的连接螺栓拧紧力矩为 20~30N·m。

图 2-133　装入润滑脂　　　　图 2-134　转向机的安装

▶ 5. 实践总结

任务四 转向传动机构

任务练习

一、填空题

1. _____ 的功用是将转向器输出的 _____ 和 _____ 传到转向桥两侧的 _____，使两侧转向轮 _____，并使两转向轮偏转角按一定关系变化，以保证汽车转向时 _____ 与 _____ 的相对滑动尽可能小。

2. 转向传动机构主要由 _____、_____、_____、_____ 和 _____ 等组成。

3. _____ 分成左、右两根，其内端为与杆身一体的不可调的圆孔接头，孔内压装有 _____，与转向齿条支架用 _____。

二、判断题

1. 轮式汽车改变行驶方向的方法是使汽车转向桥相对于汽车纵轴线偏转一定角度。（   ）
2. 动力转向实际上是依靠发动机输出的动力来帮助转向的。（   ）
3. 转向传动机构是指转向盘至转向器间的所有连杆部件。（   ）
4. 动力转向系统中，安全阀既可限制最大压力，又可限制多余的油液。（   ）

三、选择题

1. 以下部件中不属于转向传动机构的是（   ）。
   A. 转向摇臂　　　　　　　　　B. 转向节臂
   B. 转向轮　　　　　　　　　　D. 转向横拉杆

2. 以下选项中导致转向沉重的主要原因是（   ）。
   A. 前束值太大　　　　　　　　B. 外倾角太大
   C. 主销后倾角太大　　　　　　D. 转向半径不正确

3. 影响转向器正效率的因素有很多，在结构参数、质量、要求一样的前提下，（   ）转向器的转向效率最高。
   A. 循环球式　　　　　　　　　B. 球面蜗杆式
   C. 齿轮齿条式　　　　　　　　D. 以上都不是

四、问答题

1. 简述转向传动机构的功用与组成。
2. 简述转向传动机构的检修与调整方法。

项目二　汽车转向系统

任务五　动力转向系统

任务目标

完成本学习任务后，学生在基础知识和基本技能方面应达到以下要求。
- 知识目标
（1）熟知动力转向系统的组成与分类。
（2）熟知转向油泵的结构与工作原理。
（3）熟知转向控制阀的结构与工作原理。
- 能力目标
能够对动力转向系统部件进行检测。

任务引入

当驾驶员转动转向盘时，力矩通过机械转向器使转向横拉杆移动，并带动转向节臂使转向轮偏转，从而改变汽车的行驶方向。与此同时，转向器输入轴还带动转向器内部的转向控制阀转动，使转向动力缸产生液压作用力，帮助驾驶员完成转向操作。由于有转向加力装置的作用，驾驶员只需用比机械转向系统小一半以上的转向力矩就能使前轮发生偏转，这就是动力转向系统的大致工作原理。下面进入动力转向系统的学习。

任务五 动力转向系统

相关知识

一、动力转向系统的组成

动力转向系统在普通机械转向系统的基础上增加了一套转向加力装置,液压式动力转向系统包括转向盘、转向柱、转向器、液压泵、液压控制阀、储油罐及油管等,如图2-135所示。

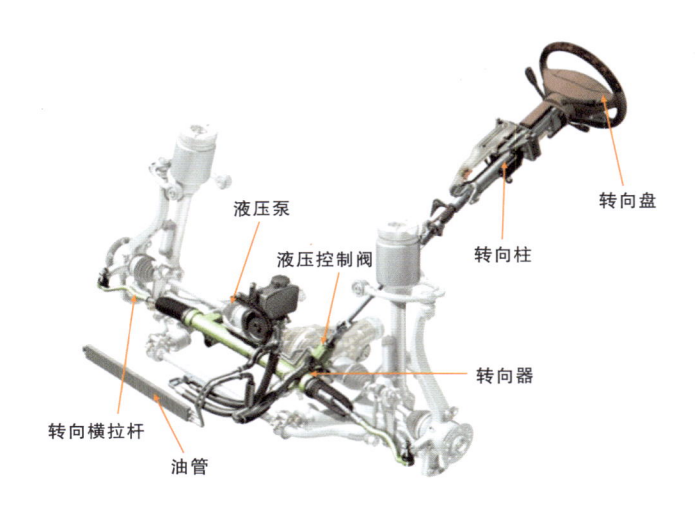

图2-135 液压式动力转向系统的组成

二、动力转向系统的分类

动力转向系统按动力介质的不同分为气压式、液压式和电动式三种。

气压式动力转向系统主要应用于采用气压制动系统的货车和客车。液压式动力转向系统按液流形式可以分为常流式和常压式,按转向控制阀的运动方式又可分为滑阀式和转阀式两种。液压式动力转向系统工作灵敏度高,结构紧凑,外形尺寸较小,工作时无噪声,工作滞后时间短,而且能吸收来自不平路面的冲击。因此,液压式动力转向系统在各类汽车上得到了广泛的应用。下面主要讲解液压式动力转向系统。

▶ **1. 按液流形式分类**

液压式动力转向系统按液流形式可以分为常流式和常压式。

1)常流式

常流式液压转向加力装置示意图如图2-136所示。在汽车不转向时,系统内工作油压较低,分配阀中的滑阀在中间位置,油路保持畅通,即油液从油罐被吸入油泵,又被油泵排出,经分配阀回到油罐，处于常流状态。

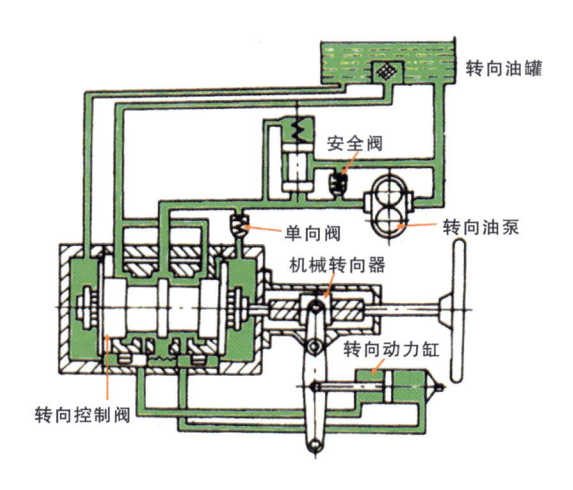

图 2-136　常流式液压转向加力装置示意图

2）常压式

常压式液压转向加力装置示意图如图 2-137 所示。在汽车不转向时，分配阀总是关闭的。油泵排出的高压油储存在储能器中，达到一定压力后，油泵自动卸载而空转。

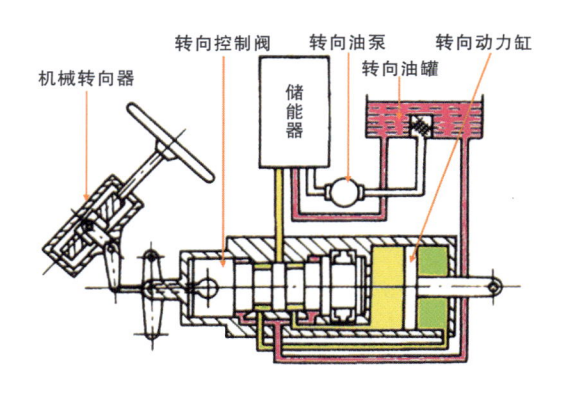

图 2-137　常压式液压转向加力装置示意图

2. 按各元件之间的相互位置分类

按机械转向器、转向动力缸和转向控制阀三者在转向装置中的相互位置，液压式动力转向系统可分为整体式和分开式两种。整体式即把机械转向器、转向动力缸和转向控制阀三者设计为一体。

3. 按转向控制阀的运动方式分类

液压式动力转向系统按转向控制阀的运动方式又可分为滑阀式和转阀式两种。

三、动力转向系统的主要部件

1. 转向油罐

转向油罐主要用来储存、滤清并冷却液压式动力转向系统的工作油液。其结构如图 2-138 所示。

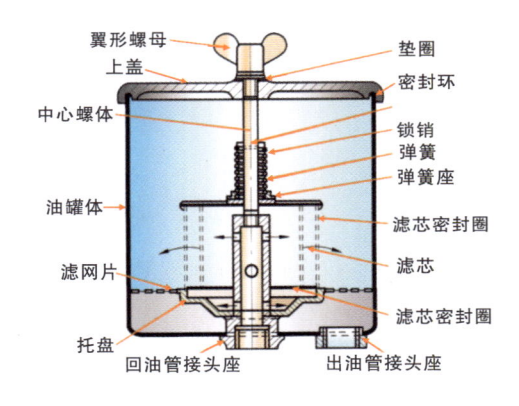

图 2-138 转向油罐结构示意图

2. 转向油泵

转向油泵又称转向液压泵，它用于提供液压式动力转向系统的能源。其作用是将输入的机械能转换为液压能输出。通常情况下，转向油泵安装在发动机前侧，由发动机曲轴通过传动皮带驱动。转向油泵的常见形式有四种：滚柱式、叶片式、径向滑块式和齿轮式。它们的基本作用是相同的。其中，以齿轮式和叶片式应用最多。在此只讲解叶片式转向油泵。

1）叶片式转向油泵

叶片式转向油泵分解图如图 2-139 所示。转子上开有均匀分布的槽，叶片安装在转子槽内，并可在槽内滑动。定子内表面是由两段大半径的圆弧、两段小半径的圆弧和过渡圆弧组成的腰形结构。转子和定子同圆心。转子在传动轴的带动下旋转，叶片在离心力和动压作用下紧贴定子表面，并在槽内做往复运动。相邻的叶片之间形成密封腔，其容积随转子由小到大、由大到小周期变化。当容积由小变大时，形成一定真空度吸油；当容积由大变小时，压缩油液，由压油口向外

项目二 汽车转向系统

供油。转子每旋转一周，每个工作腔各自吸压油两次，称为双作用。双作用式叶片泵两个吸油区、两个排油区对称布置，所以作用在转子上的油压作用力互相平衡。

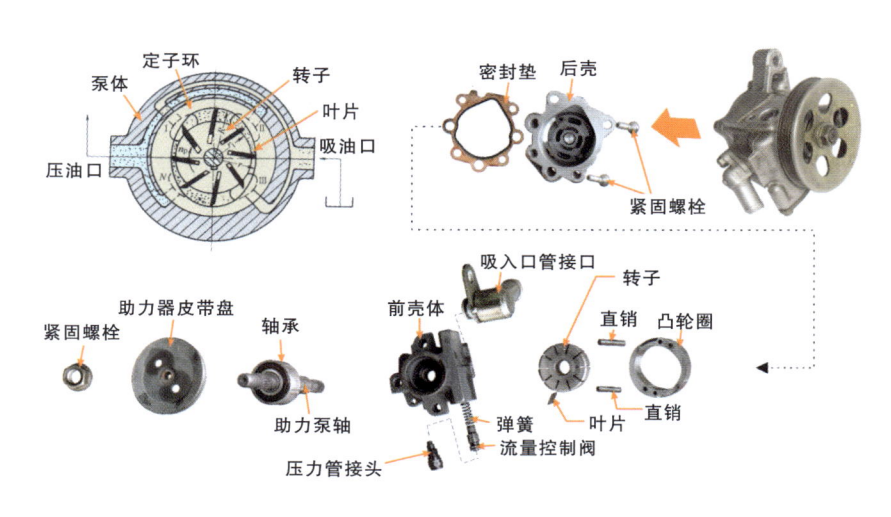

图 2-139 叶片式转向油泵分解图

2）流量控制阀

流量控制阀一般装在转向油泵内部，位于转向油泵进油口和出油口之间，与转向油泵齿轮并联。阀体内的柱塞在弹簧的作用下处于下极限位置。柱塞下方通转向油泵出油腔，上方通转向油泵出油口。在出油腔与出油口之间有量孔，当油液自出油腔以一定速度流过量孔时，由于量孔的节流作用，量孔外侧出油口压力低于内侧出油腔压力。转向油泵流量越大，节流作用越强，量孔内外压差越大。当转向油泵流量增大到规定值，使柱塞两端压差足以克服弹簧的预紧力，并进一步压缩弹簧，将柱塞向上推到柱塞下密封带高于径向油孔的下边缘时，转向油泵出油腔与进油腔相通，出油腔的一部分油液经流量控制阀流入进油腔，经量孔输出的流量减小。当流量减小到不足以平衡弹簧力时，柱塞便在弹簧力作用下重新切断进油腔与出油腔的通路。这样，转向油泵的流量便被控制在 9.5~16.0L/min。

◆ **流量控制阀工作原理**

当发动机转速很低时，从出油口流出的液压油经过油路、固定量孔和可变量孔流向动力缸，流量控制阀使加油口关闭。出油口排出的液压油压力作用在辅助阀的顶部，而流过油路的液体压力作用在辅助阀的底部，液压油流过油路时产生的阻力在其两端引起压差，作用在辅助阀上。但由于这个压差太小，不能克服弹簧力使辅助阀向下运动，因而当发动机转速很低时，可变量孔全开，如图 2-140 所示。

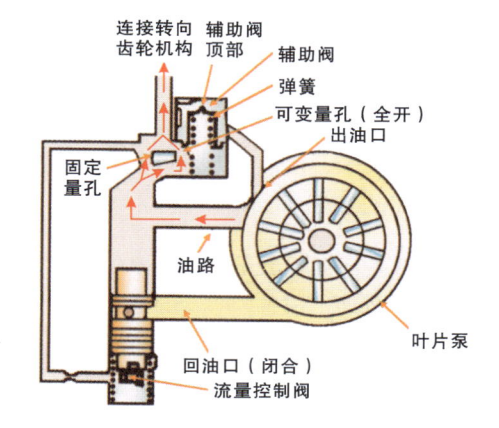

图 2-140 低速运转时流量控制阀的工作情况

任务五 动力转向系统

当发动机处于中速运转状态时,流过固定量孔和可变量孔的液压油增加,在量孔两端形成压差。当流过固定量孔和可变量孔的液压油压力传递到流量控制阀底部时,在流量控制阀顶部和底部形成压差,此压差推动流量控制阀向下运动,开启回油口,从出油口排出的部分液压油回流至转向油泵进油口,从而使流量恒定。此时,辅助阀不移动,且可变量孔仍保持全开,如图 2-141 所示。

随着发动机转速的进一步提高,流过油路的液压油流量及作用于辅助阀上的压差增大,辅助阀克服弹簧力向下移动,可变量孔开始闭合,以调节流量。因此,随发动机转速的提高,流向动力缸的液压油流量减小。同时,流量控制阀仍使回油口开启,以调节流量。当发动机转速继续提高时,作用于辅助阀上的压差也继续增大,辅助阀继续向下移动,直至可变量孔完全闭合,从而进一步调节流量,因此可对从转向油泵流向动力缸的液压油流量进行调节,并维持在一恒定流量,以满足发动机怠速运转的需要。流量控制阀则继续控制流向回油口的液压缸流量,如图 2-142 所示。

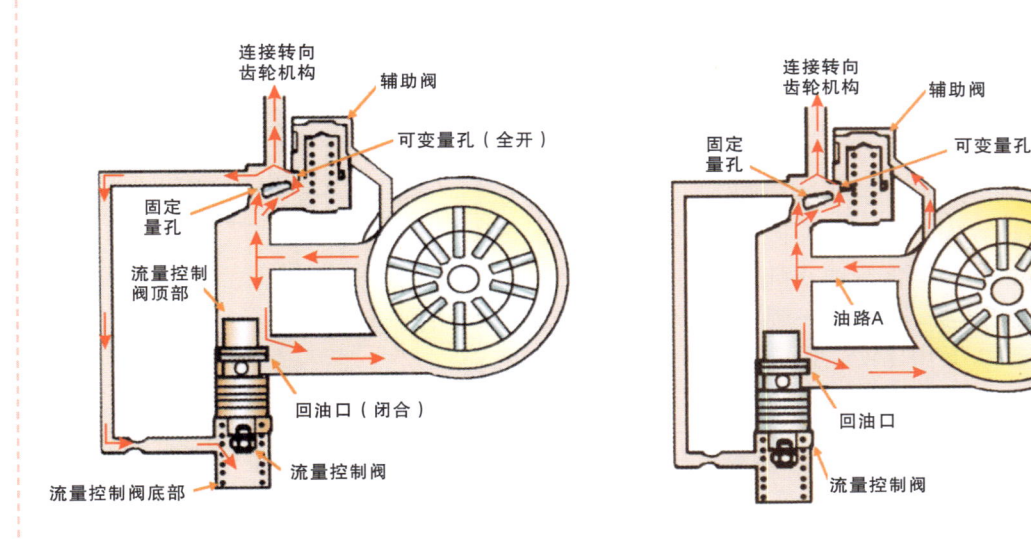

图 2-141 中速运转时流量控制阀的工作情况

图 2-142 高速运转时流量控制阀的工作情况

3)转向油泵传动皮带

转向油泵传动皮带绕在曲轴皮带轮和转向油泵皮带轮上,如图 2-143 所示。

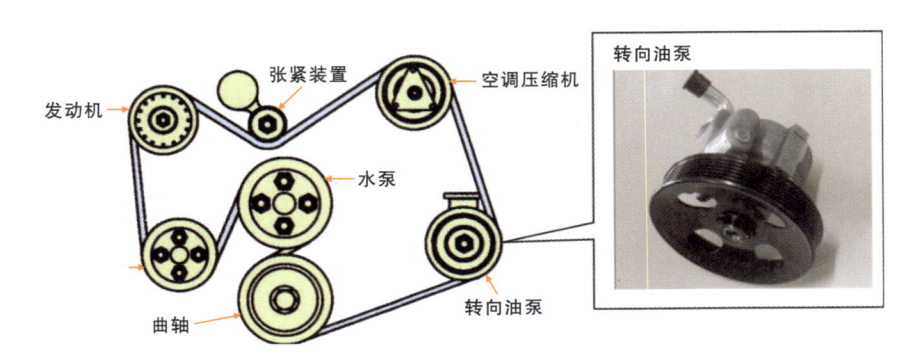

图 2-143 转向油泵传动皮带工作示意图

129

项目二 汽车转向系统

汽车每行驶15000km，应检查一次皮带的张紧力，必要时应更换，检查方法如下。

（1）汽车停在干燥路面上，运转发动机使油液上升到正常温度，左右转动转向盘，此时传动皮带负荷最大，如果皮带打滑，说明皮带紧度不够或油泵内有机械损伤。

（2）关闭发动机，用手以约100N的力从皮带的中间位置按下，皮带应有约10mm挠度，否则必须调整。

（3）将皮带紧度测量仪安装在传动皮带上，如图2-144所示。然后，测量传动皮带产生标准变形量时所需力的大小。传动皮带过松或过紧都需要进行调整。

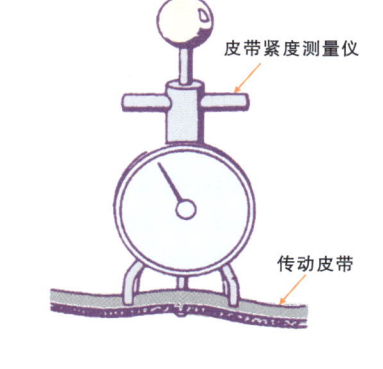

图2-144 皮带紧度测量仪

3. 动力转向油管

动力转向油管的作用是将压力油液从转向油泵输送至转向器，并将油液最终导回转向油罐，如图2-145所示。

4. 转向控制阀

转向控制阀直接安装在动力转向器总成里。常见的控制阀有滑阀式和转阀式两种，其工作原理基本相同，都是通过控制阀的运动，实现油路和油压的控制，从而推动工作缸中的活塞运动，实现转向器的助力作用。转阀式控制阀在动力转向系统中比较常用。

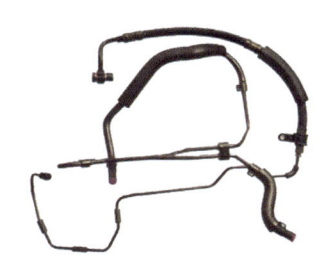

图2-145 动力转向油管

1）滑阀式控制阀

这种控制阀是通过阀芯的轴向移动来控制油液流量和流动的转向控制阀。图2-146（a）为常流式滑阀，图2-146（b）为常压式滑阀。

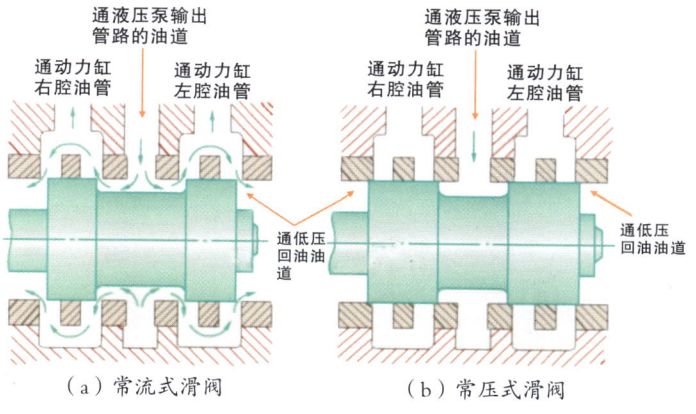

（a）常流式滑阀　　（b）常压式滑阀

图2-146 滑阀的结构和工作原理

2）转阀式控制阀

转阀式控制阀控制压力油流到转向器的流向。转阀式控制阀如图 2-147 所示。

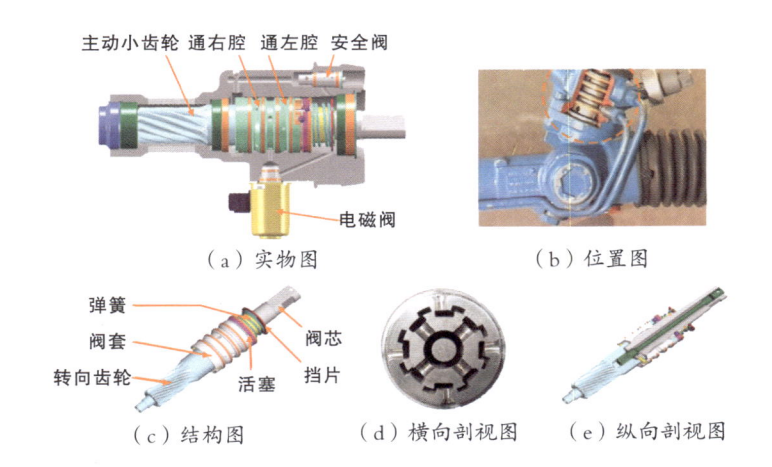

（a）实物图　（b）位置图　（c）结构图　（d）横向剖视图　（e）纵向剖视图

图 2-147　转阀式控制阀

◆ **转阀式控制阀的工作原理**

当转动转向盘时，通过扭杆产生的扭转力使阀芯转动很小的角度。随着阀芯转动，不同孔道被打开或关闭，以便使压力油流到活塞总成需要的一侧；如果转向盘向相反方向转动，压力油就流到活塞总成的另一侧。图 2-148 为转阀式控制阀工作过程示意图。

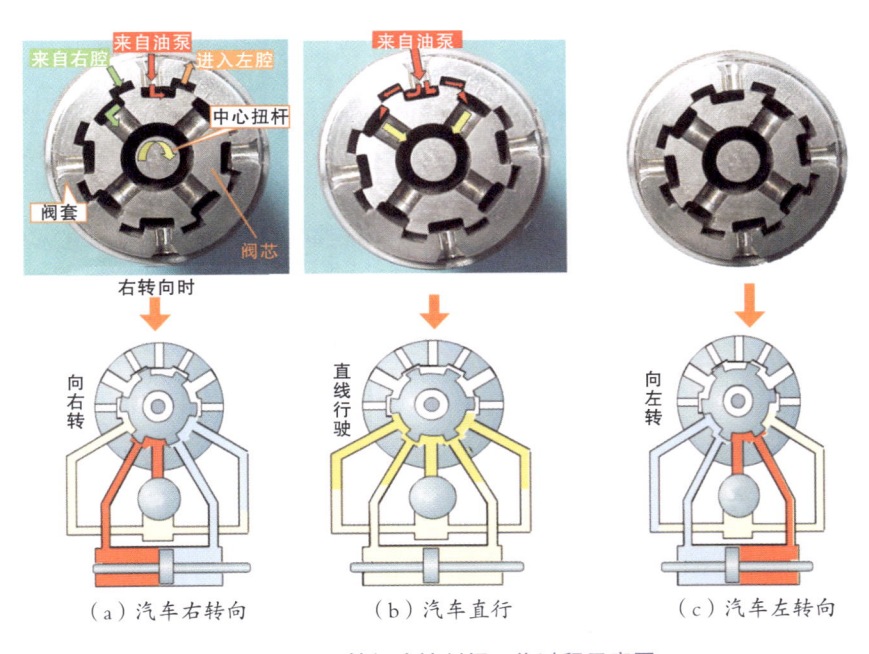

（a）汽车右转向　（b）汽车直行　（c）汽车左转向

图 2-148　转阀式控制阀工作过程示意图

四、动力转向机构布置方案

在液压动力转向系统中，根据机械转向器、转向控制阀和转向动力缸三者的结构和连接关系不同，分为四种布置方案。

机械转向器、转向控制阀和转向动力缸三者组合成一体，称为整体式动力转向器。相应的布置方案如图2-149（a）所示。

机械转向器的壳体同时作为动力缸，动力缸活塞和机械转向器的螺母合为一体，将动力腔分为左、右两腔；机械转向器与转向控制阀二者组合成一体，称为半整体式动力转向器。相应的布置方案如图2-149（b）所示。

转向动力缸和转向控制阀二者组合成一体，称为转向加力器。相应的布置方案如图2-149（c）所示。

分离式液压动力转向系统中的机械转向器、转向控制阀、转向动力缸三者各自独立。相应的布置方案如图2-149（d）所示。

（a）带整体式动力转向器　　（b）带半整体式动力转向器

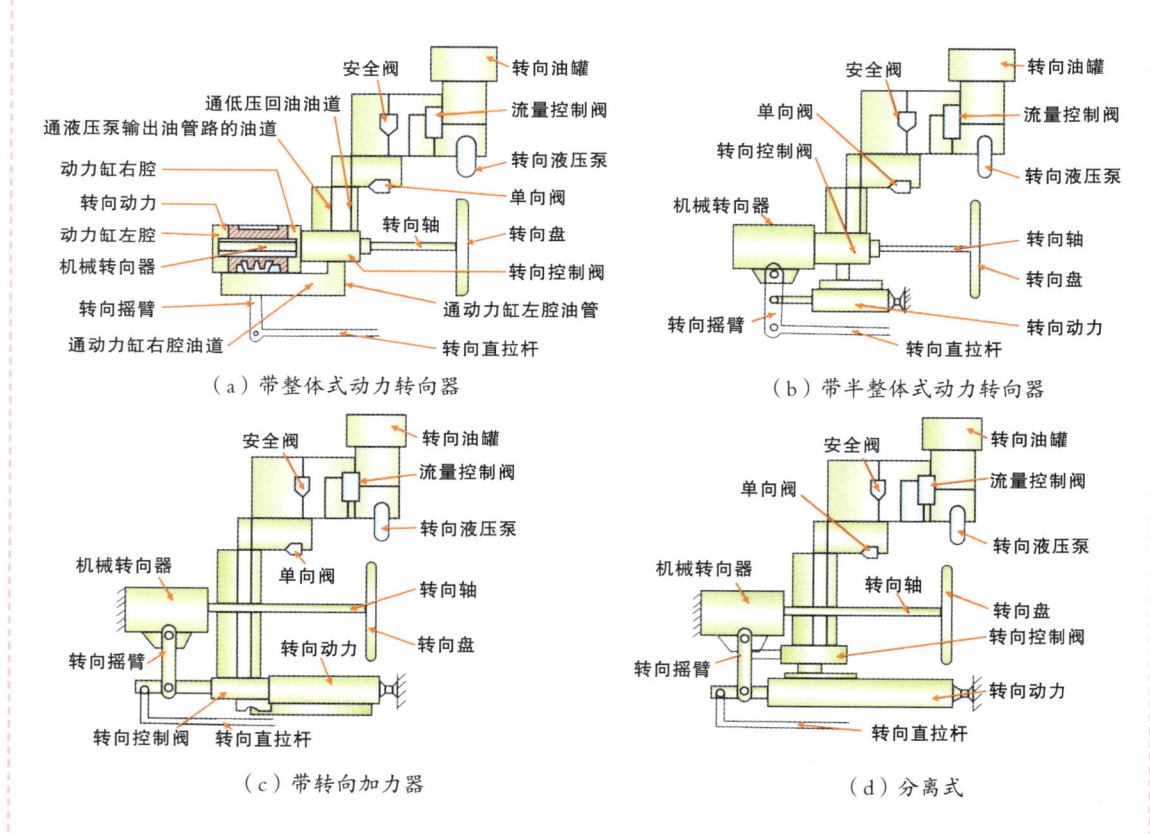

（c）带转向加力器　　（d）分离式

图2-149　液压动力转向机构布置方案示意图

任务五　动力转向系统

任务实践

▶ **1. 实践名称**

动力转向系统部件的检修。

▶ **2. 实践准备**

举升机、实训车辆、液压油、温度计、压力表、计时器、软管、常用工具等。

▶ **3. 实践要求与注意事项**

（1）明确操作规范和职责范围，预防潜在危险。

（2）实践操作过程中保持场地卫生及安全，不嬉戏打闹。

（3）在使用举升机的过程中应上好保险后再开始工作。

（4）使用维修手册时，要注意避免破损，手册与使用车型相对应。

▶ **4. 操作步骤及检修**

1）转向油泵的检修

（1）将量程为 15MPa 的压力表和节流阀串接到转向油泵和转向控制阀之间的管路中，如图 2-150 所示。

（2）启动发动机，如果需要，可向转向油罐中补充 ATF。

（3）使发动机怠速运转，转动转向盘数次。

（4）急速关闭节流阀（不超过 10s），并读出压力值。若压力足够，说明转向油泵正常；如果没有达到额定值，就应检查安全阀和溢流阀是否完好；如不正常，就应更换溢流阀、安全阀或转向油泵。你检测的结果是＿＿＿＿＿＿，处理措施是＿＿＿＿＿＿。

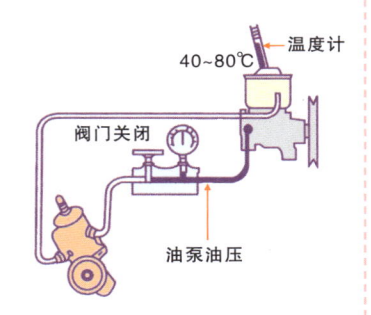

图 2-150　转向油泵压力的检查

2）转向油罐液面高度的检查

（1）将车辆停放在水平路面上，使前轮处于直线行驶位置。

（2）启动发动机，并使其达到正常的工作温度。

（3）使发动机怠速运转大约 2min，左右打几次转向盘，使油温达到 40~80℃，关闭发动机。

（4）观察转向油罐的液面，此时液面应处于"MAX"（上限）与"MIN"（下限）之间，液面低于"MIN"时，应加至"MAX"，如图 2-151 所示。你检测的结果是＿＿＿＿＿＿，处理措施是＿＿＿＿＿＿。

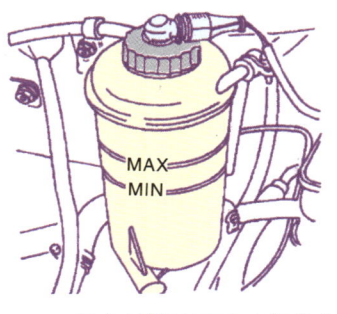

图 2-151　转向油罐液面高度的检查

133

（5）对于用油尺检查的汽车，应拧下带油尺的封盖，用布将油尺擦净，将带油尺的封盖插入油罐内拧好，然后重新拧出，观察油尺上的标记，应处于"MAX"与"MIN"之间，必要时将转向油加至"MAX"处。你检测的结果是_____，处理措施是_____。

3）加油与排气

（1）向转向油罐内加注符合规定的转向油（一般为ATF）。

（2）停止发动机工作，支起汽车前部，并用支架支撑，连续从左到右转动转向盘若干次，将转向系统中多余空气排出。

（3）检查转向油罐中的液面高度，视需要加至"MAX"处。

（4）降下汽车前部，使发动机怠速运转，连续转动转向盘，注意液面高度的变化，如液面下降，应不断加注转向油，直到液面停留在"MAX"处，并且转动转向盘后，油罐中不再出现气泡为止。

◆注意：

在排除转向系统装置的故障后，不得重复使用储油罐中的液压油；在拆换动力转向器和更换储油罐中的液压油时，原则上要求更换储油罐中的滤清器。

4）液压动力转向系统密封性的检查

如果发现转向油罐中缺少ATF，应检查转向系统的密封性是否完好。转向系统密封性的检查应在热车时进行，具体方法如下。

（1）将转向盘快速向左右两侧转至极限位置（注意在极限位置停留不得超过5s），并保持不动。目视检查转向控制阀、齿条密封（松开波纹管软管卡箍，再将波纹管推至一旁）、叶轮泵、油管接头处是否有漏油现象，如有渗漏应更换密封件。你检测的结果是_____，处理措施是_____。

（2）当转向器主动齿轮不密封时，必须更换阀体中的密封环和中间盖板上的密封环。你检测的结果是_____，处理措施是_____。

（3）如果转向器罩壳中的齿轮齿条密封件不密封，ATF可能流入波纹管套里。此时，应拆开转向机构，更换所有密封环。你检测的结果是_____，处理措施是_____。

（4）如油管接头漏油，应查找原因并重新接好。你检测的结果是_____，处理措施是_____。

5）液压动力转向系统压力的检查

（1）如图2-152所示，接好压力表和节流阀。

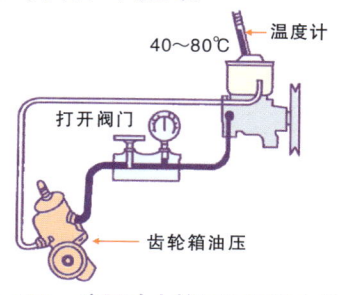

图2-152　液压动力转向系统压力的检查

（2）将节流阀打开，启动发动机并怠速运转，使转向盘向左右两侧转到极限位置，同时读出压力表上的压力值，额定值为6.8~8.2MPa。你检测的结果是＿＿＿＿＿＿，处理措施是＿＿＿＿＿＿＿。

（3）如果向左或向右的压力值达不到要求，就要修理转向器或更换总成。

5. 实践总结

_____

_____

_____

_____

_____

项目二　汽车转向系统

任务练习

一、填空题

1. 液压式动力转向系统包括 _____、_____、_____、_____、_____、_____ 及油管等。
2. 动力转向系统按动力介质的不同分为 _____、_____ 和 _____ 三种。
3. _____ 主要用来 _____、_____ 并冷却 _____ 的工作油液。
4. 动力转向油泵的常见形式有四种：_____、_____、_____ 和 _____。

二、判断题

1. 转向时，油泵处出现噪声，可能是油壶中油量不够所致。（　　）
2. 油液脏污可能会造成动力转向系统左、右转弯时轻重不同。（　　）
3. 油泵传动皮带打滑会造成动力转向系统快速转向时沉重。（　　）
4. 转向传动机构是指转向盘至转向器间的所有连杆部件。（　　）
5. 为使汽车正常转向，要保证转向轮有正确的滚动和滑动。（　　）

三、选择题

1. 循环球式转向器中的转向螺母可以（　　）。
   A. 转动　　　　　　　　　　　　B. 轴向移动
   C. AB 均可　　　　　　　　　　 D. AB 均不可

2. 转向轴一般由一根（　　）制造。
   A. 无缝钢管　　　　　　B. 实心轴　　　　　　C. 低碳合金钢管

3. 下列选项中，造成汽车转向沉重的原因是（　　）。
   A. 蜗杆与滚轮啮合间隙过大　　　　B. 蜗杆与滚轮啮合间隙过小
   C. 蜗杆上下轴承间隙过大　　　　　D. 转向传动机构松旷

四、问答题

1. 简述液压式动力转向系统的分类与特点。
2. 简述转向油泵的功用和组成。

项目三

汽车制动系统

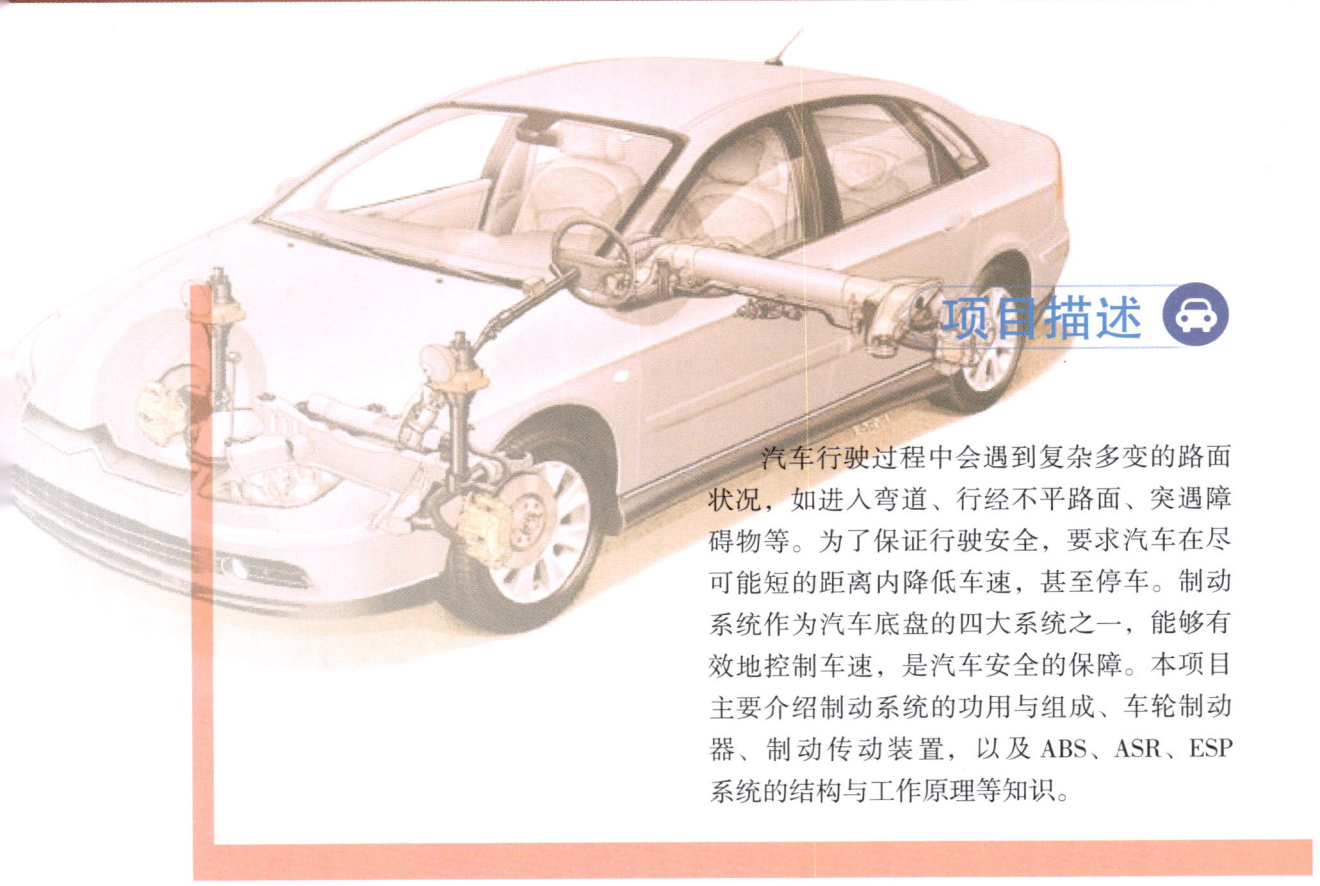

项目描述

汽车行驶过程中会遇到复杂多变的路面状况,如进入弯道、行经不平路面、突遇障碍物等。为了保证行驶安全,要求汽车在尽可能短的距离内降低车速,甚至停车。制动系统作为汽车底盘的四大系统之一,能够有效地控制车速,是汽车安全的保障。本项目主要介绍制动系统的功用与组成、车轮制动器、制动传动装置,以及 ABS、ASR、ESP 系统的结构与工作原理等知识。

项目三　汽车制动系统

任务一　制动系统的功用与组成

任务目标

完成本学习任务后，学生在基础知识和基本技能方面应达到以下要求。

● 知识目标

（1）熟知汽车制动系统的功用及基本类型。
（2）熟知汽车制动系统的基本组成及工作原理。
（3）掌握汽车制动系统的工作要求。

● 能力目标

（1）能够识别车辆制动系统的类型。
（2）能够描述制动系统中各部件的位置及名称。

任务引入

汽车在保证行驶安全的前提下，应尽可能提高行驶速度，以提高运输效率，同时应做到视需要减速和停车。因此，汽车上必须设有用来强制汽车减速和停车，以及能使汽车在坡道上停驻的可靠装置——汽车制动系统。下面进入制动系统功用与组成的学习。

任务一　制动系统的功用与组成

相关知识

一、制动系统的功用

制动系统是汽车上用以使外界（主要是路面）对汽车某些部分（主要是车轮）施加一定的力，从而对其进行一定程度的强制制动的一系列专门装置。制动系统的作用包括：使行驶中的汽车按照驾驶员的要求进行强制减速甚至停止；使已停驶的汽车在各种道路条件下（包括在坡道上）稳定驻车；使下坡行驶的汽车速度保持稳定。对汽车起制动作用的只能是作用在汽车上且方向与汽车行驶方向相反的外力，而这些外力的大小都是随机的、不可控制的，因此汽车上必须装设一系列专门装置以实现上述功能。

二、制动系统的组成

制动系统具有以下四个基本组成部分。

▶ **1. 供能装置**

供能装置包括供给、调节制动所需能量，以及改善传能介质状态的各种部件。其中，产生制动能量的部分称为制动能源。人的肌体也可作为制动能源。

▶ **2. 控制装置**

控制装置包括产生制动动作和控制制动效果的各种部件，如制动踏板。

▶ **3. 传动装置**

传动装置包括将制动能量传输到制动器的各个部件，如制动主缸、轮缸。

▶ **4. 制动器**

制动器是产生阻碍车辆运动或运动趋势的力（制动力）的部件，其中包括辅助制动系统中的缓速装置。

较为完善的制动系统还具有制动力调节装置、报警装置、压力保护装置等附加装置，汽车制动系统如图3-1所示。

项目三　汽车制动系统

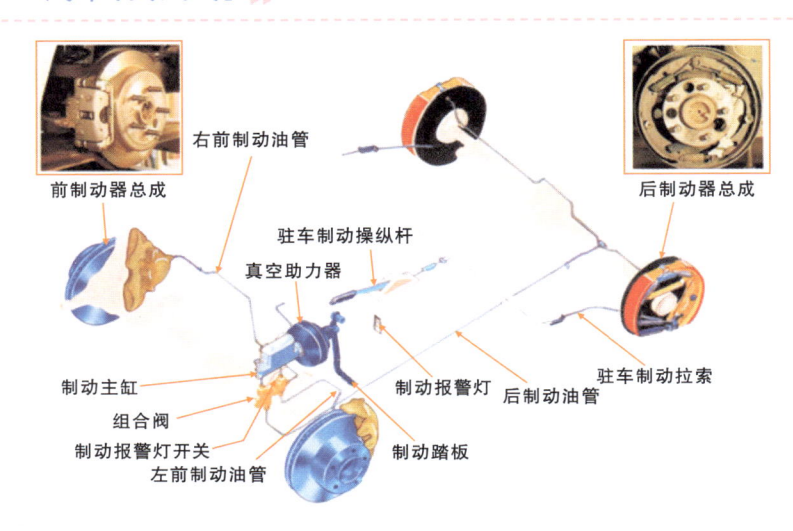

图 3-1　汽车制动系统

三、制动系统的分类

1. 按制动系统的作用分类

（1）行车制动系统：使行驶中的汽车减速或停止，如图 3-2 所示。
（2）驻车制动系统：使停驶的汽车驻留原地不动，如图 3-3 所示。
（3）应急制动系统：在行车制动系统失效后使用的制动系统。
（4）辅助制动系统：增设的制动装置，以适应山区行驶及特殊用途汽车的需要。

图 3-2　行车制动系统　　　　　图 3-3　驻车制动系统

2. 按制动系统的制动能源分类

（1）人力制动系统：以驾驶员的肌体作为制动能源的制动系统。
（2）动力制动系统：完全靠由发动机的动力转化而成的气压或液压形式的势能进行制动的制动系统。
（3）伺服制动系统：兼用人力和发动机动力进行制动的制动系统。

3. 按制动能量的传输方式分类

（1）机械制动系统：以机械传输制动能量的制动系统。

（2）液压制动系统：以液压传输制动能量的制动系统。
（3）气压制动系统：以气压传输制动能量的制动系统。
（4）电磁制动系统：以电磁力传输制动能量的制动系统。
（5）组合制动系统：以多种方式传输制动能量的综合制动系统。

4. 按制动回路分类

（1）单回路制动系统：全车制动用一条制动回路的制动系统。
（2）双回路制动系统：全车制动用两条制动回路的制动系统。

四、制动系统的工作原理

以一定速度行驶的汽车，具有一定的动能。要使它按需减速停车，路面必须对汽车车轮产生一个阻止汽车行驶的力——制动力。这个力的方向与汽车行驶的方向相反。实际上，制动就是将汽车的动能强制转化成其他形式的能量，即转化为热能，扩散到大气中去。

1. 制动作用力的产生

如图3-4所示，制动时，驾驶人踩下制动踏板，推杆便推动主缸活塞，迫使制动液经油管进入制动轮缸，推动轮缸活塞克服复位弹簧的拉力，使制动蹄绕支承销转动而张开，消除制动蹄与制动鼓之间的间隙后压紧在制动鼓上。这样，不旋转的制动蹄摩擦片对旋转的制动鼓就产生一个摩擦力矩 M_u，其方向与车轮旋转方向相反，其大小取决于轮缸的张开力、摩擦系数及制动鼓和制动蹄的尺寸。制动鼓将力矩 M_u 传至车轮后，由于车轮与地面的附着作用，车轮即对地面作用一个向前的周缘力 F_a。同时，地面也会给车轮一个向后的反作用力，这个力就是车轮受到的地面制动力 F_b。各车轮上的制动力之和就是汽车受到的总制动力。在制动力的作用下，汽车就会减速甚至停止。

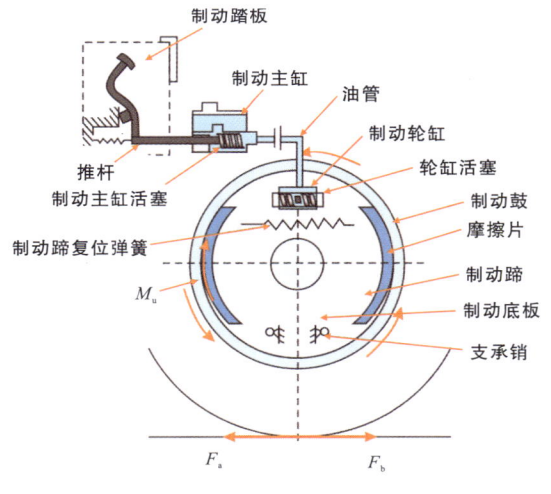

图3-4 制动系统工作原理

项目三 汽车制动系统

放松制动踏板，在复位弹簧的作用下，制动蹄与制动鼓的间隙又得以恢复，从而解除制动。

2. 最好的制动条件

制动时，车轮上的制动力 F_b 随踏板力及其产生的摩擦力矩 M_u 的增大而增大。但受到轮胎与附着情况的限制，制动力不可能超过附着力。当制动力等于附着力时，车轮将被抱死而在路面上滑拖。滑拖会使胎面局部严重磨损，在路面上留下一条黑色的拖印。同时，滑拖会使胎面产生局部高温，使胎面局部稀化，轮胎与路面间如同被一层润滑剂隔开，使附着系数减小。最大制动力和最短制动距离并不是在车轮抱死时出现，而是在车轮将要抱死而又未完全抱死时（制动力接近附着力）出现，即在所谓"临界状态"时，达到最大值。

可见，制动到抱死状态所能达到的制动力与车轮上的垂直载荷成正比，即车轮上的载荷越大，可能获得的制动力也应越大。为此，应根据各类汽车前后桥车轮所分配的质量不同（包括附着质量和转移质量），从制动器的结构形式上（如张开机构、制动鼓、制动蹄的形式和尺寸等方面），合理地分配制动力的大小，以获得较理想的制动工作状态。

实际上，一般结构的制动器在制动过程中，因车轮的载荷及其与地面附着系数不是常数，所以很难完全避免车轮抱死滑拖。因此，现代车辆基本上都配备了电子控制的防抱死制动系统，即 ABS 系统，能有效控制车轮的抱死现象。

五、制动系统应满足的要求

为保证汽车能在安全的条件下发挥出高速行驶的能力，制动系统必须满足下列要求。

1. 具有良好的制动性能

这包括制动效能、制动效能的恒定性、制动时的方向稳定性三个方面。制动效能的评价指标有制动距离、制动减速度、制动力和制动时间。制动效能的恒定性指抗"热衰退"和抗"水衰退"能力。制动时的方向稳定性是指制动时保持原有行驶方向的能力。而在实际使用过程中，往往用制动效能中的制动距离来衡量整车的制动性能。制动距离是以某一速度开始紧急制动，从驾驶人踩上制动踏板起直至停车为止，汽车所走过的距离。

2. 操纵轻便

操纵制动系统所需的力不应过大。对于人力液压制动系统，最大踏板力不大于500N（轿车）和700N（货车）。踏板行程货车不大于150mm，轿车不大于120mm。

3. 制动平顺性好

制动力矩能迅速而平稳地增大，也能迅速而彻底地解除。

任务一 制动系统的功用与组成

4. 散热性好

连续制动时，制动鼓和制动蹄上的摩擦片因高温引起的摩擦系数下降要小，水湿后恢复要快。

5. 对挂车制动系统的要求

要求挂车的制动作用略早于主车，挂车自行脱挂时能自动进行应急制动。

项目三　汽车制动系统

> 任务练习

一、填空题

1. 汽车制动系统一般由_____、_____、_____、_____几个部分组成。
2. _____是产生阻碍车辆运动或运动趋势的力的部件，其中也包括辅助制动系统中的_____。
3. _____使行驶中的汽车减速或停车。
4. _____使停驶的汽车驻留原地不动。
5. 一般结构的制动器在_____中，因车轮的载荷及其与地面_____不是常数，所以很难完全避免车轮_____。

二、判断题

1. 制动力一定是外力。　　　　　　　　　　　　　　　　　　　　　　　　（　　）
2. 挂车制动应比主车制动略早。　　　　　　　　　　　　　　　　　　　　（　　）
3. 在制动系统中，驾驶员的肌体不仅作为控制能源，还作为部分制动能源。　（　　）
4. 驻车制动没有渐进控制的要求，所以驻车制动阀一般只是一个气动开关。　（　　）

三、选择题

1. 下列叙述不正确的是（　　）。
A. 制动时，转动转向盘，会感到转向盘有轻微的振动
B. 制动时，制动踏板会有轻微下沉
C. 制动时，ABS 继电器不断动作，这也是 ABS 起作用的正常现象
D. 装有 ABS 的汽车，在制动后期不会出现车轮抱死现象

2. 当滑移率为 100% 时，横向附着系数降为（　　）。
A. 100%　　　　　　　　　　　　　　　B. 50%
C. 0　　　　　　　　　　　　　　　　　D. 都不正确

3. 在汽车制动过程中，当车轮抱死滑移时，路面对车轮的侧向力（　　）。
A. 大于零　　　　　　　　　　　　　　B. 小于零
C. 等于零　　　　　　　　　　　　　　D. 不一定

四、问答题

1. 叙述汽车制动系统的作用及对制动系统的要求。
2. 对照模型或实物，说出汽车制动系统的基本组成和动力传递路线。

任务二 车轮制动器

任务目标

完成本学习任务后，学生在基础知识和基本技能方面应达到以下要求。

● 知识目标

（1）熟知制动器的功用与组成。
（2）熟知鼓式制动器的组成与特点。
（3）熟知盘式制动器的组成与特点。

● 能力目标

（1）能够对盘式制动器进行拆装、检测。
（2）能够对鼓式制动器进行拆装、检测。

任务引入

汽车所用的制动器几乎都是摩擦式的，可分为鼓式制动器和盘式制动器两大类。盘式制动器是由制动片夹紧制动盘产生制动力的；鼓式制动器的旋转元件为制动鼓，工作表面为制动鼓的内圆面，是依靠制动蹄片挤压随车轮同步旋转的制动鼓的内圆面而获得制动力的。下面进入车轮制动器的学习。

项目三 汽车制动系统

相关知识

一、制动器的功用

制动器是产生阻碍车辆运动或运动趋势的力（制动力）的部件。汽车上常用的制动器都利用固定元件与旋转元件工作表面间的摩擦而产生制动力矩，使后者的旋转角速度降低，同时依靠车轮与地面的附着作用，产生路面对车轮的制动力，以使汽车减速。利用固定元件和旋转元件工作表面间的摩擦而产生制动力矩的制动器，称为摩擦制动器。

目前，摩擦制动器可分为鼓式和盘式两大类。大部分汽车采用前盘后鼓制动器，而高级轿车的前后轮都采用盘式制动器。鼓式制动器与盘式制动器的区别在于：前者的摩擦副中的旋转元件为制动鼓，其工作表面为圆柱面；后者的旋转元件则为圆盘状的制动盘，以端面为工作表面。旋转元件固装在车轮上，即制动力矩直接作用于两侧车轮上的制动器称为车轮制动器。鼓式制动器与盘式制动器分别如图3-5和图3-6所示。

图3-5 鼓式制动器　　　　　　图3-6 盘式制动器

二、鼓式制动器

鼓式制动器主要由制动底板、制动轮缸、制动蹄、制动鼓等组成，如图3-7所示。鼓式制动器应用在汽车上已经有近一个世纪的历史了，由于它的可靠性及强大的制动力，鼓式制动器现在仍配置在许多车型上（多应用于后轮）。鼓式制动器借助液压作用将装置于制动鼓内的制动蹄往外推，使制动蹄与随着车轮转动的制动鼓内圆柱面间发生摩擦而产生制动效果。

鼓式制动器的制动鼓内圆柱面就是制动装置产生制动力矩的位置。在获得相同制动力矩的情况下，鼓式制动器的制动鼓直径可以比盘式制动器的制动盘小许多。因此，载货用的大型车辆为获取强大的制动力，只能在轮圈的有限空间之中安装鼓式制动器。

简单地说，鼓式制动器就是利用制动器内静止的制动蹄去摩擦随着车轮转动的制动鼓，以产生摩擦力使车轮转动速度降低的制动装置。在踩下制动踏板时，脚的作用力会使制动主缸内的活塞将制动液往前推并在油路中产生压力。压力经制动液传送到每个车轮的制动轮缸活塞上，制动轮缸活塞再向外推动制动蹄，使制动蹄和制动鼓的内圆柱面间发生摩擦，并产生足够的摩擦力去降低车轮的转速，以达到制动的目的。

根据制动过程中两制动蹄产生制动力矩的不同，鼓式制动器可分为领从蹄式、双领蹄式、双向双领蹄式、双从蹄式、单向自增力式和双向自增力式等几种形式。

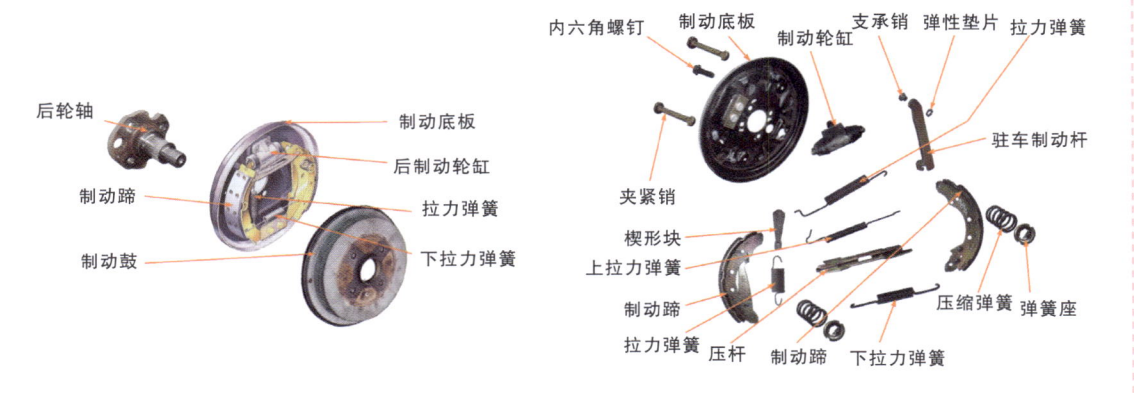

图 3-7 后轮鼓式制动器分解图

1. 领从蹄式制动器

汽车前进时，如果制动鼓逆时针旋转，制动蹄的支承点在前端，制动轮缸所加的促动力作用于其后端，则该制动蹄张开时的旋转方向与制动鼓的旋转方向相同，具有这种属性的制动蹄称为领蹄。与此相反，制动蹄的支承点在后端，促动力加于其前端，其张开时的旋转方向与制动鼓的旋转方向相反，具有这种属性的制动蹄称为从蹄。当汽车倒车时，即制动鼓反向旋转时，领蹄变成从蹄，而从蹄变成领蹄。这种在制动鼓正向旋转和反向旋转时，都有一个领蹄和一个从蹄的制动器，称为领从蹄式制动器。领从蹄式制动器示意图如图 3-8 所示。

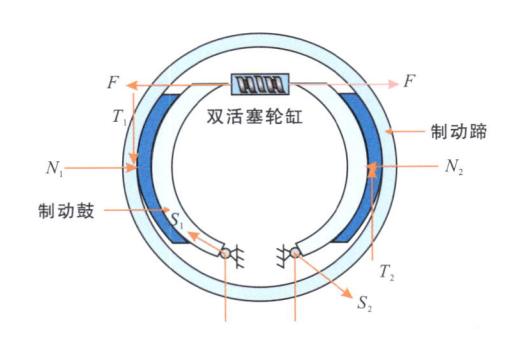

图 3-8 领从蹄式制动器示意图

在图 3-8 所示的结构中，轮缸的两活塞都可在轮缸内轴向移动，且二者直径相同。因此，制动时两活塞对两个制动蹄所施加的促动力永远是相等的，两蹄所受促动力相等的领从蹄式制动器称为等促动力制动器。制动时，领蹄和从蹄在相等的促动力 F 的作用下，分别绕各自的支承点旋转到紧压在制动鼓上。旋转的制动鼓即对两制动蹄分别作用法向反力 N_1 和 N_2，以及相应的切向反力 T_1 和 T_2（这里法向反力 N 和切向反力 T 均为分布力的合力）。为解释方便起见，假定这些力的作用点和方向如图 3-8 所示。两蹄受到的这些力分别被各自的支承点的支承反力 S_1 和 S_2 所平衡。由图 3-8 可见，领蹄上的切向合力 T_1 的作用结果是使领蹄在制动鼓上压得更紧，即

N_1 变得更大，从而使 T_1 也更大，这表明领蹄具有"增势"作用。与此相反，切向合力 T_2 则使从蹄有放松制动鼓的趋势，即有使 N_2 和 T_2 本身减小的趋势，故从蹄具有"减势"作用。

由上述内容可见，虽然领蹄和从蹄所受的促动力相等，但所受制动鼓的法向反力 N_1 和 N_2 却不相等，且 $N_1>N_2$，相应的 $T_1>T_2$，故两制动蹄对制动鼓所施加的制动力矩不相等。一般来说，领蹄产生的制动力矩为从蹄制动力矩的 2~2.5 倍。倒车制动时，虽然从蹄变成领蹄，领蹄变成从蹄，但整个制动器的制动效能还是同前进制动时一样。

显然，由于领蹄和从蹄所受的法向反力不等，在两蹄摩擦片工作面积相等的情况下，领蹄摩擦片上的单位压力较大，因而磨损较严重。为了使领蹄和从蹄的摩擦片寿命相近，有些领从蹄式制动器将领蹄摩擦片的周向尺寸设计得较大。但这样将使两蹄的摩擦片不能互换，从而增加了零件品种数和制造成本。

此外，领从蹄式制动器的制动鼓所受到的来自两蹄的法向反力 N_1 和 N_2 不能互相平衡，则两蹄法向力之和只能由车轮轮毂轴承的反力来平衡，这就对轮毂轴承造成了附加径向载荷，使其寿命缩短。制动鼓所受来自两蹄的法向力不能互相平衡的制动器称为非平衡式制动器。

2. 双领蹄式制动器

在制动鼓逆时针旋转时，两蹄均为领蹄的制动器称为双领蹄式制动器。双领蹄式制动器与领从蹄式制动器在结构上主要有两点不同：一是双领蹄式制动器的两制动蹄各用一个单活塞式制动轮缸，而领从蹄式制动器的两蹄共用一个双活塞式制动轮缸；二是双领蹄式制动器的两套制动蹄、制动轮缸、支承销在制动底板上的布置是中心对称的，而领从蹄式制动器中的制动蹄、制动轮缸、支承销在制动底板上的布置是轴对称的。双领蹄式制动器在汽车前进制动时，两制动蹄都是领蹄；当汽车倒车时，两制动蹄又都是从蹄，导致前进制动效能提高，倒车制动效能降低。双领蹄式制动器示意图如图 3-9 所示。

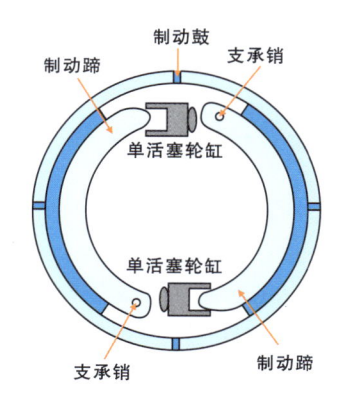

图 3-9 双领蹄式制动器示意图

3. 双向双领蹄式制动器

无论是前进制动还是倒车制动，两制动蹄都是领蹄的制动器称为双向双领蹄式制动器。与领从蹄式制动器相比，双向双领蹄式制动器在结构上有三个特点：一是采用两个双活塞式制动轮缸；二是两制动蹄的两端都采用浮式支承，且支点的周向位置也是浮动的；三是制动底板上的所有固定元件，如制动蹄、制动轮缸、回位弹簧等都是成对的，而且既按轴对称又按中心对称布置。双向双领蹄式制动器示意图如图 3-10 所示。

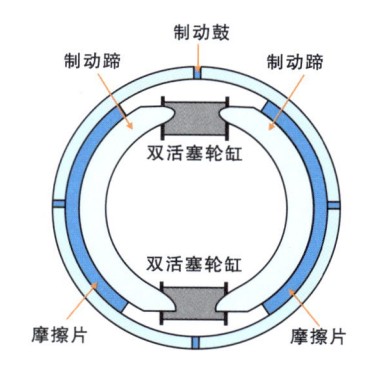

图 3-10 双向双领蹄式制动器示意图

4. 双从蹄式制动器

前进制动时两制动蹄均为从蹄的制动器称为双从蹄式制动器。这种制动器与双领蹄式制动器结构很相似，二者的差异仅在于固定元件与旋转元件的相对运动方向不同，即每个制动蹄的支承销和单活塞轮缸互换位置。虽然双从蹄式制动器的前进制动效能低于双领蹄式和领从蹄式制动器，但其效能对摩擦系数变化的敏感程度较小，即具有良好的制动效能稳定性。

双领蹄式、双向双领蹄式、双从蹄式制动器的固定元件布置都是中心对称的，如果间隙调整正确，则其制动鼓所受两蹄加的两个法向合力能互相平衡，不会对轮毂轴承造成附加径向载荷。因此，这三种制动器都属于平衡式制动器。

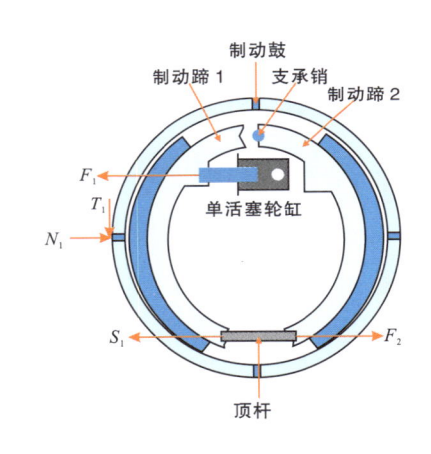

5. 单向自增力式制动器

单向自增力式制动器的结构如图3-11所示。制动蹄1和制动蹄2的下端分别浮支在浮动的顶杆两端。制动器只在上方有一个支承销。不制动时，两蹄上端均靠各自的回位弹簧拉靠在支承销上。

汽车前进制动时，单活塞轮缸只将促动力 F_1 施加于制动蹄1，使其上端离开支承销，整个制动蹄绕顶杆左端支承点旋转，并压靠在制动鼓上。显然，制动蹄1是领蹄，并且在促动力 F_1、法向合力 N_1、切向（摩擦）合力 T_1 和沿顶杆轴线方向的 S_1 的作用下处于平衡状态。由于顶杆是浮动的，其自然成为制动蹄2的促动装置，而将与力 S_1 大小相等、方向相反的促动力 F_2 施加于制动蹄2的下端，故制动蹄2也是领蹄。正因为顶杆是完全浮动的，不受制动底板约束，所以作用在制动蹄1上的促动力和摩擦力的作用没有如一般领蹄那样完全被制动鼓的法向反力和固定于制动底板上的支承件反力的作用所抵消，而是通过顶杆传到

图3-11 单向自增力式制动器的结构

制动蹄2上，形成制动蹄2的促动力 F_2。对制动蹄进行受力分析可知 $F_2 > F_1$。此外，F_2 对制动蹄2支承点的力臂也大于 F_1 对制动蹄1的力臂。因此，制动蹄2的制动力矩必然大于制动蹄1的制动力矩。由此可见，在制动蹄尺寸和摩擦系数相同的条件下，这种制动器的前进制动效能不仅高于领从蹄式制动器，而且高于双领蹄式制动器。

倒车制动时，制动蹄1上端压靠支承销不动。此时，制动蹄1仍是领蹄。促动力 F_2 仍可能与前进制动时相等，但其力臂却大为减小，因而，制动蹄1此时的制动效能比一般领蹄的制动效能低得多；制动蹄2则因未受促动力而不起制动作用。因此，此时整个制动器的制动效能甚至比双从蹄式制动器的制动效能还低。

6. 双向自增力式制动器

双向自增力式制动器的结构如图3-12所示。前进制动时，两制动蹄在促动力 F 的作用下张

项目三　汽车制动系统

开，压向制动鼓。此时，两制动蹄的上端均离开支承销，沿逆时针方向旋转的制动鼓对两蹄产生摩擦力矩，带动两蹄沿旋转方向转过一个不大的角度，直到制动蹄2又顶靠到支承销上为止。此时，制动蹄1为领蹄，但其支承为浮动的推杆。制动鼓作用在制动蹄1上的摩擦力和法向力的一部分对推杆形成一个推力S，推杆又将此推力完全传到制动蹄2的下端。制动蹄2在推力S的作用下也成为领蹄，并在轮缸液压促动力F的共同作用下进一步压紧制动鼓。推力S比促动力F大得多，从而使制动蹄2产生的制动力矩比制动蹄1产生的制动力矩更大。倒车制动时，作用过程与此相反，与前进制动时具有同等的自增力作用。

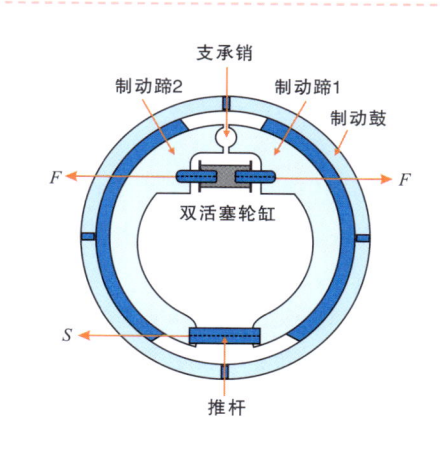

图 3-12　双向自增力式制动器的结构

以上各类型制动器各有利弊。就制动效能而言，在基本结构参数和轮缸工作压力相同的条件下，自增力式制动器居榜首，其后依次为双向双领蹄式、双领蹄式、领从蹄式。但就制动效能的稳定性而言，自增力式制动器对摩擦系数的依赖性最大，因而其制动效能的稳定性最差；领从蹄式制动器制动效能的稳定性居中；双向双领蹄式、双领蹄式制动器的制动效能稳定性最好。

7. 鼓式制动器的优缺点

1) 鼓式制动器的优点

（1）有自动制动增力作用，使制动系统可以使用较低的油压，或者使用直径比制动盘小很多的制动鼓。

（2）驻车制动装置容易安装，有的后轮装有盘式制动器的车型，会在制动盘中心部位安装鼓式制动器的驻车制动装置。

（3）零件的加工与组成较为简单，制造成本较为低廉。

2) 鼓式制动器的缺点

（1）鼓式制动器的制动鼓在受热后直径会增大，从而造成踩下制动踏板的行程增大，容易发生制动反应不如预期的情况。因此，在驾驶采用鼓式制动器的车辆时，要尽量避免连续制动造成制动蹄因高温而产生热衰退现象。

（2）制动系统反应较慢，踏板的踩踏力度不易控制，不利于做高频率的制动动作。

（3）构造复杂，零件多，制动间隙须调整，维修不易。

三、盘式制动器

随着车辆行驶速度的提高，为增强车辆在高速行驶时制动的稳定性，盘式制动器已成为当前制动系统的主流。盘式制动器的制动盘暴露在空气中，使得盘式制动器有优良的散热性。当车辆在高速状态紧急制动或在短时间内多次制动时，其制动性能不易衰退，可以让车辆获得较佳的

任务二 车轮制动器

制动效果,以增强车辆的安全性。并且盘式制动器反应较快,有利于做高频率的制动动作。因此,现代车型多采用盘式制动器与 ABS 系统、ESP 系统等搭配,以满足此类系统对快速动作的需求。

盘式制动器是以静止的制动块夹住随车轮转动的制动盘以产生摩擦力,使车轮转动速度降低的制动装置。当踩下制动踏板时,制动主缸内的活塞会被推动,从而在制动油路中产生压力。压力经制动液传送到制动钳体上的制动轮缸活塞上,活塞在受到压力后,会向外移动并推动制动块去夹紧制动盘,使得制动块与制动盘之间发生摩擦,以降低车轮转速,使汽车减速或停止。

盘式制动器主要由制动钳体、制动盘、活塞、制动块和排气螺钉等组成。盘式制动器摩擦副中的旋转元件是以端面工作的金属圆盘,称为制动盘。其固定元件有着多种结构形式,大体上可分为两类:一类是工作面积不大的摩擦块与其金属背板组成的制动块,每个制动器中有两个。这些制动块及其促动装置都装在横跨制动盘两侧的夹钳形支架中,称为制动钳体。这种由制动盘和制动钳体组成的制动器称为钳盘式制动器。另一类固定元件的金属背板和摩擦片也呈圆盘形,制动盘的全部工作面可同时与摩擦片接触,这种制动器称为全盘式制动器。钳盘式制动器过去只用于中央制动器,但目前越来越多地被各种轿车和货车用于车轮制动器。全盘式制动器只有少数重型汽车将其作为车轮制动器。本书只讲解钳盘式制动器。钳盘式制动器可分为定钳盘式制动器和浮钳盘式制动器两类。浮钳盘式制动器分解图如图 3-13 所示。

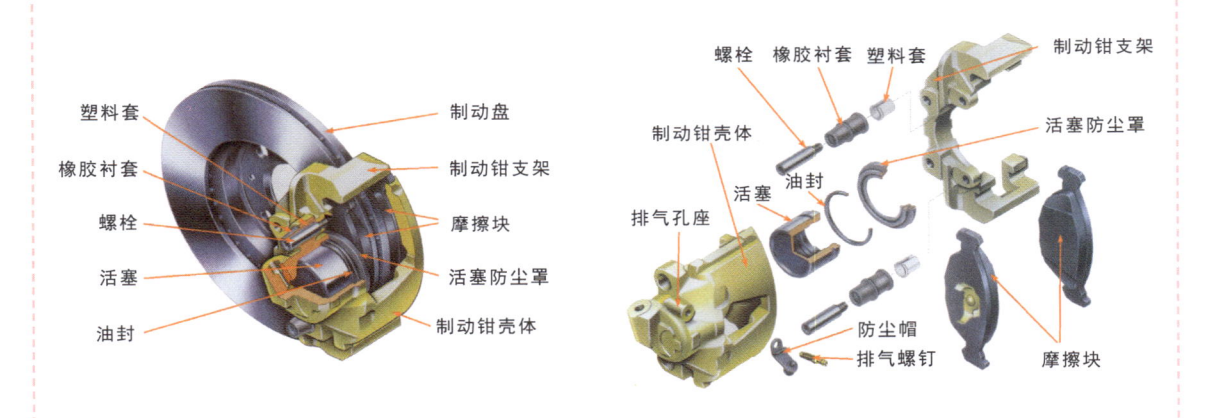

图 3-13 浮钳盘式制动器分解图

1. 定钳盘式制动器

如图 3-14 所示为定钳盘式制动器结构示意图。跨置在制动盘上的制动钳体固定安装在车桥上,它既不能旋转,也不能沿制动盘轴线方向移动,其内的两个活塞分别位于制动盘的两侧。制动时,制动主缸内的制动液经进油口进入钳体中两个相通的油缸,将两侧的制动块压向与车轮固定连接的制动盘,从而产生制动力。

2. 浮钳盘式制动器

如图 3-15 所示为浮钳盘式制动器结构示意图。制动钳体通过导向销与车桥相连,可以相对于制动盘轴向移动。制动钳体只在制动盘的内侧设置油缸,而外侧的制动块则附装在钳体上。

项目三 汽车制动系统

制动时，来自制动主缸的制动液通过进油口进入制动油缸，推动活塞及其上的制动块向右移动，并压到制动盘上。于是，制动盘给活塞一个向左的反作用力，使活塞连同制动钳体整体沿销钉向左移动，直到制动盘右侧的制动块也压到制动盘上。此时，两侧的制动块都压在制动盘上，夹住制动盘使其制动。

与定钳盘式制动器相反，浮钳盘式制动器轴向和径向尺寸较小，而且制动液受热汽化的概率较低。此外，浮钳盘式制动器在兼作行车和驻车制动器的情况下，只需在行车制动钳油缸附近加装一些用以推动油缸活塞的驻车制动机械传动零件。因此，浮钳盘式制动器逐渐取代了定钳盘式制动器。

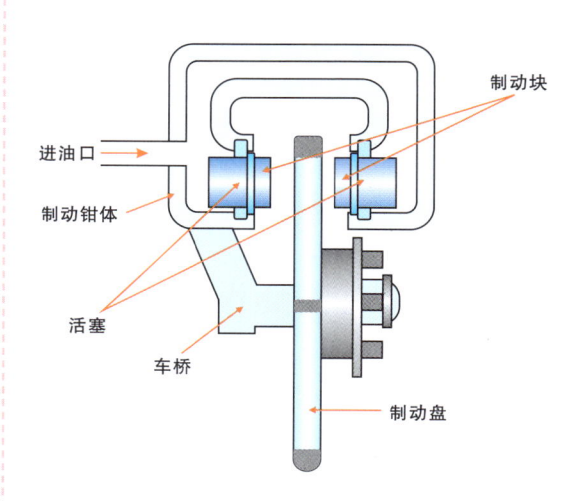

图 3-14 定钳盘式制动器结构示意图

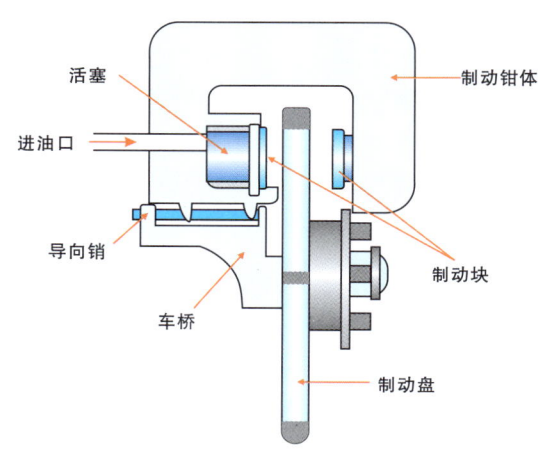

图 3-15 浮钳盘式制动器结构示意图

3. 制动间隙自动调整

盘式制动器具有制动间隙自动调整的功能，其原理如图 3-16 所示。它是利用矩形密封圈的弹性变形来实现的。矩形密封圈嵌在制动钳体油缸的矩形槽内，密封圈内圆与活塞外圆配合较紧。制动时活塞被压向制动盘，密封圈发生弹性变形。解除制动时，密封圈要恢复原状，于是将活塞拉回原位。当制动盘与制动块磨损后引起的制动间隙增大超过活塞的设置行程时，活塞在制动液压力作用下克服密封圈的摩擦阻力而继续前移，直到实现完全制动为止。活塞与密封圈之间这一不可恢复的相对位移便补偿了由于磨损而产生的过量间隙，即对制动间隙进行了自动调整，始终保持制动间隙的正常数值，保证了制动的可靠性。这是盘式制动器最简单的间隙自动调整方式。

4. 盘式制动器的优缺点

1）盘式制动器的优点

（1）盘式制动器散热性比鼓式制动器好，在连续踩踏制动踏板时一般不会造成制动衰退而使制动失灵的现象。

（2）制动盘在受热之后尺寸的改变并不会使制动踏板的行程增加。
（3）盘式制动器的反应较快，可做高频率的制动动作，因而较为符合 ABS 系统的需求。
（4）盘式制动器没有鼓式制动器的自动制动增力作用，因而左、右车轮的制动力比较平均。
（5）制动盘的排水性较佳，可以减少因为水或泥沙造成制动不良的情形。
（6）与鼓式制动器相比，盘式制动器结构简单，且容易维修。

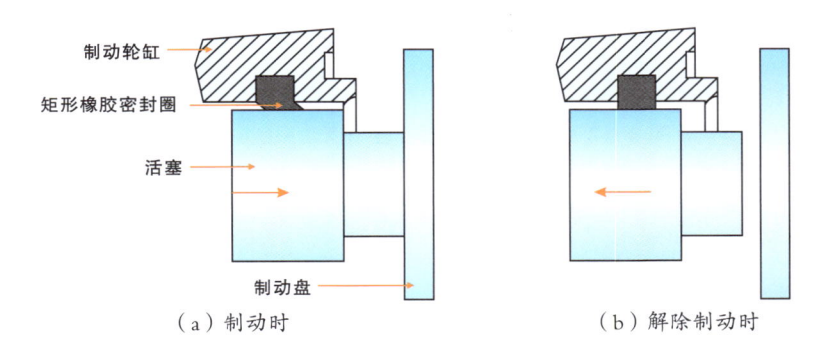

图 3-16 制动间隙自动调整原理

2）盘式制动器的缺点
（1）因为没有鼓式制动器的自动制动增力作用，所以盘式制动器的制动力比鼓式制动器小。
（2）盘式制动器的制动片与制动盘之间的摩擦面积比鼓式制动器的摩擦面积小，导致制动力也比较小。
（3）为克服盘式制动器的上述缺点，需要较大的踏板力量或油压，因而必须使用直径较小的制动盘，或者提高制动系统的油压，以增大制动力。
（4）驻车制动装置不易安装，有些后轮使用盘式制动器的车辆为此加设了一组鼓式制动的驻车机构。
（5）制动片磨损较大，更换频率较高。

四、驻车制动器

1. 驻车制动器的作用

驻车制动器的作用包括：防止车辆停驶后溜滑；使车辆在坡道上能顺利起步；在行车制动系统失效后临时使用，或配合行车制动器进行紧急制动。

2. 驻车制动系统的组成

驻车制动系统主要用来保证汽车停驶后的可靠停放。它由驻车制动操纵杆、驻车制动拉索、调节压板、调整螺母等组成。如图 3-17 所示为拉索式机械操纵驻车制动系统的布置图。

项目三　汽车制动系统

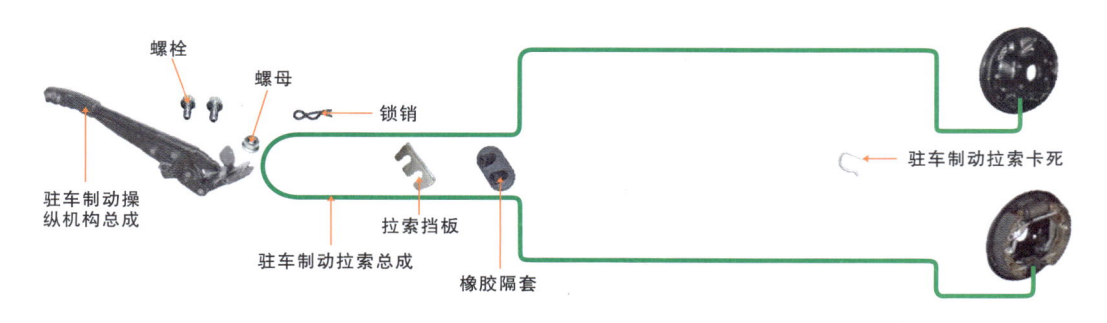

图 3-17　拉索式机械操纵驻车制动系统的布置图

3. 驻车制动器的分类

驻车制动器按驱动形式分为机械式、液压式、气压式和电子式。其中，机械式驻车制动器在轿车上应用最为广泛。

按照安装位置的不同，驻车制动器可分为中央制动式和车轮制动式两种。中央制动式驻车制动器安装在变速器或分动器之后，制动力矩作用在传动轴上，多用于货车上。车轮制动式驻车制动器与行车制动器共用一套制动器总成，只是传动机构相互独立，一般应用在轿车上。

1）中央制动式驻车制动器

如图 3-18 所示为典型的中央制动式驻车制动器。

制动鼓通过螺栓与变速器输出轴的凸缘盘紧固在一起，制动底板固定在变速器输出轴轴承盖上，两制动蹄通过偏心支承销支承在制动底板上，其上端装有滚轮，在回位弹簧的作用下滚轮紧靠在凸轮的两侧，凸轮轴支承在制动底板的上部，轴外端与摆臂连接，摆臂的另一端与穿过压紧弹簧的拉杆相连，拉杆再通过摇臂、传动杆与驻车制动杆相连。驻车制动杆上连有棘爪，驻车制动器工作时，棘爪嵌入齿扇上的棘齿内，起锁止作用。解除制动时，须按下驻车制动杆上的按钮使棘爪脱离棘齿，才能扳动驻车制动杆。

驻车制动时，将驻车制动杆上端向后拉动，则制动杆的下端向前摆动，传动杆带动摇臂顺时针转动，拉杆则带动摆臂顺时针转动，凸轮轴也顺时针转动，凸轮则使两制动蹄以支承销为支点向外张开，压靠到制动鼓上，产生制动作用。当制动杆被拉到制动位置时，棘爪嵌入齿扇上的棘齿内，起锁止作用。

解除制动时，按下驻车制动杆上的按钮使棘爪脱离棘齿，向前推动制动杆，则传动杆、拉杆、凸轮轴按逆时针方向转动，制动蹄在回位弹簧的作用下回位，制动蹄与制动鼓间恢复制动间隙，制动解除。

2）车轮制动式驻车制动器

如图 3-19 所示为典型车后轮鼓式制动器的分解图。驻车制动杆上端通过制动杆销与后制动蹄相连，中上部卡入驻车制动推杆右端的切槽中作为支点，下端与拉绳相连。前后制动蹄的腹板卡在驻车制动推杆两端的切槽中，并分别用一根回位弹簧与推杆相连。操纵机构包括传动机构和锁止机构，传动机构由驻车制动操纵杆、调整拉杆及制动拉绳等组成。锁止机构由按钮、弹簧及限位块、棘爪压杆、棘爪和扇形齿等组成。

任务二 车轮制动器

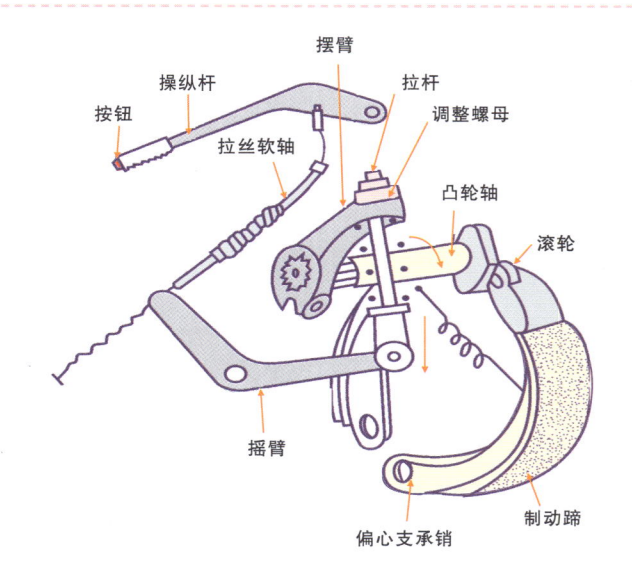

图 3-18 典型的中央制动式驻车制动器

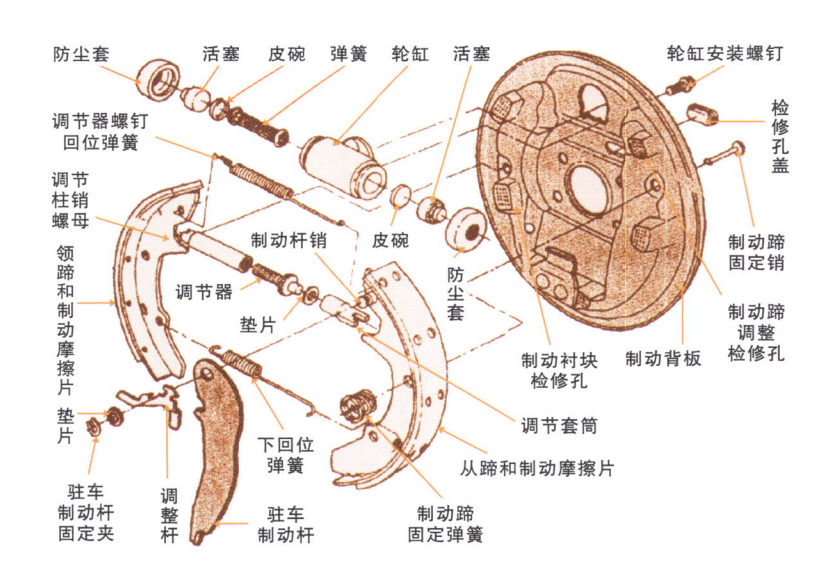

图 3-19 典型车后轮鼓式制动器的分解图

驻车制动时，驾驶员拉起驻车制动操纵杆后，操纵力便通过调整拉杆、拉绳传到车轮制动器内的驻车制动杆下端，使之绕上端支点顺时针转动。制动杆转动过程中，其中间支点推动驻车制动推杆左移，使前制动蹄压向制动鼓。前制动蹄压向制动鼓后，推杆停止运动，驻车制动杆的中间支点变成其继续转动的新支点。于是，驻车制动杆的上端右移使后制动蹄压靠到制动鼓上，施以驻车制动。此时，驻车制动操纵杆上的棘爪与扇形齿啮合，驻车制动操纵杆处于锁止状态。

解除制动时，须先将驻车制动操纵杆向后扳动少许，再按下驻车制动操纵杆端头的按钮，通过棘爪压杆使棘爪与齿板脱开，然后将驻车制动操纵杆推到释放位置后松开按钮。与此同时，制动蹄在回位弹簧的作用下回位。

项目三 汽车制动系统

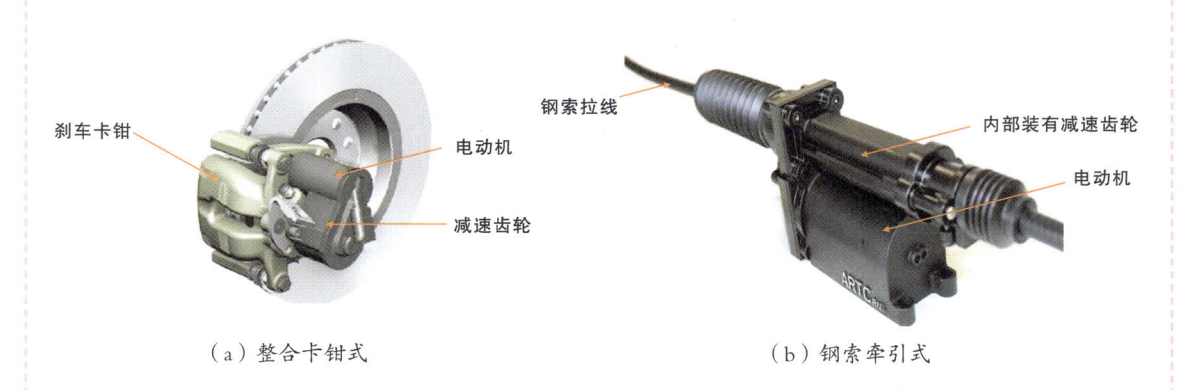

3）电子式驻车制动器

电子式驻车制动器根据结构不同可分为钢索牵引式和整合卡钳式两种，如图 3-20 所示。

这种驻车制动器利用电子控制方式实现停车制动。其工作原理与机械式驻车制动器相同，均是通过刹车盘与刹车片产生的摩擦力来达到控制停车制动的目的，只不过控制机构从机械式拉杆变成了电子按钮。

（a）整合卡钳式　　　　　　　　　　（b）钢索牵引式

图 3-20　电子式驻车制动器

五、制动器的拆装

1. 鼓式制动器的拆装

1）拆卸

（1）用工具拆卸后车轮，并将其取下，如图 3-21 所示。

（2）用工具拆卸轮毂盖，如图 3-22 所示。

图 3-21　取下后车轮　　　　　　　图 3-22　拆下轮毂盖

（3）拆卸制动鼓，如图 3-23 所示。

（4）拆卸后轮车速传感器，并将其取出，如图 3-24 所示。

（5）用工具拆出制动蹄弹簧座圈，并取出压力弹簧和张紧销，如图 3-25 所示。

图 3-23　拆卸制动鼓

图 3-24　拆下后轮车速传感器

（6）用工具取出拉力弹簧，如图 3-26 所示。

图 3-25　拆出制动蹄弹簧座圈

图 3-26　取出拉力弹簧

（7）取出前制动蹄片，如图 3-27 所示。
（8）用鲤鱼钳拆出驻车制动拉索，并取出后制动蹄片，如图 3-28 所示。

图 3-27　取出前制动蹄片

图 3-28　取出后制动蹄片

（9）用工具拆卸轮毂轴承的自锁螺母，如图 3-29 所示。
（10）用拉器拉出轮毂轴承，如图 3-30 所示。
（11）用拉器拉出轮毂轴承内圈，如图 3-31 所示。
（12）用工具拆卸制动分泵液压油管，拆出制动分泵的固定螺母，如图 3-32 所示。
（13）取出制动分泵，如图 3-33 所示。
（14）用工具拆卸制动托盘的螺母，如图 3-34 所示。
（15）取下制动托盘和轮毂轴，如图 3-35 所示。

项目三 汽车制动系统

图 3-29 拆下自锁螺母

图 3-30 拉出轮毂轴承

图 3-31 拉出轮毂轴承内圈

图 3-32 拆出固定螺母

图 3-33 取出制动分泵

图 3-34 拆下螺母

2）安装

（1）先将轮毂轴装上制动托盘，然后穿上驻车制动拉索，并拧紧固定螺钉，如图 3-36 所示。

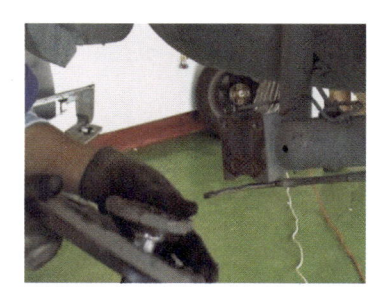

图 3-35 取下制动托盘和轮毂轴

图 3-36 装上制动托盘

任务二 车轮制动器

（2）装上制动分泵，再连接液压油管，并拧紧螺钉，如图3-37所示。

（3）将轮毂轴与轮毂轴承内圈涂上适量润滑油，如图3-38所示。

图3-37　装上制动分泵

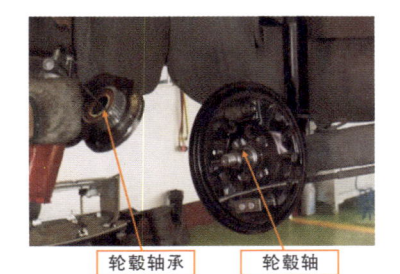

图3-38　涂上润滑油

（4）如图3-39所示，装上轮毂轴承，再用榔头轻敲到位，然后装入自锁螺母，并用扭力扳手拧紧。注意：轮毂轴承应活动自如。

（5）用锂鱼钳将驻车制动拉索与后制动蹄片连接并锁紧，如图3-40所示。

图3-39　装上轮毂轴承

图3-40　连接驻车制动拉索与后制动蹄片

（6）将制动蹄片安装复位，如图3-41所示。

（7）装入制动蹄的张紧销、压力弹簧与弹簧座圈，如图3-42所示。

图3-41　安装制动蹄片

图3-42　装入张紧销、压力弹簧与弹簧座圈

（8）装入前制动蹄的张紧销、压力弹簧与弹簧座圈，如图3-43所示。

（9）将各拉力弹簧安装复位并扣紧，如图3-44所示。

项目三　汽车制动系统

（10）用粗砂纸打磨制动蹄片与制动鼓表面。

图 3-43　装入前制动蹄的张紧销、压力弹簧与弹簧座圈

图 3-44　将拉力弹簧安装复位

◆注意：

测量制动鼓内径，标准内径为 180mm，使用极限为 181mm，如图 3-45 所示。

（11）装上制动鼓，并拧上螺钉，先用榔头手柄敲击其到位，其与制动蹄片应无拖滞感，然后紧固螺钉，如图 3-46 所示。

（12）装上后轮车速传感器，再拧紧螺钉，并连接插头线束，如图 3-47 所示。

（13）装上后轮轮毂盖，并用榔头轻敲到位，如图 3-48 所示。

（14）装上后车轮，并拧紧各紧固螺钉，如图 3-49 所示。

图 3-45　测量制动鼓内径

图 3-46　装上制动鼓

图 3-47　装上后轮车速传感器

图 3-48　装上后轮轮毂盖

图 3-49　装上后车轮

2. 盘式制动器的拆装

1）拆卸

（1）停放好车辆，拉起驻车制动器，如图 3-50 所示。

图 3-50　停放车辆并拉起驻车制动器

（2）拧松轮胎固定螺栓，安置好举升机支撑臂，如图 3-51 所示；将车辆举升至工作位置，如图 3-52 所示。

图 3-51　安置举升机支撑臂　　　　图 3-52　举升车辆

（3）拆下车轮固定螺栓，取下车轮，如图 3-53 和图 3-54 所示。

图 3-53　拆下车轮固定螺栓　　　　图 3-54　取下车轮

（4）拆下制动分泵固定螺栓，如图 3-55 所示。
（5）向上拉起制动分泵并用挂钩固定，如图 3-56 所示。

项目三　汽车制动系统

图 3-55　拆下制动分泵固定螺栓

图 3-56　拉起制动分泵并固定

（6）取出支架上的内、外两块制动摩擦片，如图 3-57 示。

图 3-57　取出制动摩擦片

（7）拆卸分泵固定螺栓，取下支架，如图 3-58 和图 3-59 所示。

图 3-58　拆下分泵固定螺栓　　　　　图 3-59　取下支架

（8）拆下刹车盘固定螺栓，取下刹车盘，如图 3-60 和图 3-61 所示。

任务二 车轮制动器

图 3-60 拆下刹车盘固定螺栓

图 3-61 取下刹车盘

2）安装

按拆卸的相反顺序进行安装。

六、制动器的检修

1. 鼓式制动器的检修

（1）检查制动蹄衬面厚度（图 3-62）。

拆下孔塞，通过检查孔检查制动蹄衬面厚度，如厚度小于最小值，则应更换制动蹄，最小厚度为 1.0mm。

（2）拆卸后车轮。

◆ 注意：

取下车轮及制动鼓时，要整体水平外移。如果车轮及制动鼓取下非常困难，可使用一字螺丝刀插入制动鼓观察孔中，拨动驻车制动推杆上的楔形件，使制动蹄收缩，便可轻松取下车轮及制动鼓。

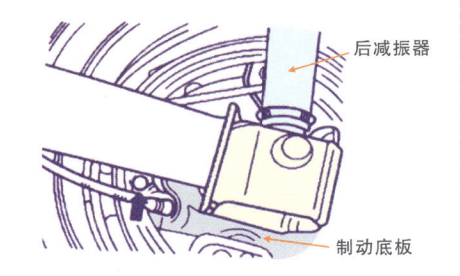

图 3-62 检查制动蹄衬面厚度

（3）排出制动液。

排出制动液时，注意不要将制动液溅到油漆表面，如果溅到，必须立刻清洗。

（4）拆卸制动鼓。

鼓式制动器的结构如图 3-63 所示。

释放驻车制动器，然后拆下制动鼓。拆卸时按如下步骤操作：从检查孔中插入一平口螺丝刀，使制动自动调整轮与调整器分开，用另一把螺丝刀转动调整轮来减小调整器的长度，如图 3-64 所示。

（5）拆卸制动蹄。

①用专用工具从制动蹄上拆下张紧弹簧，分离驻车制动蹄的定位支柱，如图 3-65 所示。

②使用专用工具取下弹簧座，然后取下定位弹簧和销钉，如图 3-66 所示。

③拆下制动自动调整拉杆弹簧和自动调整拉杆（图 3-67）。

④使用专用工具撬下端盖，拆下蹄片定位弹簧和销子，取下制动蹄（图 3-68）。

项目三 汽车制动系统

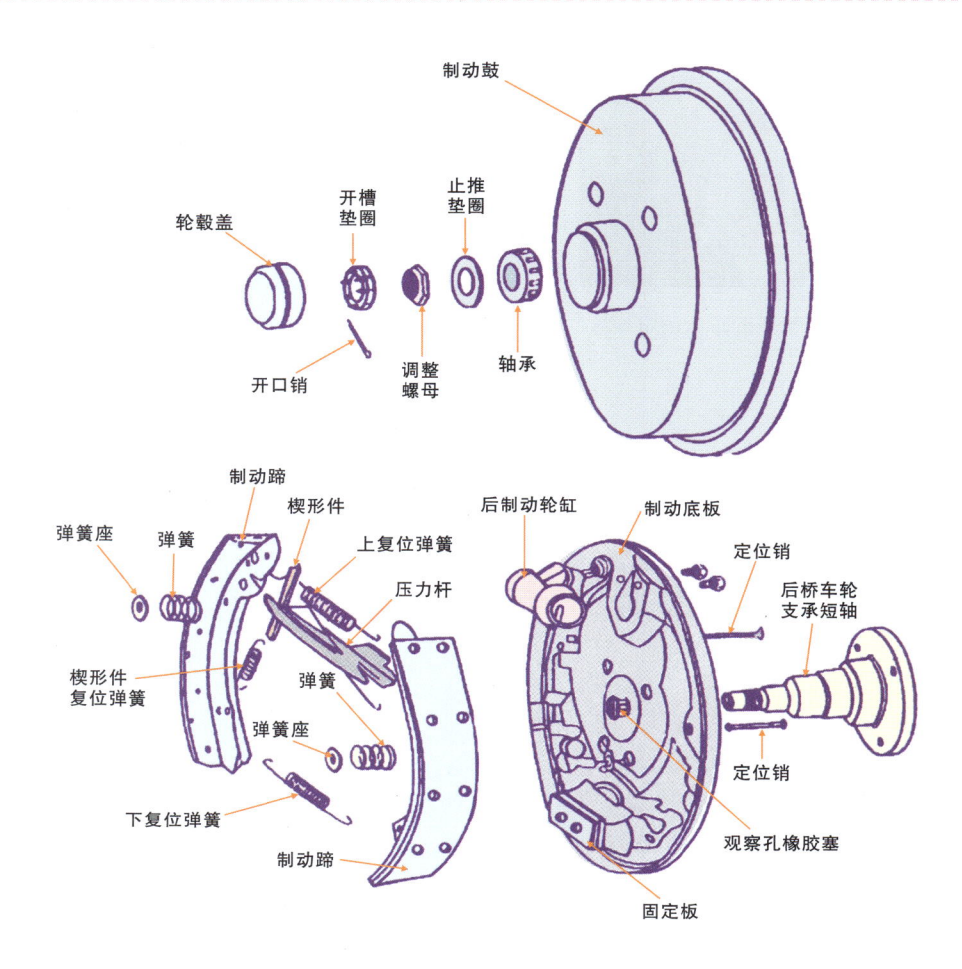

图 3-63 鼓式制动器的结构

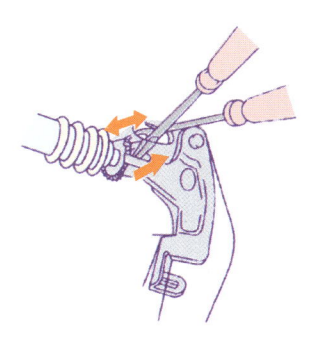

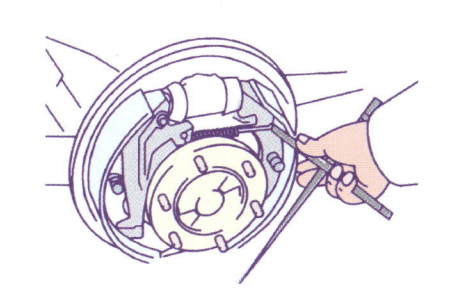

图 3-64 拆下制动鼓　　　图 3-65 分离驻车制动蹄的定位支柱

（6）用尖嘴钳从驻车制动拉杆上取出驻车制动器拉索。

如图 3-69 所示，取出驻车制动器拉索时，用力拉拉索的前端，压缩压紧弹簧，然后从制动杆的卡槽中脱出拉索。

（7）使用一字螺丝刀拆卸驻车制动蹄的拉杆附件（图 3-70）。

（8）检查制动蹄。

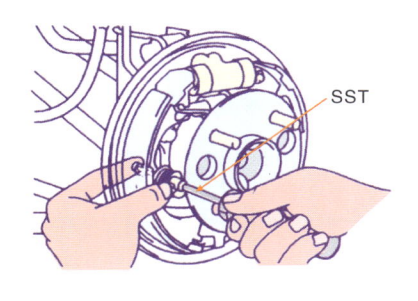

图 3-66 取下定位弹簧和销钉

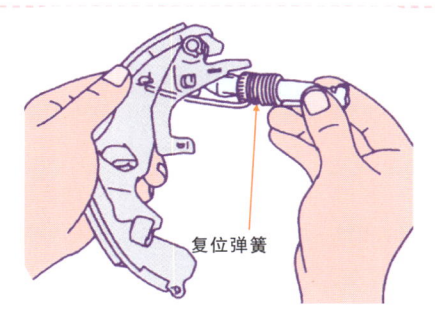

图 3-67 拆下制动自动调整拉杆及弹簧

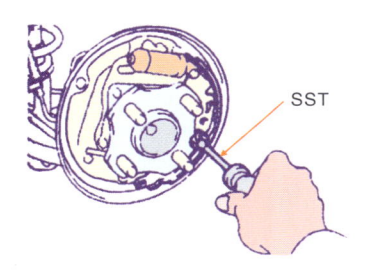

图 3-68 拆卸制动蹄

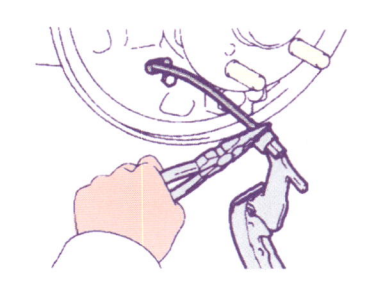

图 3-69 拆卸驻车制动器拉索

① 目视检查制动蹄的摩擦片是否有裂纹、油渍、脱胶等现象。如果制动蹄的摩擦片出现裂纹、脱胶等现象，应更换制动蹄。如果制动蹄摩擦片表面有油渍，应予以清洁。

② 检查制动蹄与制动鼓的接触面积和接触位置，采用画线法检查，如图 3-71 所示。

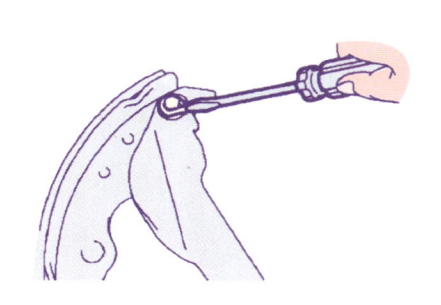

图 3-70 拆卸驻车制动蹄的拉杆附件

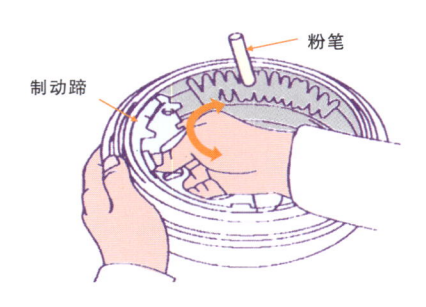

图 3-71 检查接触面积和接触位置

● 用粉笔在制动鼓的摩擦表面上均匀画线。
● 将制动蹄压紧在制动鼓的摩擦表面上，并转动制动蹄。
● 检查制动蹄与制动鼓的接触面积和接触位置。

制动蹄与制动鼓的接触面积和接触位置，应符合规定要求。否则，应进行研磨修理或更换制动蹄。

③ 用直尺或游标卡尺测量制动蹄厚度，如果测量值接近或达到极限值，应更换新件，如图 3-72 所示。制动蹄的标准厚度为 5mm（不含底板），磨损极限值为 2.5mm（不含底板）。

（9）检查制动鼓。

①用汽油、毛刷将制动鼓清理干净。使用汽油刷洗制动鼓时，要佩戴耐油防护手套，保护皮肤不受侵蚀，保持制动鼓洁净，还可以提高测量精度。

②使用制动鼓量规或游标卡尺测量制动鼓的内径。将测量值与规定值进行比较，如果测量值超过规定值的允许范围，应更换制动鼓。

③使用弓形内径百分表，在同一截面的不同方向上测得3~5个制动鼓内径值，然后计算出制动鼓的圆度误差。将测量值与规定值进行比较，如果测量值超过规定值的允许范围，应更换制动鼓。桑塔纳2000GSi型轿车后轮制动鼓的圆度误差应小于或等于0.10mm。

（10）按照拆卸的相反顺序安装后车轮及制动鼓。

（11）检查制动鼓安装质量。

①检查所有零件是否正确安装，如图3-73所示。

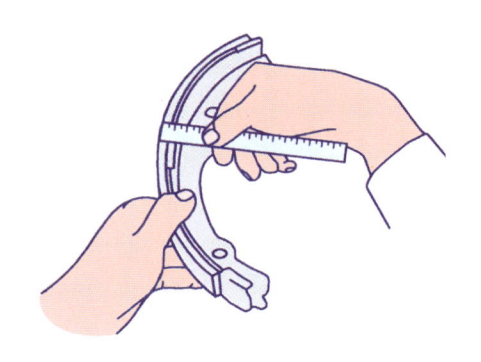

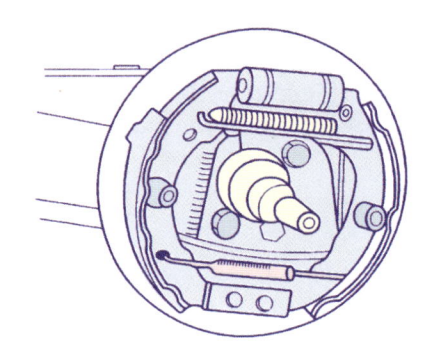

图3-72 测量制动蹄厚度　　　　图3-73 检查所有零件是否正确安装

②测量制动鼓内径和制动蹄的直径，检查两者之差是否符合要求，如图3-74所示。检查制动蹄衬面和制动鼓摩擦面，不能沾有油污或润滑油。

③调整制动蹄片之间的间隙。临时安装2个轮毂螺母，回转调整器8个齿。

（12）安装制动鼓分总成，向储液罐中加注制动液，排出总泵和制动管路中的空气，安装后轮。

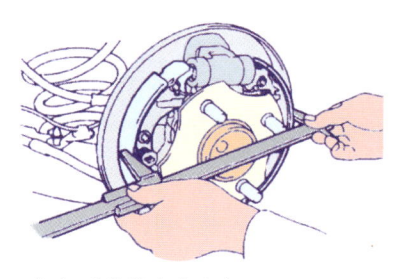

（a）测量制动蹄的直径　　　　（b）测量制动鼓内径

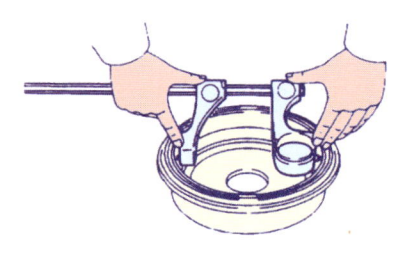

图3-74 检查制动间隙

2. 盘式制动器的检修

1）各部件的检查

（1）制动片的检查。

当制动片过度磨损时，应更换新件，垫块厚度是衬片与制动器垫块本体厚度之和。决不能用砂纸抛光制动器垫块衬片，否则砂纸的硬颗粒会渗入衬片内，可能会损坏制动盘，当制动器衬片需要更换时，应使用新件。如图 3-75 所示为测量制动器垫块的厚度。

◆ 注意：

拆卸制动器垫块时，应观察卡钳上有无制动液泄漏，如有泄漏，应修理。

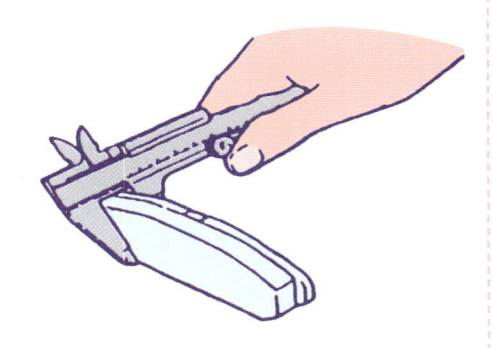

图 3-75 测量制动器垫块的厚度

（2）分泵滑销和卡钳销螺栓的检查。

检查滑销是否能平滑移动，如图 3-76 所示。如发现有损坏，应修理或更换。在滑销和卡钳销螺栓外表面涂抹橡胶润滑脂，橡胶润滑脂的黏度在 -40℃ 条件下基本不受影响。

（3）防尘罩和衬套的检查（图 3-77）。

检查防尘罩和衬套是否有裂纹和损坏，如有损坏，应更换。

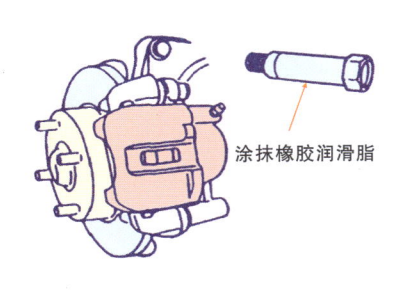

图 3-76 检查滑销是否能平滑移动

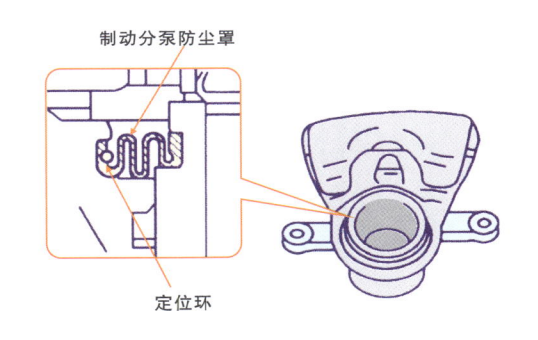

图 3-77 防尘罩的检查

（4）制动盘的检查。

检查制动盘表面的擦痕。制动盘表面有擦痕是正常的，但是当制动盘表面上的擦痕过深或过高时，应更换制动盘。如只有一侧有擦痕，应抛光修理该侧。制动盘厚度的检查如图 3-78 所示。

使用车轮螺母把制动盘对着轮毂固定，然后安装百分表测量制动盘的端面圆跳动，如图 3-79 所示。制动盘偏差极限是 0.10mm。测量前，应检查前车轮轴承是否松动。

2）检查和更换盘式制动器的制动片

（1）检修准备。

①小组共同清洁工位、清点工量具，保持场地、设备、工量具干净、整齐及性能良好。

②安装好车轮挡块，使用空挡和驻车制动。

项目三　汽车制动系统

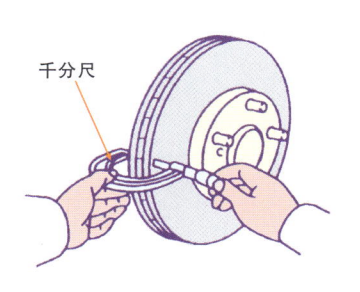

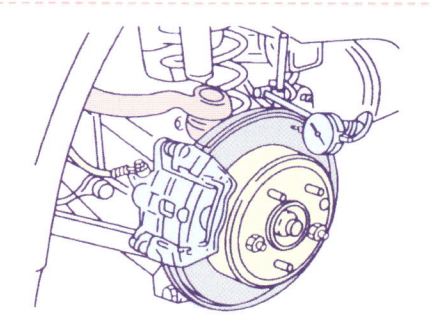

图 3-78　检查制动盘的厚度　　　　　　图 3-79　测量制动盘的端面圆跳动

③安装好前栅格布和翼子板布及护套。
（2）拆卸左前车轮，排出制动液。
（3）拆下前制动轮缸。
①从制动轮缸上拆下接头螺栓和垫圈，拆卸软管，如图 3-80 所示。
②固定制动轮缸滑动销后，拆下紧固螺栓，如图 3-81 所示。

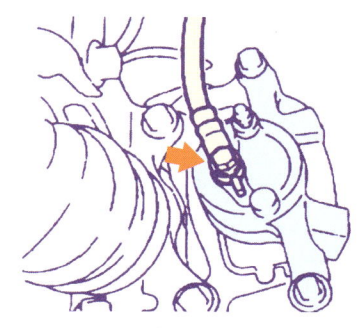

图 3-80　拆卸制动轮缸软管　　　　　　图 3-81　拆下紧固螺栓

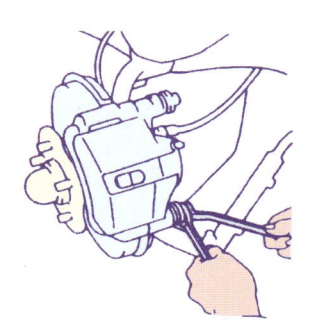

（4）拆下 2 块带消音垫片的制动片（图 3-82）。
（5）拆卸制动轮缸的滑动销。
（6）测量制动片的厚度（图 3-83）。

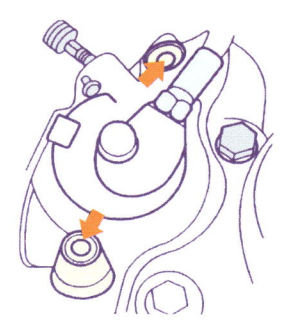

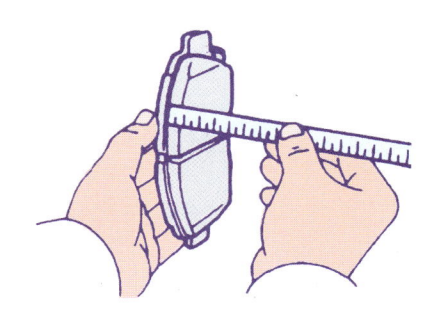

图 3-82　拆下制动片　　　　　　图 3-83　测量制动片的厚度

用游标卡尺测量制动片的厚度。如果接近或达到极限值，应更换新件。标准厚度为14mm，最小厚度为2.5mm。

（7）检查制动磨损指示器钢片。

钢片应有足够的弹性，无变形、破裂或磨损，并清除锈蚀、脏物或其他污染。

（8）检查制动盘厚度。

使用干净的棉纱将前轮制动盘的摩擦表面擦拭干净，用千分尺测量制动盘厚度，标准厚度为20mm，最小厚度为18mm。

（9）拆下制动盘。

在制动盘和轮毂上做记号。

（10）安装制动盘。

选择制动盘摆动量最小的位置进行安装，检查制动盘摆动量。

①临时紧固制动盘，紧固力矩为103N·m。

②使用干净的棉纱将前轮制动盘摩擦表面擦拭干净。

③将百分表表座吸附在转向节的适当位置，测量制动盘端面圆跳动量。桑塔纳2000GSi型轿车前轮制动器制动盘端面圆跳动量应不超过0.06mm，如果制动盘的端面圆跳动量接近或超过允许值，应更换。

◆注意：

安装盘式制动器时应注意以下几点：一是在安装前，应用与主缸储液器内相同的液体把每个元件清洗干净，决不能用其他的液体或稀释剂；二是在把活塞和活塞密封件安装到泵上以前，应在活塞和活塞密封件上涂抹制动液；三是在重新组装好制动管后，应进行排气操作。

（11）按拆卸的相反顺序装配左右前轮及制动器。

（12）结束工作。

取下驾驶室内的保护罩、翼子板上的护裙，擦拭发动机装饰罩，拆除护裙，关闭发动机罩，清理工具和仪器，清洁地面。

◆注意：

作业项目完成后，要做好工位的清洁、清理、清扫、整理和整顿工作，培养良好的工作习惯。

3）卡钳总成的维修

（1）在分解制动卡钳之前，用制动液清洁卡钳四周，从卡钳上拆下液压塞罩的定位环和防尘罩，用平片式工具撬脱，注意不能损坏防尘罩，如图3-84所示。

（2）通过装配软管的螺栓孔将压缩空气注入泵内。在空气压力的作用下，活塞能从泵内被推出，如图3-85所示。不能注入太大压力的压缩空气，否则会导致活塞与泵脱离，应用中等压力的压缩空气缓缓推出活塞。使用压缩空气时，不能把手指放在活塞前面。

（3）使用厚薄规等薄刀片工具拆下活塞密封件，如图3-86所示，注意不能损坏泵内壁（镗孔内侧）。

（4）检查分泵防尘罩是否有破裂、裂纹和损坏，如有损坏，应及时更换，如图3-87所示。

（5）检查活塞密封圈（图3-88）。制动垫块衬片过度磨损或磨损不均都可能是活塞回位不平滑导致的。在这种情况下，应更换活塞密封圈。

项目三　汽车制动系统

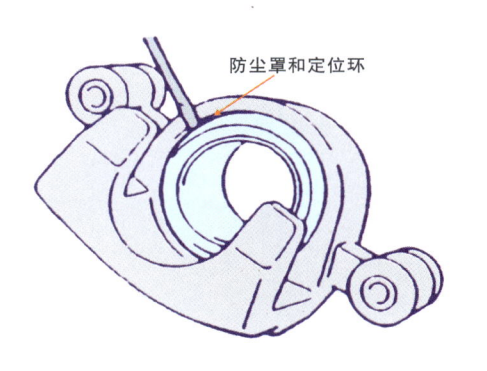

图 3-84　拆下液压塞罩的定位环和防尘罩

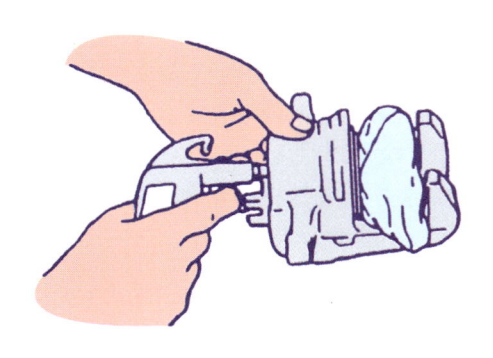

图 3-85　拆卸制动活塞

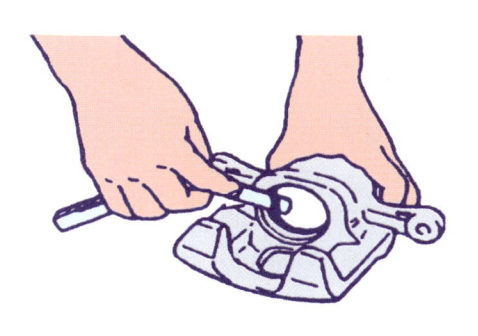

图 3-86　拆下活塞密封件

图 3-87　检查分泵防尘罩

（6）安装活塞密封件。活塞密封件用于密封活塞及泵，并用于调节摩擦块和制动盘之间的间隙，每次大修时应更换新件。应把活塞密封件装入泵槽内，注意不能扭曲。

（7）安装活塞及防尘罩。

①在把活塞插入泵内之前，把防尘罩安装到活塞上，如图 3-89 所示。

图 3-88　检查活塞密封圈

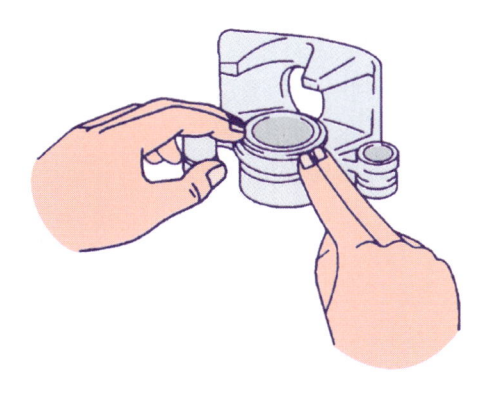

图 3-89　安装防尘罩

②用手指将防尘罩按入泵槽内，如图3-90所示。
③用手将活塞插入泵内，把防尘罩装入活塞防尘罩槽内，如图3-91所示。

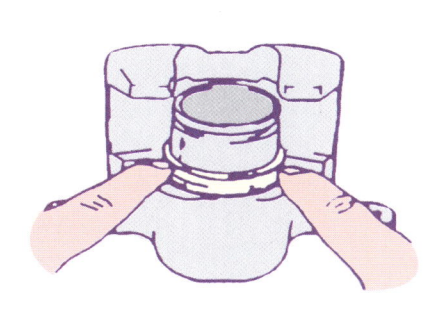

图3-90　安装防尘罩到泵槽内

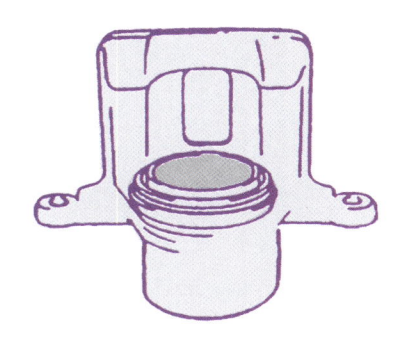

图3-91　安装活塞

④为保证防尘罩准确装入泵槽内，应把活塞从泵内拉出少许，但不能全部拉出。防尘罩的B面应与泵的A面在同一高度，如图3-92所示。
⑤用手把活塞插入泵内，安装防尘罩定位环并固定。

（8）安装卡钳。在把卡钳（泵体）装到托架上之前，应确保卡钳能在插入方向平滑移动，如图3-93所示。在气温低至-30℃的寒冷条件下，应使用橡胶润滑脂，因为它的黏度变化非常小。

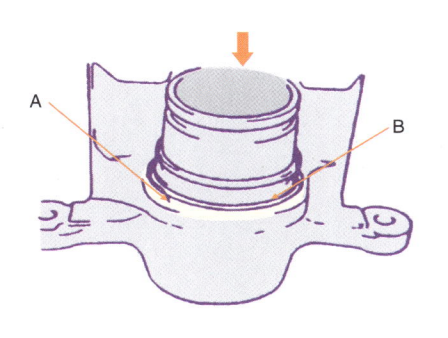

图3-92　检查防尘罩的安装位置

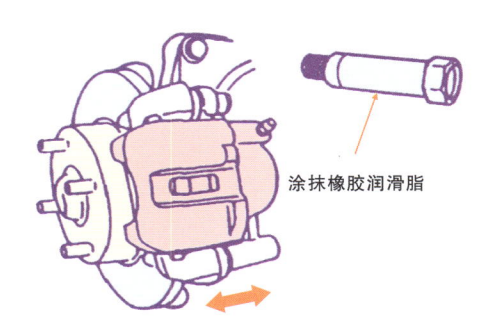

图3-93　安装卡钳

（9）安装卡钳总成。
①把卡钳和软管连接起来。
②给卡钳销螺栓和滑动销涂抹润滑脂，然后把卡钳装到卡钳托架上。
③按规定力矩拧紧卡钳销螺栓，如图3-94所示，确保防尘罩牢固装入槽内，拧紧力矩（a）为85N·m。
④按规定力矩拧紧油管接头螺栓，如图3-95所示。

项目三　汽车制动系统

◆ 注意：

拧紧接头螺栓时，软管不能扭曲，否则应重新连接。把E形环装入支柱并固定。拧紧力矩（b）为16 N·m。

（10）安装好后，将制动液加入储液器中，并从制动系统内排出空气，执行制动试验并检查是否漏油。

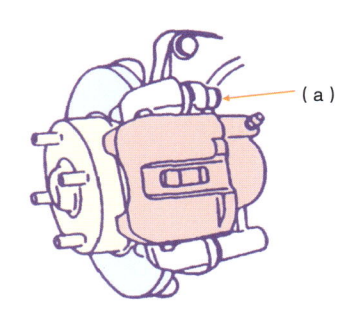

图 3-94　紧固卡钳销螺栓

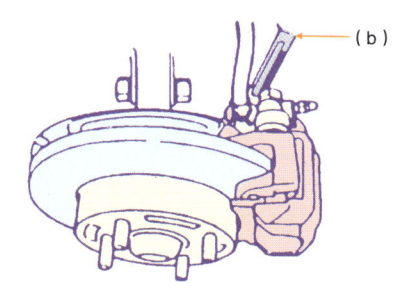

图 3-95　拧紧油管接头螺栓

任务二 车轮制动器

任务实践

1. 实践名称

制动器的检测。

2. 实践准备

实训车辆、举升机或千斤顶、百分表、千分尺、游标卡尺、常用工具等。

3. 实践要求与注意事项

（1）明确操作规范和职责范围，预防潜在危险。
（2）实践操作过程中保持场地卫生及安全，不嬉戏打闹。
（3）在使用举升机的过程中应上好保险后再开始工作。
（4）使用维修手册时，要注意避免破损，手册与使用车型相对应。

4. 操作步骤及检修

1）鼓式制动器的检修

（1）检查制动鼓。

可用敲击法、直观法等检查制动鼓是否出现裂纹，鼓内壁工作面应无明显的沟槽，如沟槽深度大于0.50mm，应对制动鼓工作面进行镗削加工修复。你的检查结果是_____，处理措施是_____。

用带有专用架的百分表或弓形内径百分表检查工作面的磨损情况（图3-96）。当圆度和圆柱度误差大于0.15mm，以及工作表面与轮毂轴承中心线的同轴度误差大于0.50mm时，应对制动鼓工作面镗削加工修复。你的检查结果是_____，处理措施是_____。

内表面磨损不能超过规定值

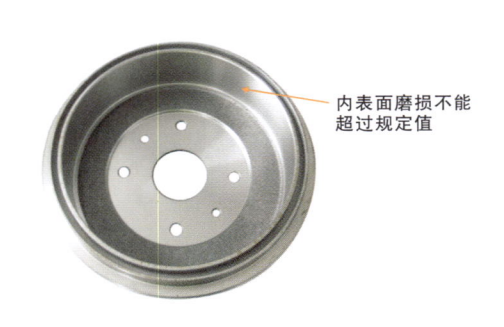

图3-96 制动鼓的检查

镗削后，制动鼓工作面的几何形状相对位置和表面粗糙度应符合要求。同一轴上左右两制动鼓的内径差应小于或等于1mm。镗削修复后的制动鼓内径不能超过规定值修复尺寸的极限值：大货车为6mm，小货车为4mm，轿车为2mm。

（2）检查制动蹄（图3-97）。

检查制动蹄片是否有油污、起槽、爆裂和硬化现象。你的检查结果是_____，处理措施是_____。制动衬片厚度磨损应小于或等于1/3（衬片厚度减小的允许值为0.8~2mm）。

项目三　汽车制动系统

刹车皮的铆钉不能松动，钉头离工作面大于 10.5mm，刹车鼓与刹车皮的接触面积大于 50%，贴合良好，鼓与皮之间的间隙小于或等于 0.12mm，而且两头接触、中间不接触。你的检查结果是_____，处理措施是_____。

制动蹄轴承孔衬套与支承销配合间隙为 0.07~0.17mm。制动凸轮轴与座的配合间隙小于或等于 0.30mm。你的检查结果是_____，处理措施是_____。

（3）检查后制动蹄衬片（摩擦片）厚度。

用卡尺测量后制动蹄衬片（摩擦片）的厚度，标准值为 5mm，使用极限为 2.5mm。其铆钉头与摩擦片表面的距离不得小于 1mm，以免铆钉头刮伤制动鼓内表面。在未拆下车轮时，后制动蹄摩擦片的厚度可以从制动底板的观察孔中检查，如图 3-98 所示。你的检查结果是_____，处理措施是_____。

图 3-97　制动蹄的检查

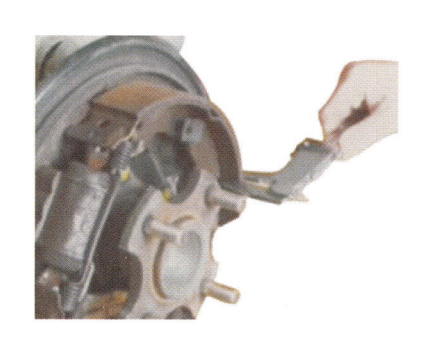

图 3-98　制动蹄摩擦片的检查

2）盘式制动器的检修

（1）检查制动盘。

检查制动盘跳动量，如图 3-99 所示。你的检查结果是_____，处理措施是_____，

用游标卡尺测量制动盘的厚度，若厚度超过极限值，必须更换新件，如图 3-100 所示。你的检测结果是_____，处理措施是_____，

图 3-99　检查制动盘跳动量

图 3-100　用游标卡尺测量制动盘的厚度

（2）检测制动片厚度（图3-101）。

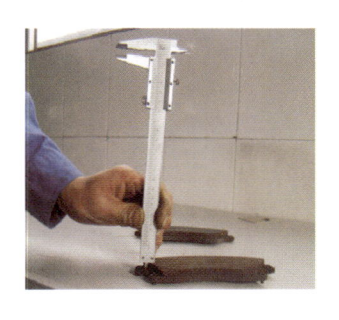

若制动片已拆下，可直接用直尺或游标卡尺测量。若制动片厚度小于使用限值或磨损不均，应更换。在未拆下时，外制动衬片可通过轮辐上的孔检查其厚度，或者拆下车轮后检查。你的检测结果是＿＿＿＿＿＿，处理措施是＿＿＿＿＿＿。

图3-101　检测制动片厚度

5. 实践总结

项目三 汽车制动系统

任务练习

一、填空题

1. 摩擦制动器可分为 _____ 和 _____ 两大类。大部分汽车采用 _____ 制动器，高级轿车的前后轮都采用 _____。
2. 鼓式制动器主要由 _____、_____、_____、_____ 等组成。
3. _____ 的制动鼓 _____ 就是制动装置产生 _____ 的位置。在获得相同制动力矩的情况下，_____ 的制动鼓直径可以比 _____ 的制动盘 _____。
4. 盘式制动器是以静止的 _____ 夹住随车轮转动的 _____ 以产生摩擦力，使车轮 _____ 降低的制动装置。

二、判断题

1. 地面制动力的最大值等于制动器制动力。（   ）
2. 双向双领蹄式制动器在汽车前进或后退时，制动力几乎相等。（   ）
3. 双领蹄式和双向双领蹄式制动器属于平衡式车轮制动器。（   ）
4. 最佳的制动状态是车轮完全被抱死而发生滑移。（   ）

三、选择题

1. 下列（   ）制动器是非平衡式制动器。
   A. 领从蹄式   B. 单向双领蹄式
   C. 双向双领蹄式   D. 双从蹄式

2. 盘式制动器摩擦块的磨损极限值为（   ）。
   A.5mm   B.6mm
   C.7mm   D.8mm

3. 制动器缓慢拖滞转动的原因可能是（   ）。
   A. 系统内空气过量   B. 制动轮缸或制动钳活塞被卡住
   C. 制动踏板回位弹簧拉力过大   D. 制动蹄片磨损量过大

四、问答题

1. 简述盘式制动器与鼓式制动器的优缺点。
2. 简述鼓式制动器和盘式制动器的检修方法。

任务三 制动传动装置

任务目标

完成本学习任务后，学生在基础知识和基本技能方面应达到以下要求。

- 知识目标

（1）熟知制动传动装置的组成。
（2）熟知传动管路的布置形式。
（3）熟知制动主缸的工作原理。
（4）掌握液压制动传动装置的拆装方法。

- 能力目标

（1）能够对制动系统进行排气。
（2）能够对制动传动装置进行拆装、检查。

任务引入

制动传动装置将驾驶员或其他动力源的作用力传到制动器，同时控制制动器的工作，从而获得所需要的制动力矩。目前，中小型汽车尤其是轿车均采用液压制动传动装置，并带有真空助力装置。下面进入制动传动装置的学习。

项目三 汽车制动系统

相关知识

一、液压制动传动装置的组成

液压制动传动装置利用特制油液作为传力介质,将制动踏板力转换为油液压力,并通过管路传至车轮制动器,再将油液压力转变为制动蹄张开的推力。

制动时,驾驶员踩下制动踏板,通过助力器助力后,使主缸内的活塞移动,将制动液自主缸内压出,并经管路分别进入前、后轮制动轮缸内,使轮缸活塞移动,从而将制动蹄压靠在制动鼓、制动盘上,产生制动作用。解除制动时,驾驶员放松制动踏板,制动蹄和轮缸活塞在回位弹簧的作用下回位,将制动液压回制动主缸,解除制动作用。

液压制动传动装置主要由制动踏板、推杆、真空助力器、储液罐、制动主缸、制动轮缸、管路、接头等组成,如图 3-102 所示。

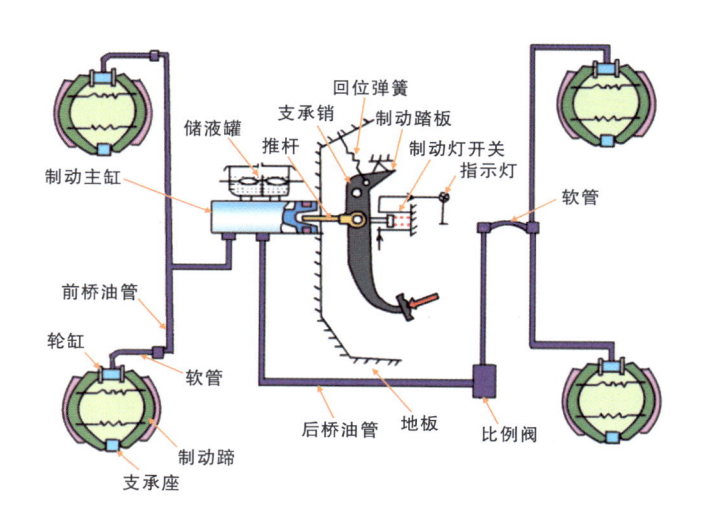

图 3-102 液压制动传动装置的组成

1. 管路布置

液压制动传动装置常见的布置形式有单管路和双管路两种。

1)单管路液压制动传动装置

单管路是利用一个制动主缸,通过一套相互连通的管路控制全车制动器。若传动装置中一处漏油,会使整个制动系统失效。目前已经很少采用这种形式。

2)双管路液压制动传动装置

双管路是利用两个彼此独立的液压系统。当一个液压系统发生故障时,另一个液压系统仍然正常工作，从而提高了汽车制动的可靠性和安全性。现代汽车都采用双管路液压制动传动装置。

常见的双管路液压制动传动装置的布置形式有 H 形、X 形和双 T 形等，如图 3-103~图 3-105 所示。

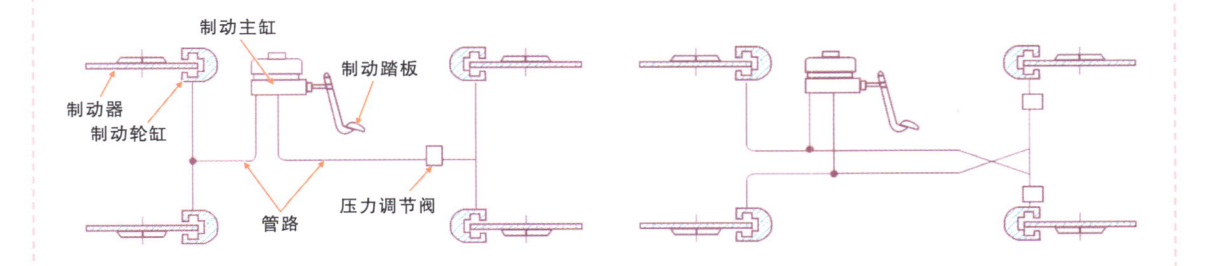

图 3-103　H 形布置

图 3-104　X 形布置

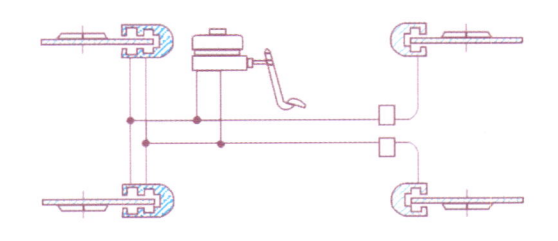

图 3-105　双 T 形布置

（1）H 形布置。

H 形布置是两前轮共用一条管路，两后轮共用另一条管路。当前轮管路出现故障时，整车的制动力大幅降低，故不能用于轿车，一般用于载重汽车。

（2）X 形布置。

X 形布置是对角线上的前、后轮共用一条管路。当任意一条管路出现故障时，都有一前轮和一后轮承担制动作用，制动力都减少一半。但由于制动力对汽车质心的力矩作用，制动时汽车易跑偏。

（3）双 T 形布置。

为了充分利用前轮的制动作用，双 T 形布置采用两前轮和一后轮共用一条管路，每个前轮的两条管路是独立的。为此，前轮制动轮缸采用双腔结构。当任一管路出现故障时，都有两前轮和一后轮产生制动作用，制动效能较高。但制动系统结构复杂，成本较高。

2. 制动主缸

制动主缸的作用是将制动踏板的机械能转换成液压能。双管路液压制动传动装置的制动主缸，一般采用串联双腔或并联双腔制动主缸。

串联双腔制动主缸相当于两个单腔制动主缸串联在一起，如图 3-106 图 3-108 所示。主缸内有两个活塞，后活塞右端连接推杆，前活塞位于缸筒中间，将主缸内腔分成两个腔，两腔分别与前、后两条液压管路相通，经管路通往前、后制动轮缸。储液罐分别向前、后腔室供给制动液。

项目三 汽车制动系统

每个腔室都有各种回位件、密封件和复合阀等。

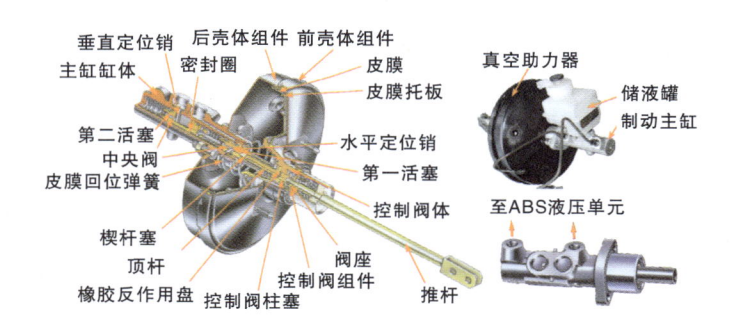

图 3-106　带真空助力器的串联双腔制动主缸结构图

◆ 工作原理

踏下制动踏板，主缸中的推杆向前移动，使皮碗掩盖住储液罐进油口，此腔液压升高。在后腔液压和后腔弹簧力的作用下，推动前活塞向前移动，前腔压力也随之提高，前、后腔的制动液经管路通往前、后制动轮缸，使前、后轮制动器制动。

松开制动踏板，主缸前、后腔活塞和轮缸活塞在弹簧作用下回位，管路中的制动液借其压力推开回油阀流回主缸，于是解除制动。活塞回位过快时，工作腔容积迅速增大，油压迅速降低。制动管路中的油液由于管路阻力的影响，来不及充分流回工作腔，使工作腔形成一定的真空度。于是，储液罐中的油液便经进油口和活塞上的小孔推开皮碗进入工作腔。当活塞完全回位时，补偿孔开放，制动管路中流回工作腔的多余油液经补偿孔流回储液罐。

图 3-107　串联双腔制动主缸实物图

若与前腔连接的制动管路损坏漏油，则在踩下制动踏板时，只有后腔中能建立液压，前腔中无压力。此时，在液压差作用下，前活塞迅速前移到前缸活塞前端顶到主缸缸体上。此后，后缸工作腔中的液压方能升高到制动所需的值。

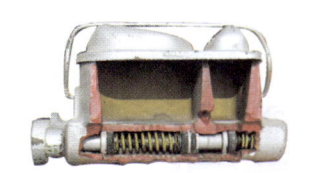

图 3-108　串联双腔制动主缸结构示意图

若与后腔连接的制动管路损坏漏油，则在踩下制动踏板时，起先只是后缸活塞前移，而不能推动前活塞，原因是后缸工作腔中不能建立液压。但在后缸活塞直接顶触前活塞时，前活塞前移，使前缸工作腔建立必要的液压而制动。

由此可见，双管路液压制动系统中任一管路失效时，主缸仍能工作，只是所需踏板行程增大，导致汽车的制动距离增长，制动效能降低。

3. 制动轮缸

制动轮缸装在制动器中，作用是将液压力转变为使制动蹄张开或压紧的机械促动力。轮缸是精度高而光洁的直筒。因制动器形式不同，轮缸的数目和形式各异，常见的有双活塞式、单活塞式、阶梯式等。

双活塞式制动轮缸分解图如图 3-109 所示。

4. 真空助力器

真空助力器固定在制动踏板前方。踏板推杆与制动踏板杠杆连接，后端以螺栓与制动主缸相连接，真空助力器中心的推杆顶在制动主缸的第一活塞杆上。因此，真空助力器在制动踏板与制动主缸之间起助力作用。真空助力器在车上的安装位置如图 3-110 所示。

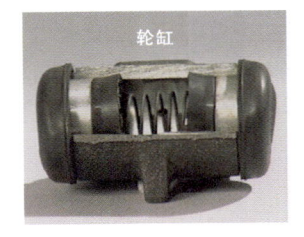

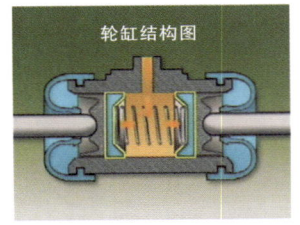

图 3-109　双活塞式制动轮缸分解图

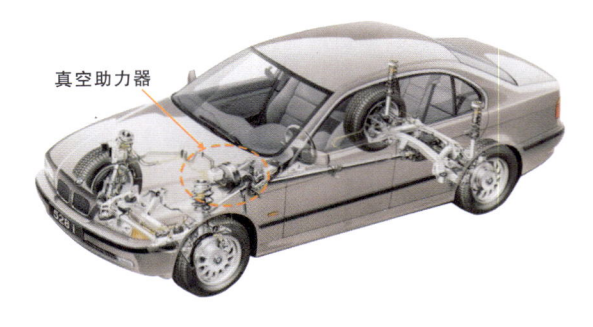

图 3-110　真空助力器在车上的安装位置

◆ **工作原理**

真空助力器结构图如图 3-111 所示。在真空助力器中，由膜片座将气室分为加力气室前腔和加力气室后腔。前腔经过管接头和进气管相通，制动时利用发动机进气管真空度的吸力作用产生助力。膜片座的前端用橡胶反作用盘与踏板推杆相连，橡胶反作用盘的弹力与脚感压力相当，橡胶反作用盘的后部装有空气阀，空气阀的开度与橡胶反作用盘的弹力（也就是踏板力）相当，踏板力大，反作用力大，阀门开度大，真空加力作用大；反之，踏板力小，真空加力作用小。当

项目三　汽车制动系统

发动机熄火或真空管路漏气时，真空助力器不起助力作用，踏板推杆通过空气阀直接推动膜片座和制动主缸推杆动作，直接作用在制动主缸的第一活塞杆上，产生制动作用。由于此时无助力，制动力靠踏板压力产生。

当发动机工作时，真空助力器起作用。制动时，踏下制动踏板，踏板推杆和空气阀向前推，压缩橡胶反作用盘消除间隙，推动制动主缸推杆向前移，使制动主缸压力升高并传至各制动器，此时动力由驾驶员给出；同时，真空阀和空气阀起作用，空气推动膜片座前移，产生助力作用，助力由进气管真空度和空气压力差决定。强力制动时，踏板力可直接作用在踏板推杆上并传至制动主缸推杆上，真空助力与踏板力同时起作用，强力建立制动主缸压力；维持制动时，踏板可停留在踏下的某个位置，真空助力起作用，维持制动作用。

解除制动时，放松制动踏板，真空助力器恢复原始位置，等待下一次制动的到来。

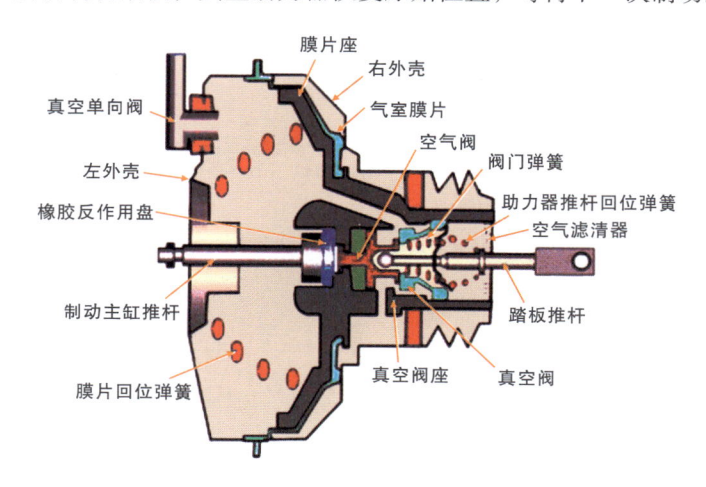

图 3-111　真空助力器结构图

二、制动传动装置的拆装

1. 制动传动装置的拆卸

（1）车辆入位，打开发动机舱盖，安装防护垫，如图 3-112 所示。
（2）断开电源，解开发动机冷却液副水箱卡扣，如图 3-113 所示。
（3）拆下发动机冷却液副水箱，如图 3-114 所示。

图 3-112　安装防护垫　　　　图 3-113　解开卡扣

（4）取下制动液液位传感器插头，如图3-115所示。

图3-114　拆下发动机冷却液副水箱

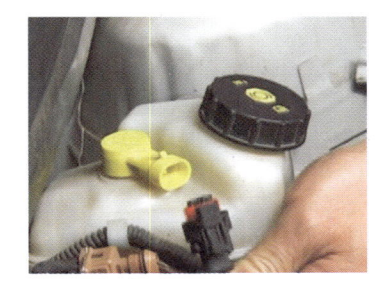

图3-115　取下制动液液位传感器插头

（5）吸出储液罐内的制动液，如图3-116所示。
（6）拆下制动总泵前后的制动管，如图3-117所示。

图3-116　吸出储液罐内的制动液

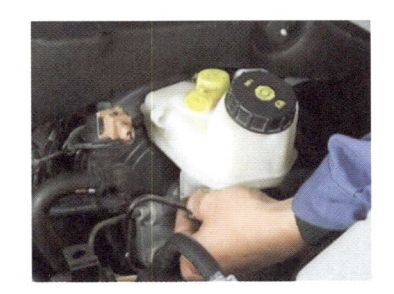

图3-117　拆下制动总泵前后的制动管

（7）取下制动总泵与助力泵固定螺母，如图3-118所示。
（8）取出带储液罐的制动总泵，如图3-119所示。

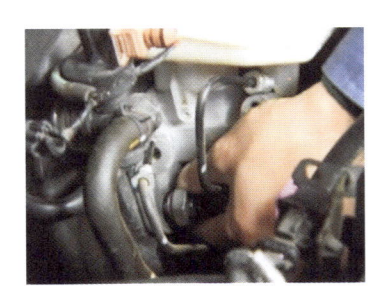

图3-118　取下固定螺母

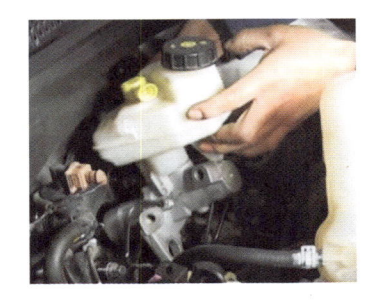

图3-119　取出制动总泵

（9）拆卸ABS泵线束插头，如图3-120所示。
（10）拧松ABS泵各制动管的接头螺母，取下各制动管，如图3-121和图3-122所示。
（11）取下ABS泵固定支架，如图3-123所示。
（12）拔出真空助力阀压力传感器线束插头，如图3-124所示。
（13）从助力器上拆下助力器真空管，如图3-125所示。

项目三　汽车制动系统

图 3-120　拆下 ABS 泵线束插头

图 3-121　拧松接头螺母

图 3-122　取下各制动管

图 3-123　取下 ABS 泵固定支架

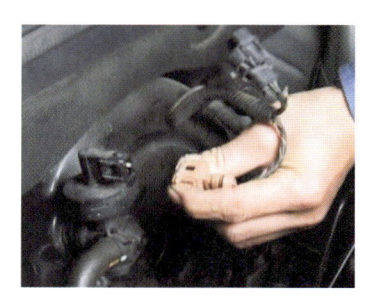

图 3-124　拔出传感器线束插头

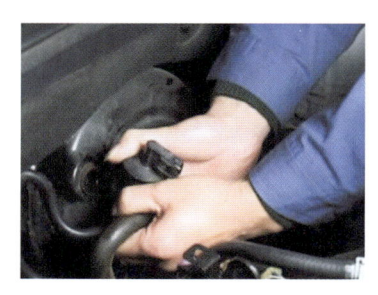

图 3-125　拆下助力器真空管

（14）松开紧固螺栓（图 3-126），将制动踏板杆从制动踏板上断开，取下真空助力器（图 3-127）。

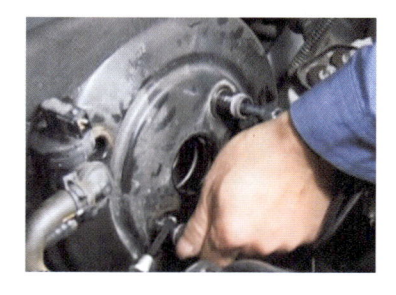

图 3-126　松开紧固螺栓

图 3-127　取下真空助力器

2. 制动传动装置的安装

按照拆卸过程的相反顺序安装。

任务三 制动传动装置

任务实践

1. 实践名称

制动液的添加与更换。

2. 实践准备

实训车辆、制动液、软管、制动液回收罐、智能检测仪器、常用拆装工具等。

3. 实践要求与注意事项

（1）明确操作规范和职责范围，预防潜在危险。
（2）实践操作过程中保持场地卫生及安全，不嬉戏打闹。
（3）在使用举升机的过程中应上好保险后再开始工作。
（4）使用维修手册时，要注意避免破损，手册与使用车型相对应。

4. 操作步骤及检修

1）检查储液罐中的制动液液位

如图 3-128 所示，如果制动液液位低于"MIN"线，应检查是否泄漏，并检查盘式制动器衬块。如有泄漏，应在维修或更换后重新向储液罐中加注制动液。你检测的结果是 _____，处理措施是 _____。

2）更换或添加制动液

在更换制动系统中的制动液后或怀疑制动管路中有空气时，应对制动系统进行排气，排气步骤如下。

◆ 注意：

对制动系统进行排气前，将换挡杆移至 P 位置并拉紧驻车制动器；对制动系统进行排气的同时，添加制动液，使储液罐的液面保持在"MIN"和"MAX"线之间；如果制动液泄漏到任何涂漆表面上，应立即将其清洗干净。

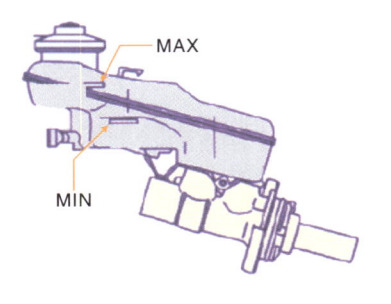

图 3-128　检查制动液液位

（1）拆卸中间前围板上通风栅板。
①如图 3-129 所示，滑动发动机盖，脱开卡子。
②松开固定卡扣并拆下中间前围板上通风栅板，如图 3-130 所示。
（2）给储液罐加注制动液，如图 3-131 所示。
（3）对制动主缸进行排气。

项目三 汽车制动系统

图 3-129 滑动发动机盖

图 3-130 松开固定卡扣

◆ 注意：

如果主缸重新安装过或储液罐变空，则要对主缸进行排气；用抹布或布片盖在涂漆表面上，以防沾上制动液。

①用连接螺母扳手从主缸上断开 2 个制动管路，如图 3-132 所示。

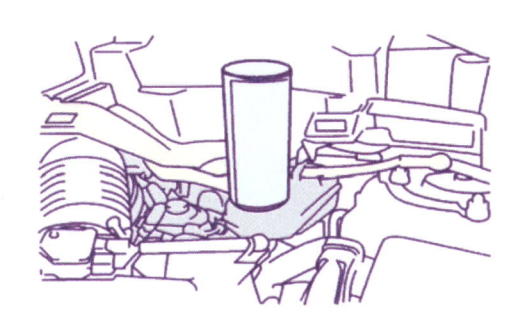

图 3-131 加注制动液

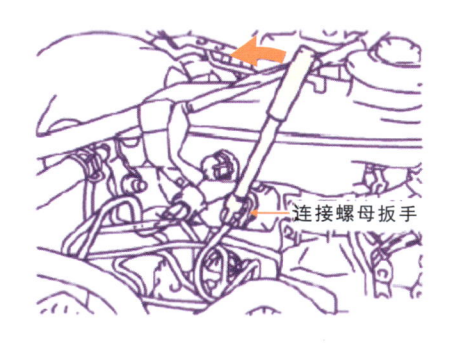

图 3-132 断开制动管路

②缓慢踩下制动踏板并保持，如图 3-133 所示。
③用手指堵住 2 个外孔，并松开制动踏板，如图 3-134 所示。

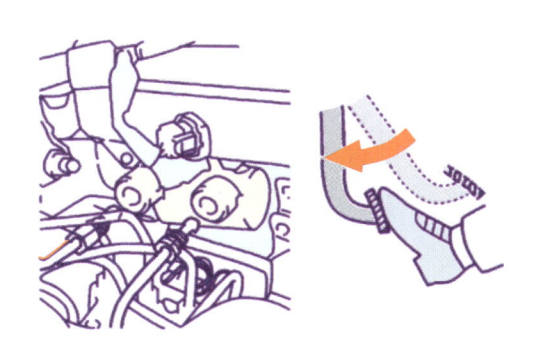

图 3-133 踩下制动踏板并保持

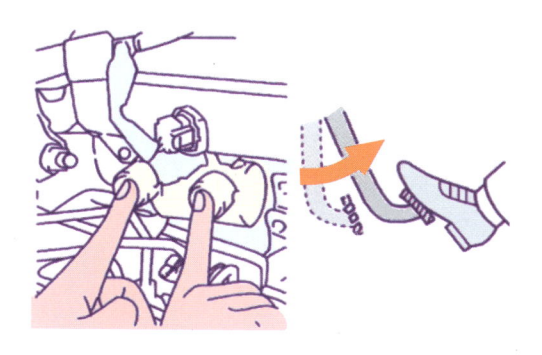

图 3-134 堵住外孔并松开制动踏板

④重复前两个步骤3~4次。

⑤用连接螺母扳手将2个制动管路连接至主缸，如图3-135所示。力矩：不使用连接螺母扳手时为15N·m，使用连接螺母扳手时为14N·m。

◆注意：

使用力臂长度为250mm的扭力扳手；当连接螺母扳手与扭力扳手平行时，力矩值有效。

（4）对制动管路进行排气。

①将塑料管连接至排气螺塞。

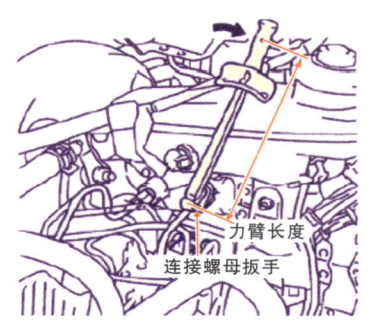

图3-135 连接制动管路至主缸

②如图3-136所示，踩下制动踏板数次，然后踩住踏板，松开排气螺塞。

③制动液不再溢出时，紧固排气螺塞，然后松开制动踏板，如图3-137所示。

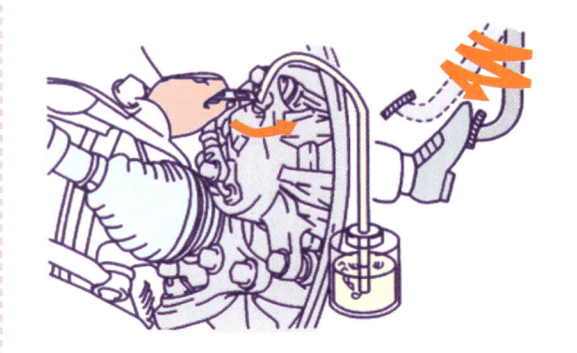

图3-136 踩下制动踏板　　　　图3-137 松开制动踏板

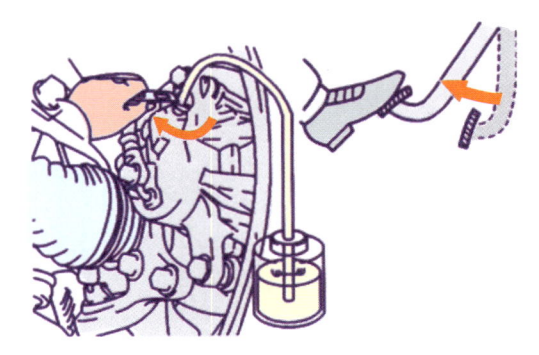

④重复步骤②和步骤③，直至制动液中的气体完全排出。

⑤完全紧固排气螺塞。力矩：前排气螺塞为8.3N·m，后排气螺塞为10N·m。

⑥对每个车轮均重复上述程序，从而对制动管路进行排气。

◆注意：

应先对离主缸最远的车轮的制动管路进行排气；对制动系统进行排气的同时，添加制动液，使储液罐的液面保持在"MIN"和"MAX"线之间。

（5）制动器执行器排气。

制动系统排气后，如果不能获得制动踏板的规定高度或触感，则按以下步骤用智能检测仪对制动器执行器总成进行排气。

①将点火开关置于"OFF"位置，踩下制动踏板20次以上。

②将智能检测仪连接到诊断座上，然后将点火开关置于"ON（IG）"位置，不要启动发动机。

③接通智能检测仪并在屏幕上选择"AIR BLEEDING"，更多详细信息请参考智能检测仪操作手册；按照智能检测仪显示的步骤进行排气。

④根据智能检测仪显示屏上的"Step1：Increase"进行排气。对制动系统进行排气的同时，应及时添加制动液，使储液罐的液面保持在"MIN"和"MAX"线之间。

187

●将塑料管连接至任意一个排气螺塞。
●踩下制动踏板数次，然后踩住制动踏板，松开连接在塑料管上的排气螺塞，如图3-136所示。
●制动液不再溢出时，紧固排气螺塞，然后松开制动踏板，如图3-137所示。
●重复前面两个操作步骤，直至制动液中的气体完全排出。
●完全紧固排气螺塞。力矩：前排气螺塞为8.3N·m，后排气螺塞为10N·m。
●对其余车轮重复上述步骤，以排出制动管路中的空气。

⑤根据智能检测仪显示屏上的"Step2：Inhalation"对吸液管路进行排气。对制动系统进行排气的同时，应及时添加制动液，使储液罐的液面保持在"MIN"和"MAX"线之间。

●在右前轮或右后轮的排气螺塞上连接一根塑料管，然后松开排气螺塞。
●用智能检测仪对制动器执行器总成进行排气，如图3-138所示。在此步骤中务必要松开制动踏板，执行器操作在4s内自动停止。
●参考智能检测仪显示屏，检查并确认执行器操作已停止并紧固排气螺塞，如图3-139所示。
●重复前面两个操作步骤，直至制动液中的气体完全排出。

图3-138　制动器执行器排气　　　　图3-139　紧固排气螺塞

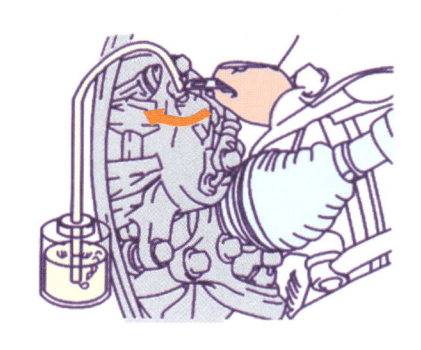

●完全紧固排气螺塞。力矩为8.3N·m。
●按上述步骤对其余车轮进行排气。力矩：前排气螺塞为8.3N·m，后排气螺塞为10N·m。

⑥根据智能检测仪显示屏上的"Step3：Decrease"对减压管路进行排气。对制动系统进行排气的同时，应及时添加制动液，使储液罐的液面保持在"MIN"和"MAX"线之间。

●将塑料管连接至任意一个排气螺塞。
●松开排气螺塞。
●保持制动踏板完全踩下，用智能检测仪操作制动器执行器总成，如图3-140所示。

◆注意：

执行器操作在4s内自动停止，连续执行该程序时，至少需要20s的时间间隔；操作完成后，制动踏板会稍微下降，这是电磁阀打开时的正常现象；执行该程序期间，踏板会显得沉重，但仍应完全踩下，使制动液能够从排气螺塞流出；禁止反复踩下和松开踏板。

●紧固排气螺塞，然后松开制动踏板。
●重复前三个操作步骤，直至制动液中的气体全部排出。

● 完全紧固排气螺塞。力矩：前排气螺塞为 8.3N·m，后排气螺塞为 10N·m。

● 对其余制动器重复上述步骤，以排出制动管路中的空气。

⑦根据智能检测仪显示屏上的"Step4: Increase"再次对制动管路进行排气。对制动系统进行排气的同时，应及时添加制动液，使储液罐的液面保持在"MIN"和"MAX"线之间。

● 将塑料管连接至任意一个排气螺塞。

● 踩下制动踏板数次，然后踩住制动踏板，松开连接在塑料管上的排气螺塞。

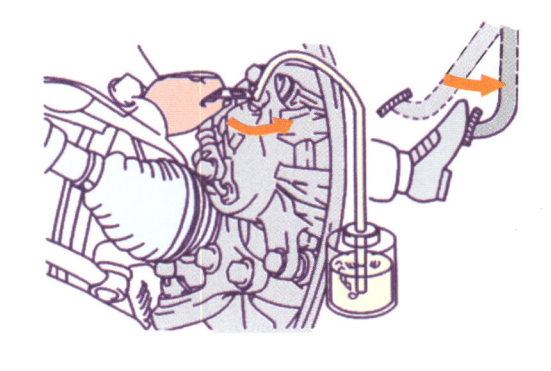

图 3-140 制动管路排气

● 制动液不再溢出时，紧固排气螺塞，然后松开制动踏板。

● 重复前两个操作步骤，直至制动液中的气体完全排出。

● 完全紧固排气螺塞。力矩：前排气螺塞为 8.3N·m，后排气螺塞为 10N·m。

● 对每个制动器均重复上述程序，从而对制动管路进行排气。

⑧完成智能检测仪上的"AIR BLEEDING"操作后关闭检测仪。

⑨从汽车诊断座上断开智能检测仪，将点火开关置于"OFF"位置。

（6）检查制动液是否泄漏。检查制动液液位，如有必要，可添加制动液。如果制动液泄漏，应紧固或更换漏液部件。

（7）接合 5 个固定卡扣并安装中间前围板上通风栅板，推动并接合发动机盖至前围上板密封卡子，如图 3-141 所示。

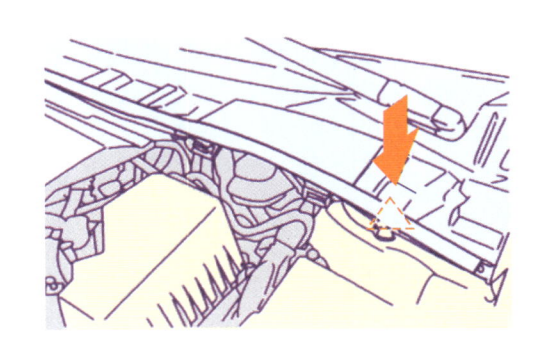

图 3-141 接合发动机盖至前围上板密封卡子

5. 实践总结

项目三 汽车制动系统

任务练习

一、填空题

1. 液压制动传动装置常见的布置形式有 _____ 和 _____ 两种。
2. 制动主缸的作用是将制动踏板的 _____ 转换成 _____。双管路液压制动传动装置一般采用 _____ 制动主缸。
3. 在 _____ 中，由 _____ 将气室分为 _____ 和 _____。
4. _____ 装在制动器中，作用是将 _____ 转变为使制动蹄张开或压紧的 _____。

二、判断题

1. 液压制动主缸的补偿孔和通气孔堵塞，会造成制动不灵。　　　　　　　　　（　　）
2. 液压制动最好没有自由行程。　　　　　　　　　　　　　　　　　　　　　（　　）
3. 制动踏板自由行程过大，会造成制动不灵。　　　　　　　　　　　　　　　（　　）
4. 液压制动传动机构传动比就是制动轮缸直径与制动主缸直径之比。　　　　　（　　）
5. 采用双管路制动传动装置，无论液压式或气压式都是前轮先制动，后轮后制动。（　　）

三、选择题

1. 在不制动时，液压制动系统中制动主缸与制动轮缸的油压是（　　）。
   A. 主缸高于轮缸　　　　　　　　　　　　B. 主缸与轮缸相等
   C. 轮缸高于主缸　　　　　　　　　　　　D. 不确定

2. 甲说，制动踏板的行程过大可能是制动液液面过低造成的；乙说，制动踏板的行程过大可能是液压系统内混入空气造成的。这两种说法（　　）。
   A. 只有甲正确　　　　　　　　　　　　　B. 只有乙正确
   C. 两人均正确　　　　　　　　　　　　　D. 两人均不正确

3. 液压制动系统进行必要的修理后，以下选项中不要求对液压制动系统进行冲洗的是（　　）。
   A. 制动液中含有水分　　　　　　　　　　B. 系统内渗有空气
   C. 制动液中有细小脏颗粒　　　　　　　　D. 制动液用错型号

四、问答题

1. 简述真空助力器的结构及工作原理。
2. 简述制动主缸的工作原理。
3. 简述制动踏板自由行程的调整方法。

任务四　ABS、ASR、ESP系统的结构与工作原理

任务目标

完成本学习任务后，学生在基础知识和基本技能方面应达到以下要求。

● 知识目标

（1）熟知ABS系统的结构与工作原理。
（2）熟知ASR系统的结构与工作原理。
（3）熟知ESP系统的结构与工作原理。

● 能力目标

（1）能够对ABS系统进行检测与故障诊断。
（2）能够对ASR系统进行检测与故障诊断。
（3）能够对ESP系统进行检测与故障诊断。

任务引入

ABS是一种具有防滑、防抱死等功能的汽车安全控制系统。ASR主要用于防止汽车驱动轮在加速时出现打滑，特别是在摩擦力较小的特殊路面上，当汽车加速时将滑移率控制在一定范围内，从而防止驱动轮快速滑动。ESP包含ABS及ASR，是这两种系统功能上的延伸。因此，ESP称得上是当前汽车防滑装置的最高级形式。它的作用是通过有目的的制动和发动机管理系统来控制车辆的离心力。ESP能帮助新手在困难行驶条件下保持车辆的稳定状态。下面进入ABS、ASR、ESP系统的结构与工作原理的学习。

项目三　汽车制动系统

相关知识

一、ABS（防抱死制动系统）

1. ABS 的分类

1）按系统构造分类

按系统构造分类有整体式 ABS 与分离式 ABS 两种。整体式 ABS 是将制动压力调节器与制动主泵、蓄压器结合在一起形成一个整体，如图 3-142 所示。分离式 ABS 是制动压力调节器自成一体，通过管路与制动主泵相连，如图 3-143 所示。

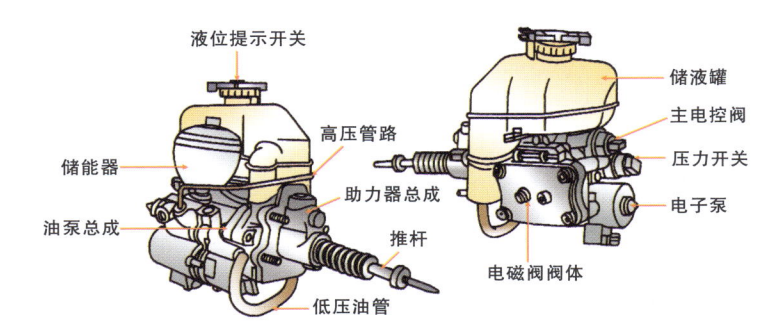

图 3-142　整体式 ABS

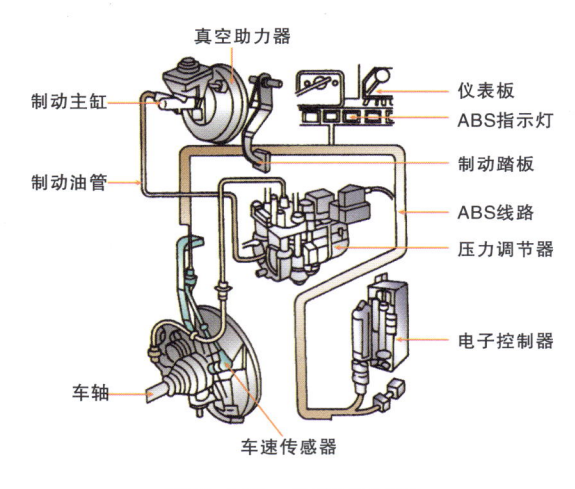

图 3-143　分离式 ABS

2）按压力调节介质分类

按压力调节介质分类有液压式、气压式、气顶液压式三种。液压式 ABS 以液压油控制，广

任务四　ABS、ASR、ESP系统的结构与工作原理

泛应用于轿车和轻型载货汽车上。气压式ABS以高压空气控制，主要用于中、重型载货汽车上。气顶液压式ABS兼具气压式和液压式ABS的特点，主要应用于部分中、重型汽车上。

3）按控制参数分类

按控制参数分类有以车轮减速度为控制参数的ABS，以车轮滑移率为控制参数的ABS，以车轮减速度和加速度为控制参数的ABS，以车轮减速度、加速度和滑移率为控制参数的ABS。

4）按生产厂家分类

按生产厂家分类有博世（Bosch）ABS、戴维斯（Teves）ABS、德尔科（Delco）ABS和本迪克斯（Bendix）ABS等。

5）按控制通道分类

按控制通道分类有四通道、三通道、双通道、单通道四种。

（1）四通道ABS。

四通道ABS有四个轮速传感器，在通往四个车轮制动分泵的管路中，各设一个制动压力调节器，进行独立控制，构成四通道控制形式。其布置形式如图3-144所示。

◆ 性能特点

由于四通道ABS是根据各车轮速度传感器输入的信号，分别对各个车轮进行独立控制的，因此附着系数利用率高，制动时可以最大程度地利用每个车轮的附着力。四通道控制形式特别适用于汽车左右两侧车轮附着系数接近的路面，不仅可以获得良好的方向稳定性和方向控制能力，而且可以得到最短的制动距离。但是如果汽车左右两个车轮的附着系数相差较大（如路面部分积水或结冰），制动时两个车轮的地面制动力就相差较大，因此会产生横摆力矩，使车身向制动力较大的一侧跑偏，不能保持汽车按预定方向行驶，会影响汽车的制动方向稳定性。通常在汽车具有驱动防滑（ASR）功能时采用四通道ABS。

（2）三通道ABS。

三通道ABS是对两前轮进行独立控制，两后轮按低选原则一同控制（即两个车轮由一个通道控制，以保证附着力较小的车轮不抱死为原则），也称混合控制。其布置形式如图3-145所示。

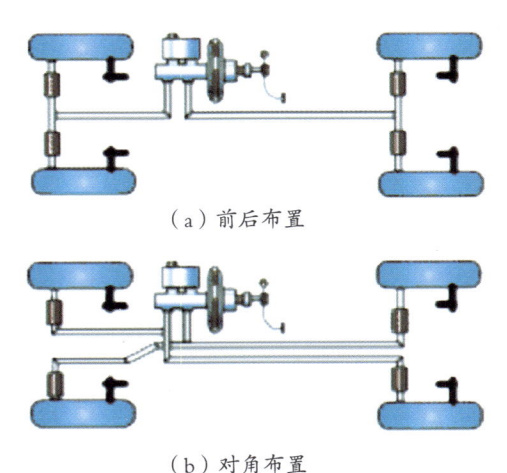

（a）前后布置

（b）对角布置

图3-144　四通道ABS的布置形式

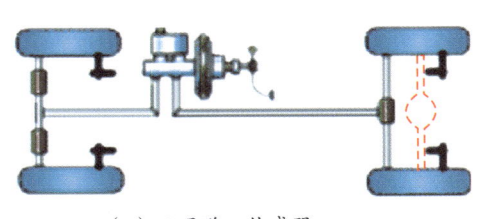

（a）三通道四传感器

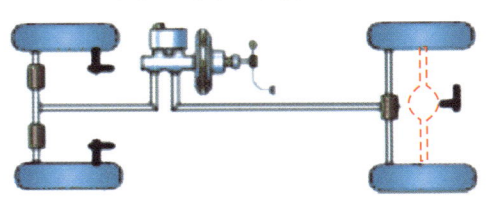

（b）三通道三传感器

图3-145　三通道ABS的布置形式

193

项目三 汽车制动系统

◆性能特点

两后轮按低选原则一同控制时，可以保证汽车在各种条件下左右两后轮的制动力相等，即使两侧车轮的附着系数相差较大，两个车轮的制动力也被限制在附着力较低的水平，使两个后轮的制动力始终保持平衡，保证汽车在各种条件下制动时都具有良好的方向稳定性。三通道ABS在小轿车上被普遍采用。

（3）双通道ABS。

双通道ABS的布置形式有双通道四传感器式（图3-146）、双通道三传感器式、双通道二传感器式。双通道ABS难以兼顾方向稳定性、转向控制性和制动效能，目前应用很少。

（4）单通道ABS。

单通道ABS是在后轮制动器总管中设置一个制动压力调节器，在后桥主减速器上安装一个轮速传感器，布置形式如图3-147所示。

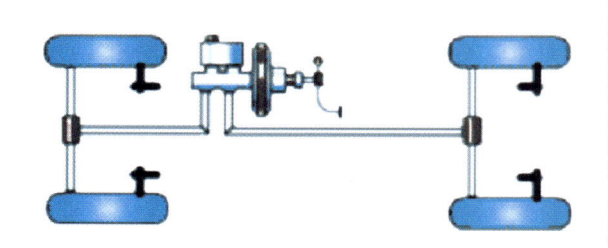

图3-146　双通道四传感器式

◆性能特点

单通道ABS一般都是对两后轮按低选原则进行一同控制。由于制动时两后轮不会抱死，能够显著提高制动时的方向稳定性，加上结构简单、成本低等优点，所以在轻型载货车上得到广泛应用。

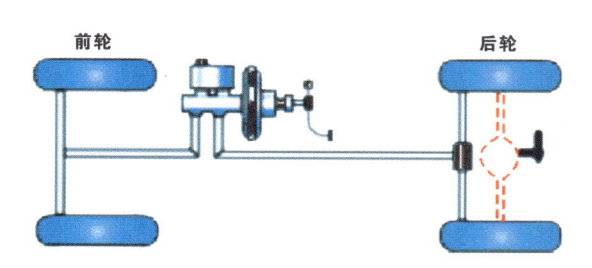

图3-147　单通道ABS的布置形式

2.ABS的结构与工作原理

ABS通常由输入信号元件、电控单元（ECU）和输出执行元件等组成，如图3-148所示。

1）输入信号元件

ABS的输入信号元件主要包括轮速传感器、制动开关、手制动/制动液液面开关和电动机/电磁阀监控电路。

（1）轮速传感器。

轮速传感器的功用是检测车轮转速，并将速度信号输入ABS电控单元。目前，用于ABS的轮速传感器主要有电磁式和霍尔式两种。

①电磁式轮速传感器。

●结构。

电磁式轮速传感器由电磁体、极轴和感应线圈等组成，极轴头部结构有凿式和柱式两种，如图3-149所示。

●工作原理。

如图3-150所示，齿圈旋转时，齿顶和齿隙交替对向极轴。在齿圈旋转过程中，感应线圈内部的磁通量交替变化，从而产生感应电动势，此信号通过感应线圈末端的电缆输入ABS电控单元。

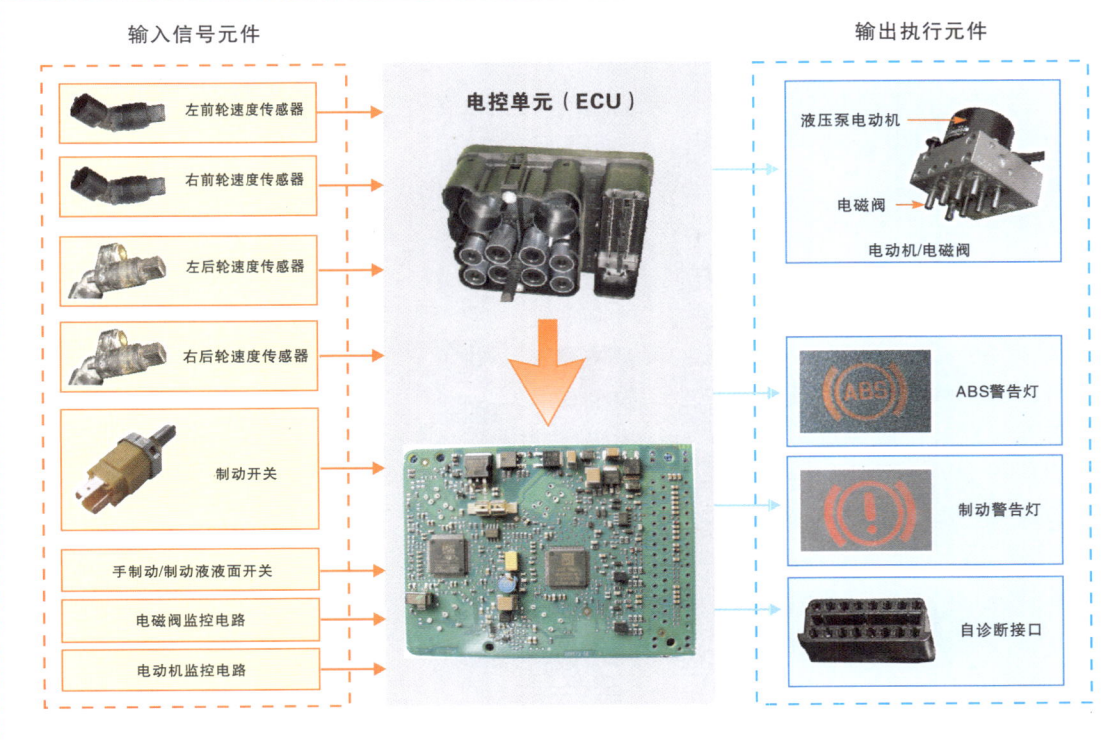

任务四　ABS、ASR、ESP系统的结构与工作原理

图3-148　ABS的组成

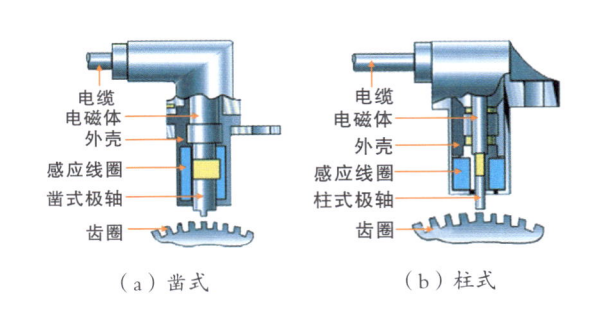

图3-149　电磁式轮速传感器结构图
（a）凿式　（b）柱式

图3-150　电磁式轮速传感器的工作原理

当齿圈的转速发生变化时，感应电动势的频率也变化。ABS电控单元通过检测感应电动势的频率来检测车轮转速。

●电磁式轮速传感器的优缺点。

电磁式轮速传感器的优点：结构简单、成本低。

电磁式轮速传感器的缺点：

·其输出信号的幅值随转速的变化而变化。若车速过低，其输出信号低于1V，电控单元就无法检测到。

·响应频率不高。当转速过高时，传感器的频率响应跟不上。

·抗电磁波干扰能力差。

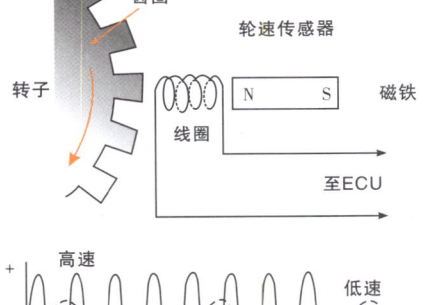

项目三 汽车制动系统

②霍尔式轮速传感器。

● 结构。

霍尔式轮速传感器由传感头和齿圈组成。传感头由永磁体、霍尔元件和电子电路等组成，永磁体的磁力线穿过霍尔元件通向齿圈。

● 工作原理。

当齿圈位于图3-151（a）所示位置时，穿过霍尔元件的磁力线分散，磁场相对较弱；而当齿圈位于图3-151（b）所示位置时，穿过霍尔元件的磁力线集中，磁场相对较强。齿圈转动时，使穿过霍尔元件的磁力线密度发生变化，因而引起霍尔电压的变化，霍尔元件将输出一个毫伏（mV）级的正弦波电压。

● 霍尔式轮速传感器的优点。

·输出信号电压幅值不受转速的影响。

·响应频率高。

·抗电磁波干扰能力强。

③轮速传感器的安装。

轮速传感器的安装形式如图3-152所示，安装位置如图3-153、图3-154所示。

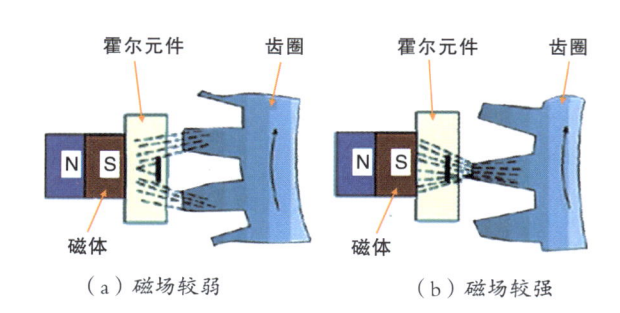

图3-151 霍尔式轮速传感器工作原理示意图

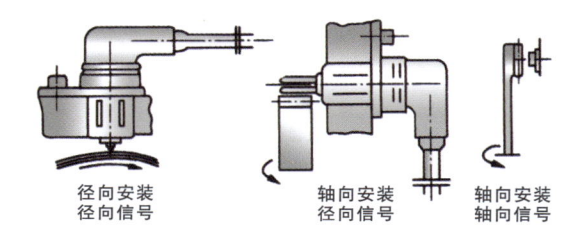

图3-152 轮速传感器的安装形式

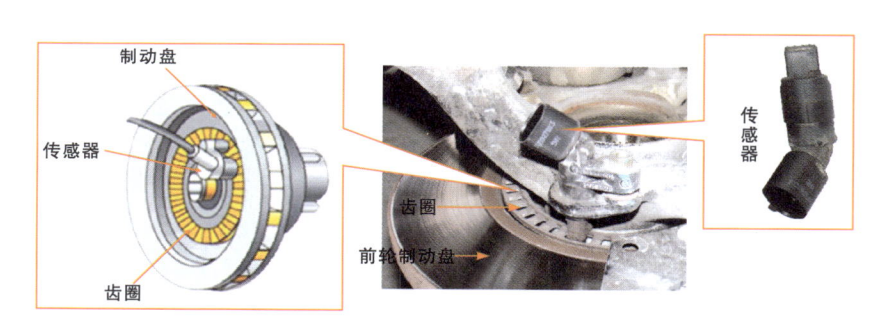

图3-153 前轮传感器的安装位置

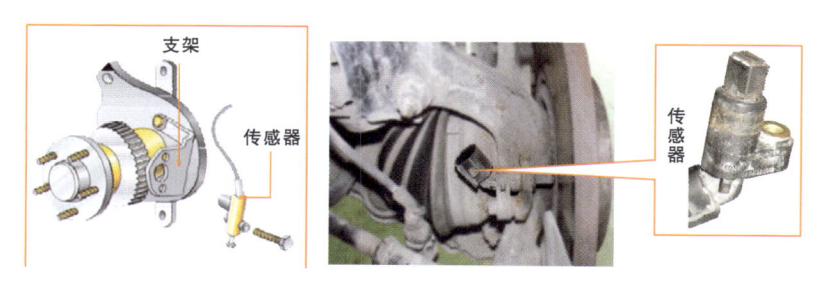

图3-154 后轮传感器的安装位置

任务四　ABS、ASR、ESP系统的结构与工作原理

（2）减速度传感器。

四轮驱动汽车的ABS中有一种减速度传感器（也称G传感器），如图3-155所示。其作用是检测汽车的减速度，并转换为电信号输入ABS电控单元，以便判别路面是不是雪路、冰路等易滑路面。

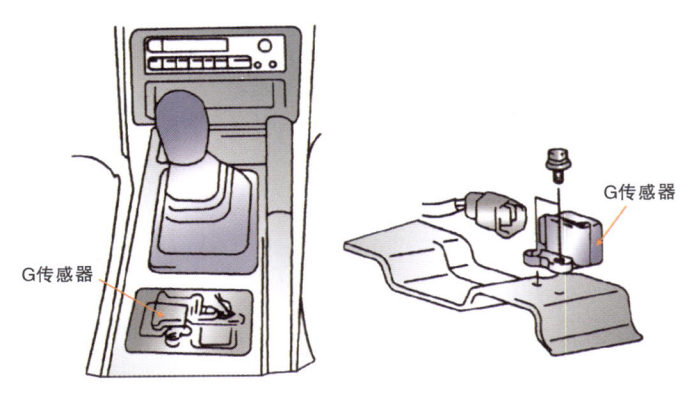

图3-155　汽车减速度传感器

减速度传感器有水银式、光电式、差动变压器式和半导体式等。下面以水银式减速度传感器为例做介绍。

水银式减速度传感器如图3-156所示，由玻璃管和水银组成。

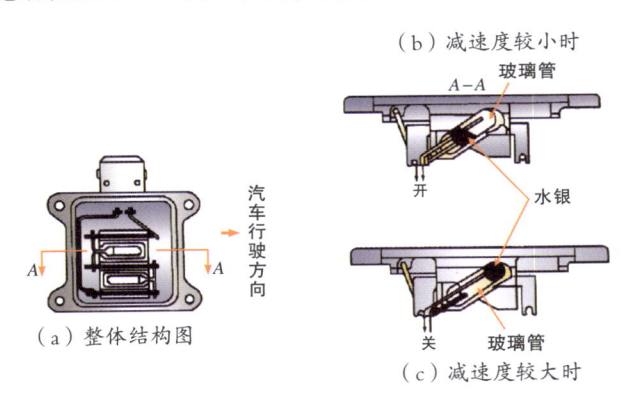

图3-156　水银式减速度传感器

当汽车在低附着系数路面上制动时，汽车减速度小，水银在玻璃管内基本不动，传感器电路接通，如图3-156（b）所示，ABS电控单元便按低附着系数路面上的控制程序控制制动系统工作。

当汽车在高附着系数路面上制动时，汽车减速度大，传感器玻璃管内的水银在惯性力作用下前移，传感器电路断开，如图3-156（c）所示，ABS电控单元便按高附着系数路面上的控制程序控制制动系统工作。

（3）制动开关。

制动开关的安装位置如图3-157所示。

制动开关装在制动踏板上部，踩下制动踏板时，制动开关导通，给制动灯送电，制动灯点亮，

197

项目三 汽车制动系统

同时将制动信号送到 ABS 电控单元。

制动信号对于 ABS 电控单元来说是必需的。制动信号被送到 ABS 电控单元，表明制动系统开始工作，车轮随时可能出现抱死。接到该信号后，ABS 电控单元进入准备工作状态。如果制动开关损坏或制动灯熔丝烧断，制动信号无法送被到 ABS 电控单元，那么车轮抱死时，ABS 电控单元会产生车轮意外抱死的故障码，同时 ABS 警告灯点亮，ABS 失去作用。

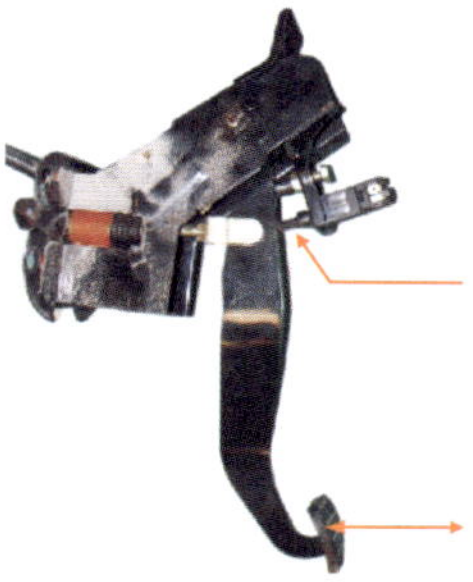

（4）手制动/制动液液面开关。

手制动开关和制动液液面开关产生同一个信号。制动液液面开关的安装位置如图 3-158 所示。

当拉起手制动器或制动液不足时，仪表板上的手制动指示灯亮起，同时将这个信号送到 ABS 电控单元。如果该信号持续一定的时间，ABS 电控单元将控制 ABS 失效。电控单元停止工作的同时，点亮黄色的 ABS 警告灯。在这种情况下，红色故障警告灯比黄色故障警告灯先亮。

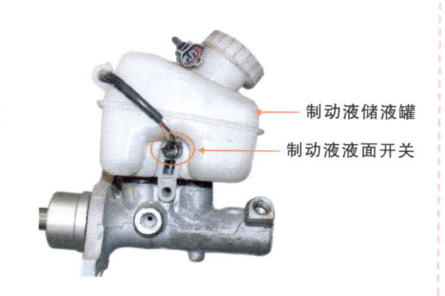

图 3-157　制动开关的安装位置

图 3-158　制动液液面开关的安装位置

2）电控单元

ABS 电控单元由轮速传感器的输入放大电路、运算电路、电磁阀控制电路、稳压电源、电源监控电路、故障反馈电路和继电器驱动电路等组成，如图 3-159 所示。

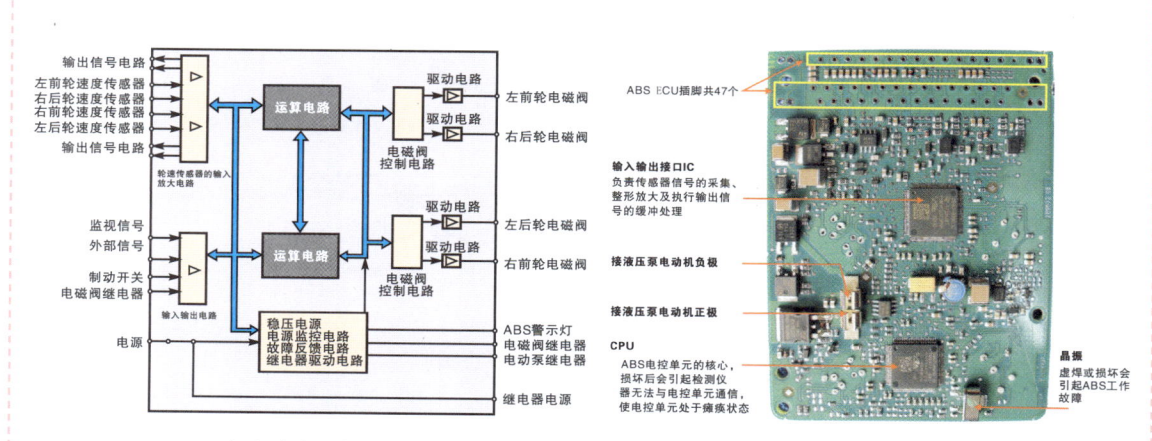

（a）内部结构　　　　（b）大众宝来轿车 ABS 电控单元实物图

图 3-159　ABS 电控单元

（1）轮速传感器的输入放大电路。

安装在各车轮上的轮速传感器根据轮速输出交流信号，输入放大电路将交流信号放大成矩形波并整形后送往运算电路。

不同的 ABS 中轮速传感器的数量是不一样的。每个车轮都装轮速传感器时，需要四个，输

任务四 ABS、ASR、ESP系统的结构与工作原理

入放大电路也就要求有四个。只有左、右前轮和后轴差速器安装轮速传感器时，只需要三个，输入放大电路也就变成了三个。但是，要把后轮的一个信号当作左、右轮的两个信号送往运算电路。

（2）运算电路。

运算电路主要进行车轮线速度、初始速度、滑移率、加/减速度的运算，以及电磁阀的开启控制运算和监控运算。安装在车轮上的传感器齿圈随着车轮旋转，轮速传感器便输出信号，车轮线速度运算电路接收信号并计算出车轮的瞬时线速度，再将初始速度和瞬时线速度进行比较，则得出滑移率及加/减速度。电磁阀开启控制运算电路根据滑移率和加/减速度控制信号，对电磁阀控制电路输出减压、保压或增压的信号。

（3）电磁阀控制电路。

电磁阀控制电路接收来自运算电路的减压、保压或增压信号，控制电磁阀的电流。

（4）稳压电源、电源监控电路、故障反馈电路和继电器驱动电路。

在蓄电池供给 ECU 内部所用 5V 电压的同时，上述电路监控 12V 和 5V 电压是否在规定范围内，并对轮速传感器输入放大电路、运算电路和电磁阀控制电路的故障信号进行监视，控制电动机继电器和电磁阀。出现故障信号时，关闭电磁阀，停止 ABS 工作，返回常规制动状态，同时仪表盘上的 ABS 警告灯变亮，提醒驾驶员有异常情况发生。

（5）安全保护电路。

ECU 的安全保护电路具有故障状态外部显示功能。系统发生故障时，点亮仪表盘上的 ABS 警告灯，提示整个系统处于故障状态；同时停止 ABS 工作，恢复常规制动状态。

3）输出执行元件

输出执行元件主要有故障警告灯、电动机、电磁阀等。

（1）故障警告灯。

ABS 带有两个故障警告灯，一个是红色制动警告灯，另一个是琥珀色（黄色）ABS 警告灯，如图 3-160 所示。

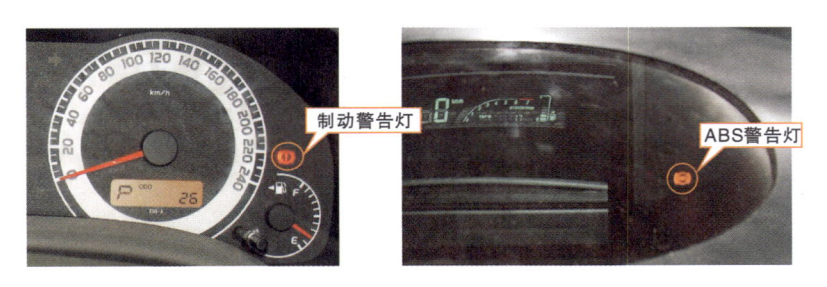

（a）卡罗拉轿车制动警告灯　　（b）威驰轿车 ABS 警告灯

图 3-160　故障警告灯

当点火开关打开时，红色制动警告灯与琥珀色 ABS 警告灯几乎同时点亮，制动警告灯亮的时间较短，ABS 警告灯亮的时间长一些（约 3s）；启动汽车发动机后，蓄压器要建立系统压力，此时两灯会再亮一次，时间可达十几秒甚至几十秒。红色制动警告灯在停车驻车制动时也应点亮。如果在上述情况下灯不亮，就说明警告灯本身及线路有故障。

琥珀色 ABS 警告灯常亮，说明电控单元发现 ABS 中有问题，要及时检修。

（2）电动机。

ABS中的电动机是一个高压泵（图3-161），它可在短时间内将制动液加压到14~18MPa，并给整个液压系统提供高压制动液。

（3）电磁阀。

ABS中的电磁阀有三位电磁阀和两位电磁阀两种。

①三位电磁阀。

三位电磁阀因为有三个工作状态而得名，博世公司的很多ABS中使用了三位电磁阀，如图3-162所示。当给螺线管通电时，在螺线管中心产生磁场，磁场强度与线圈匝数和通电电流之积成正比。若线圈带有铁芯，铁芯就会变成磁力很强的磁铁，产生吸引力。电磁阀就是根据这个原理制成的，它由螺线管、固定铁芯和活动铁芯组成。

通过改变螺线管的电流来改变磁场力，可以控制两铁芯之间的吸引力，该力与弹簧力方向相反，从而控制柱塞的位置。如图3-163所示，柱塞上设有液体通道，柱塞位置决定了液体通道的开闭。根据电流的大小，可将柱塞控制在三个位置，改变三个阀口之间的通路。

图3-161 电动机

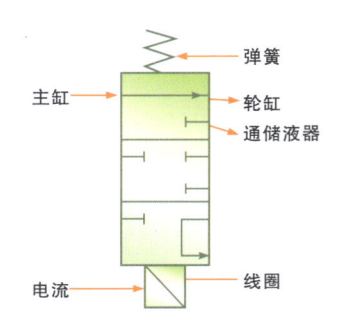

图3-162 三位电磁阀

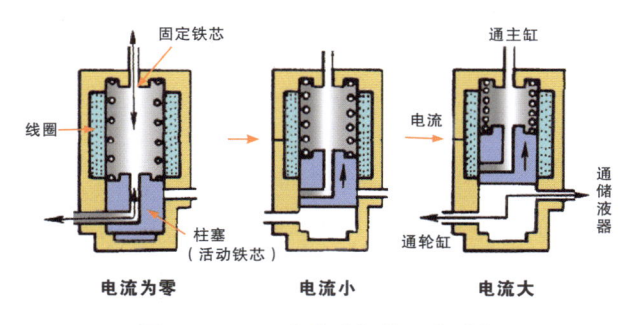

图3-163 三位电磁阀的工作过程

②两位电磁阀。

两位电磁阀把柱塞控制在两个位置，从而控制制动液通路的导通和断开。如果球阀在电磁线圈未通电时处于开启状态，那么就称之为常开电磁阀；如果电磁线圈未通电时，球阀处于关闭状态，那么就称之为常闭电磁阀。

两位电磁阀主要由电磁铁机构、球阀、复位弹簧、顶杆、限压阀和阀体等组成，如图3-164所示。在常开电磁阀中设有一根顶杆，顶杆和限位杆与活动铁芯固定在一起，复位弹簧一端压在活动铁芯上，另一端压在与阀体相连的弹簧座上。限压阀的功用是限制电磁阀的最高压力。当制动液压力过高时，限压阀打开泄压，以免压力过高损坏电磁阀。在常闭电磁阀中，一般不设置限压阀。

常开电磁阀与常闭电磁阀的工作原理基本相同，下面以常开电磁阀为例说明其工作过程。

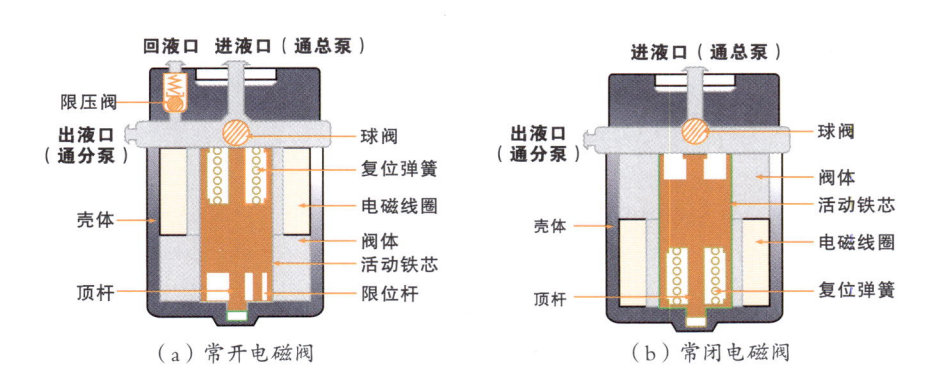

任务四 ABS、ASR、ESP 系统的结构与工作原理

(a) 常开电磁阀　　(b) 常闭电磁阀

图 3-164　两位电磁阀的结构

当电磁线圈未通电时，在复位弹簧弹力作用下，活动铁芯带动顶杆和限位杆下移复位，直到限位杆与缓冲垫圈相抵为止。顶杆下移时，球阀随之下移，使电磁阀阀门处于开启状态，制动液从进液口经球阀阀门、出液口流出。

当电磁线圈中有电流流过时，活动铁芯产生电磁吸力，压缩复位弹簧并带动顶杆一起上移，顶杆将球阀压在阀座上，电磁阀阀门处于关闭状态，进液口与出液口之间的制动液通道关闭。

（4）液压调节装置。

①液压调节装置的作用。

液压调节装置的作用是按照电控单元发出的控制指令，开闭防抱死制动系统的制动液通道，完成对各轮缸中制动液压力的调节。

②液压调节装置的结构。

将 ABS 电动机、电磁阀做成一个总成，就构成了液压调节装置，如图 3-165 所示。

有的液压调节装置中还包括蓄压器，蓄压器内部充有氮气，可向制动系统提供高压。蓄压器被一个隔板分成上下两个腔室，上腔充满了氮气，下腔充满了来自电动泵的制动液（蓄压器下腔与电动泵泵油腔相通）。要特别注意的是，禁止拆卸、分解蓄压器，因为蓄压器中的氮气有较大的压力（8MPa 左右）。

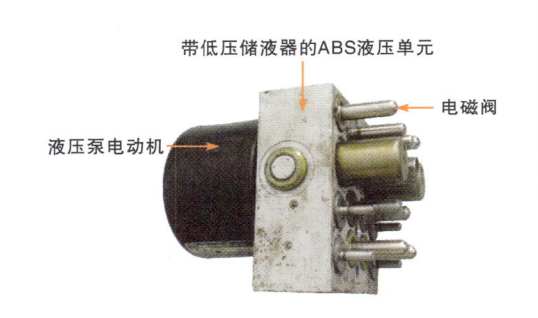

图 3-165　液压调节装置

电动泵给蓄压器下腔泵入制动液，使隔板上移，在蓄压器上腔的氮气被压缩后产生压力，反过来推动隔板下移，会使蓄压器下腔的制动液始终保持 14~18MPa 的压力。在普通制动系统工作的时候（防抱死制动系统没有工作），蓄压器可提供较大压力的制动液到后轮制动分泵；当防抱死制动系统工作时，加压的制动液可进入前、后轮制动分泵。

③典型 ABS 液压调节装置的工作过程。

典型的 ABS 液压调节装置有循环式和可变容积式。其中，循环式又分三位电磁阀循环式和两位电磁阀循环式两种，下面分别介绍其工作过程。

201

项目三 汽车制动系统

●三位电磁阀循环式调节装置。

这种形式是在汽车原有的制动管路中串联进电磁阀，直接控制压力的增减。

·常规制动过程。

常规制动时电磁阀不通电，柱塞处于图3-166所示的位置，主缸和轮缸是相通的，主缸可随时控制制动压力的增减。这时，电动机也不需要工作。

·减压过程。

当电磁阀中通入较大的电流时，柱塞移至上端，主缸和轮缸的通路被截断，轮缸和液压油箱接通，轮缸中的制动液流入液压油箱，制动压力降低。与此同时，驱动电动机开始工作，带动液压泵工作，把流回液压油箱的制动液加压后输送到主缸，为下一个制动周期做好准备，如图3-167所示。

·保压过程。

轮缸减压过程中，轮速传感器产生的电压信号较弱，电磁阀中通入较小的电流，柱塞移至图3-168所示的位置，所有的通道都被截断，保持轮缸的制动压力。

·增压过程。

保压过程中，车轮转速趋于零，轮速传感器感应的电压也趋于零，电磁阀断电，柱塞又回到图3-169所示的初始位置。主缸和轮缸再次相通，主缸中的高压制动液再次进入轮缸，增大了轮缸的制动压力，车轮又趋于抱死状态。

●两位电磁阀循环式调节装置。

近年来，ABS广泛采用两位电磁阀。如图3-170所示是典型的两位电磁阀ABS油路/电路图，该ABS适用于国产的一汽大众捷达、上海大众桑塔纳、东风日产颐达、广州本田雅阁等车型。

由图3-170可知，低压储液罐与电动液压泵合为一体装于液压调节装置上。

阀体内共有8个电磁阀，每个回路一对。不通电的时候，进油阀常开，出油阀常闭。

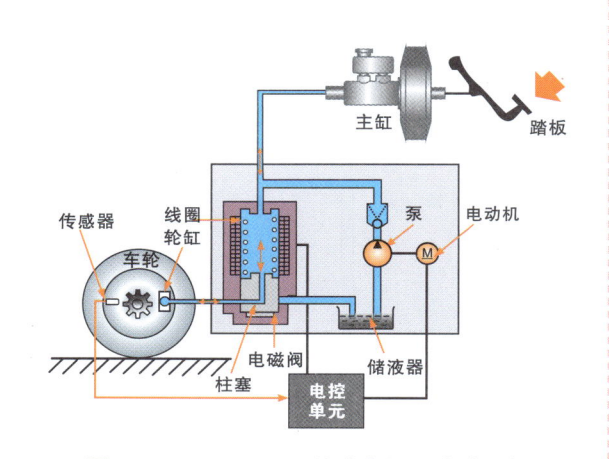

图3-166　ABS不工作（常规制动过程）

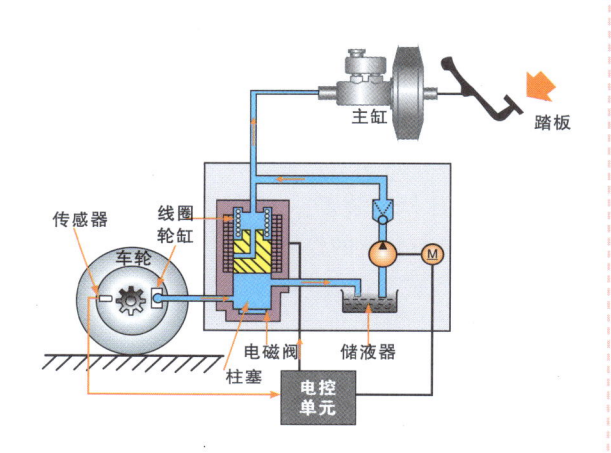

图3-167　ABS工作（减压过程）

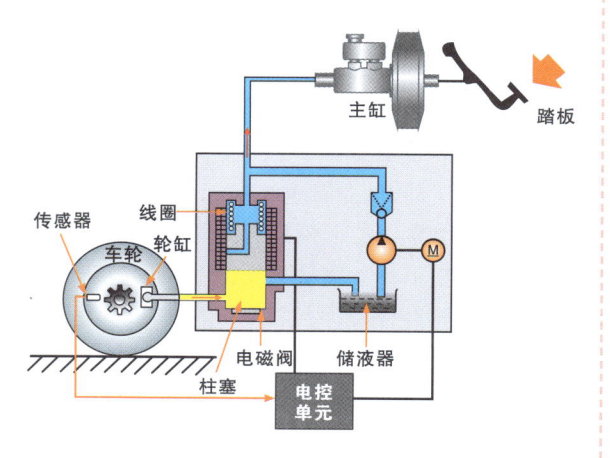

图3-168　ABS工作（保压过程）

任务四　ABS、ASR、ESP系统的结构与工作原理

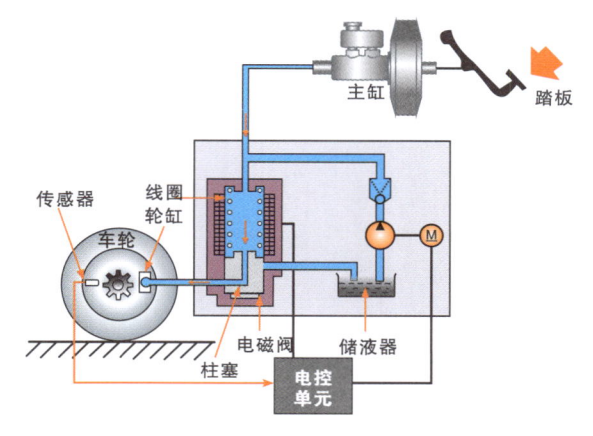

图 3-169　ABS 工作（增压过程）

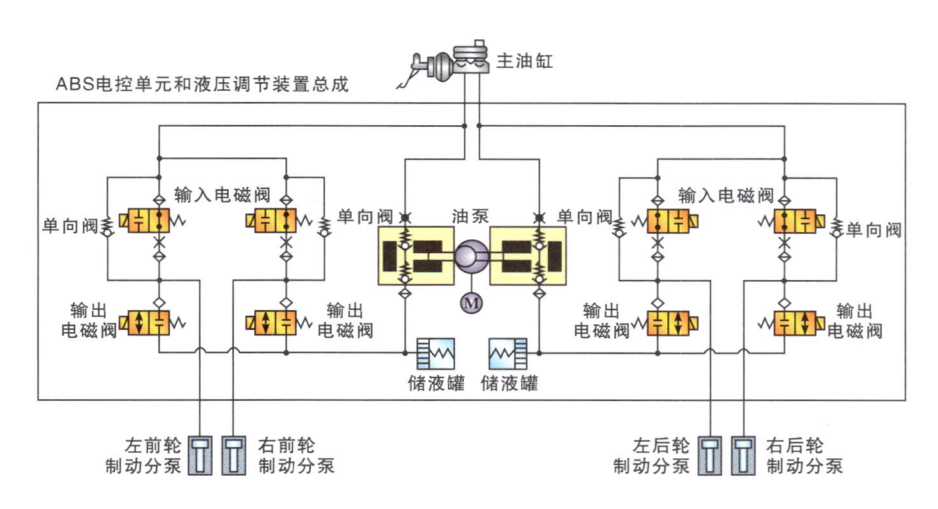

图 3-170　典型的两位电磁阀 ABS 油路/电路图

它在制动主泵、制动分泵和回油路之间建立联系，实现压力升高、压力保持和压力降低的功能，防止车轮抱死。下面介绍其工作原理。

- 开始制动阶段（建立系统油压）。

开始制动时，驾驶员踩制动踏板，制动主泵产生制动压力，经常开的进油阀到制动分泵。此时，出油阀依然关闭，ABS 没有参与控制，整个过程和常规液压制动系统相同，制动压力不断上升，如图 3-171 所示。

- 油压保持。

当驾驶员继续踩制动踏板，油压继续升高到车轮出现抱死趋势时，ABS ECU 发

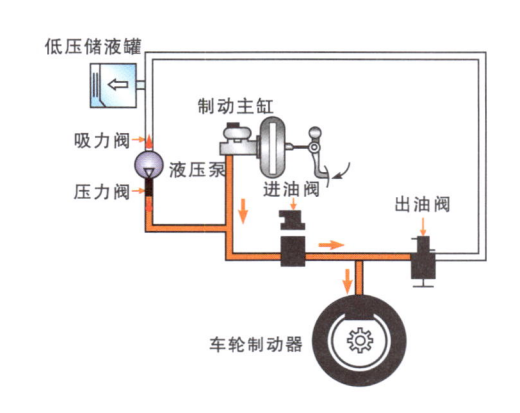

图 3-171　建立系统油压

203

项目三 汽车制动系统

出指令，使进油阀通电并关闭阀门，出油阀仍保持关闭，系统油压保持不变，如图3-172所示。

• 油压降低。

若制动压力保持不变，当车轮有抱死趋势时，ABS ECU给出油阀通电，打开出油阀。系统通过低压储液罐降低油压。此时，进油阀继续通电，保持关闭状态，有抱死趋势的车轮被释放，车轮转速开始上升。与此同时，电动液压泵开始工作，将制动液由低压储液罐送至制动主泵，如图3-173所示。

• 油压升高。

为了使制动最优化，当车轮转速升高到一定值后，ECU给出油阀断电，关闭此阀门，进油阀同样因不带电而打开，电动液压泵继续工作，从低压储液罐中吸取制动液泵入液压制动系统，如图3-174所示。随着制动压力的升高，车轮转速又降低。这样不断循环（工作频率为5~6次/秒），将车轮的滑移率始终控制在20%左右。

如果ABS出现故障，则进油阀始终打开，出油阀始终关闭，使常规液压制动系统继续工作而ABS不工作，直到ABS故障排除为止。

● 可变容积式调节装置。

可变容积式调节装置是在汽车原有的制动管路上增加一套液压装置，用它控制制动管路容积的增减，以控制制动压力的变化。可变容积式调节装置主要由电磁阀、动力活塞、液压泵、储能器等组成。下面介绍其工作原理。

• 常规制动过程。

如图3-175所示，动力活塞在弹簧力的作用下被推至最左端，活塞顶端有一推杆顶开单向阀，使主缸和轮缸之间的管路接通。这种状态是ABS工作之前或工作之后的常规制动工况，主缸直接控制制动压力的增减。

• 减压过程。

减压过程如图3-176所示。电磁阀中通入较大的电流，电磁阀内的柱塞移到右边，储能器中储存的高压液体通过管路作用在动力活塞的左侧，产生一个与弹簧力方向相反的作用力。动力

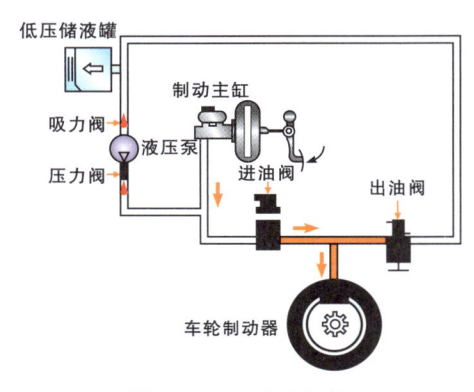

图3-172 油压保持

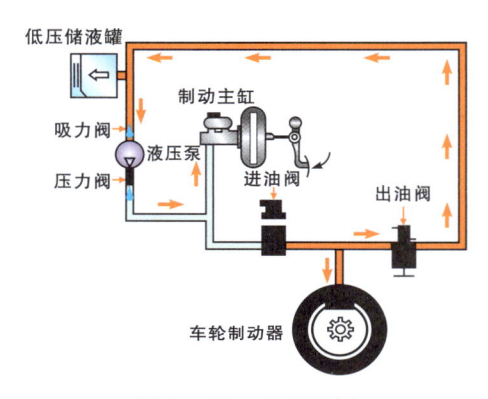

图3-173 油压降低

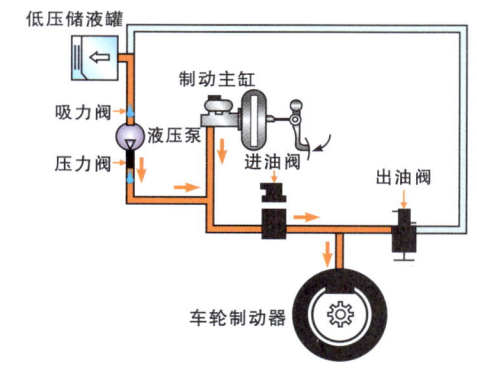

图3-174 油压升高

任务四 ABS、ASR、ESP系统的结构与工作原理

活塞右移,单向阀关闭,主缸和轮缸之间的通路被切断。因动力活塞右移而使轮缸侧容积增大,制动压力降低,制动压力降低的幅度取决于轮缸侧管路容积的增加量。

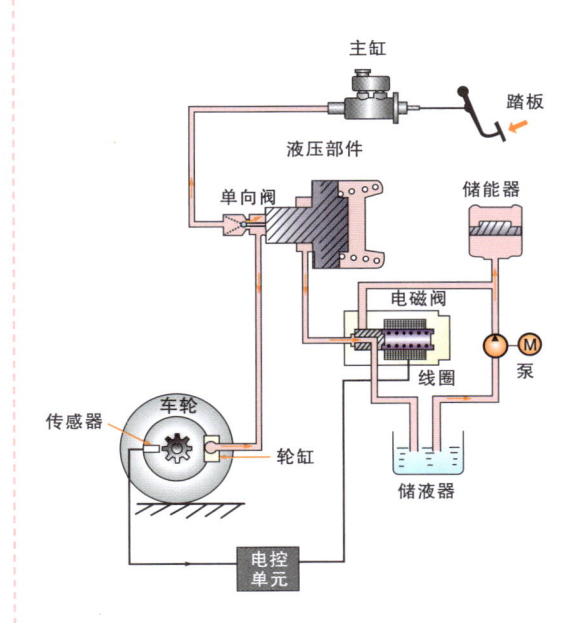

图 3-175　ABS 不工作（常规制动过程）

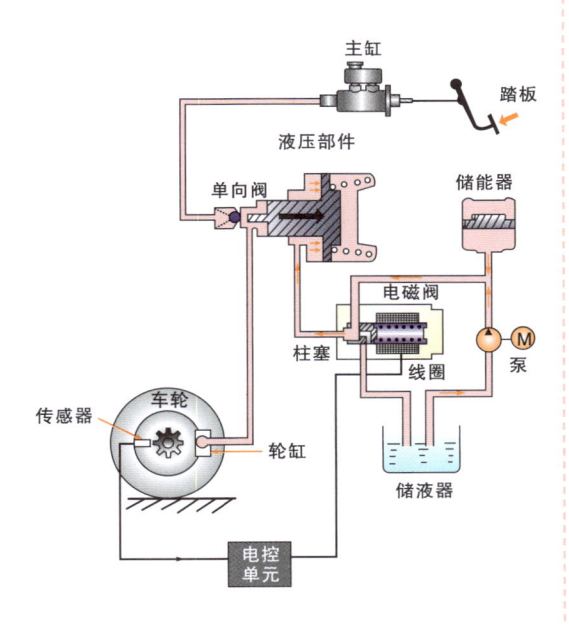

图 3-176　ABS 工作（减压过程）

·保压过程。

如图 3-177 所示,给电磁阀通入较小的电流,电磁阀柱塞移到左边,通过电磁阀的所有通路均被切断,动力活塞两端承受的作用力相等。因此,动力活塞静止不动,管路容积也不发生变化,从而使轮缸中的制动压力保持不变。

·增压过程。

如图 3-178 所示,动力活塞准备左移,将要返回图 3-175 所示的初始位置。这时,由于电磁阀断磁,柱塞回到左端初始位置,作用在动力活塞左侧的高压被解除,制动液泄入液压油箱。动力活塞在弹簧力的作用下左移,回到初始位置,单向阀被顶开,主缸与轮缸之间的管路再次接通,主缸中的高压制动液重新进入轮缸,使轮缸的压力升高。

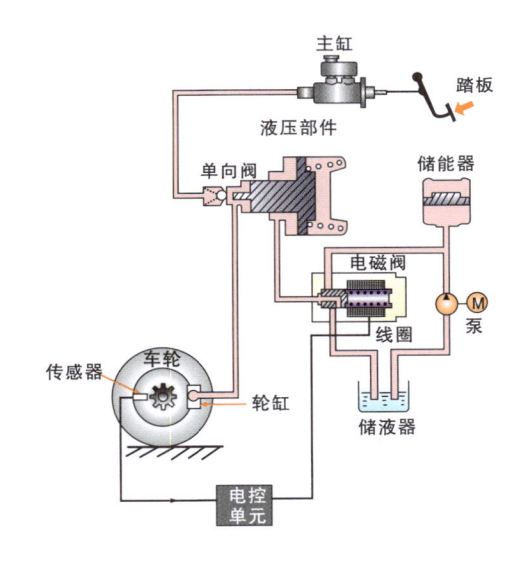

图 3-177　ABS 工作（保压过程）

205

3.ABS 的检修

1）维修注意事项

（1）ABS 与普通制动系统是不可分的，普通制动系统一旦出现问题，ABS 就不能正常工作。因此，要将二者视为整体进行维修，不能只把注意力集中于传感器、电控单元和液压调节器上。

（2）ABS 电控单元对过电压、静电非常敏感，稍有不慎就会损坏电控单元中的芯片，造成整个 ABS 瘫痪。因此，点火开关接通时不要插拔电控单元上的连接器；在车上进行电焊之前，要戴好防静电器（也可将导线一头缠在手腕上，一头缠在车体上），拔下电控单元上的连接器后再进行电焊；给蓄电池充电时，要将蓄电池从车上拆卸下来或摘下蓄电池电缆后再进行充电。

（3）维修车轮速度传感器时一定要十分小心。拆卸时注意不要碰伤传感器头，不要用传感器齿圈做撬面，以免损坏。安装时应先涂覆防锈油，安装过程中不可敲击或用蛮力。一般情况下，传感器气隙是可调的（也有不可调的），调整时应使用非磁性塞卡，如塑料或铜塞卡，也可使用纸片。

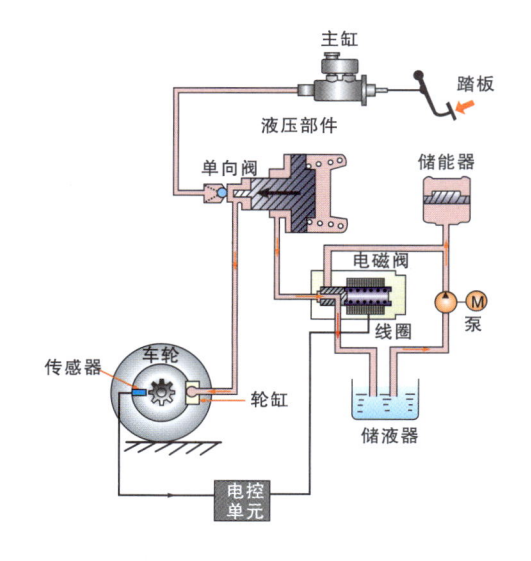

图 3-178　ABS 工作（增压过程）

（4）维修 ABS 液压控制装置时，切记要先进行泄压，再按规定进行修理。例如，制动主缸和液压调节器设计在一起的整体 ABS，其蓄压器中有高达 18000kPa 的压力，修理前要彻底泄压，以免高压油喷出伤人。

（5）制动液至少每隔两年要换一次，最好是每年更换一次。更换和储存的制动液及器皿要清洁，不要让污物、灰尘进入液压控制装置，制动液不要沾到 ABS 电控单元和导线上。最后要按规定的方式进行放气（与普通制动系统的放气有所不同）。

2）检修内容

ABS 检修的基本内容包括故障诊断与检查、故障排除与修理、定期保养与维护。根据 ABS 的特点，要采用一些特殊的检查、诊断和修理方法。

（1）诊断与检查的基本内容。

特定的诊断与检查可及时发现 ABS 的故障，是维修中非常重要的部分。对于不同的车型，甚至同一系列不同年代生产的车型，诊断与检查的方法和程序都会有所不同。但是，诊断与检查的基本内容是不变的，一般包括如下 4 个步骤。

①初步检查。

②故障自诊断。

③快速检查。

④故障指示灯诊断。

任务四　ABS、ASR、ESP 系统的结构与工作原理

通常情况下，只要按照上述 4 个步骤进行诊断与检查，就能迅速找到故障点。故障自诊断是汽车装用电控单元后给修理人员提供的快速自动故障诊断法，在整个诊断与检查中占有极为重要的地位，后面将具体介绍自诊断方法。

（2）修理的基本内容。

通过诊断与检查准确地判断出 ABS 故障部位后，就可以进行调整、修复或换件，直到故障被排除为止。修理的步骤通常如下。

①泄去系统中的压力。

②对故障部位进行调整、拆卸、修理或换件，然后完成安装。必须按相应的规定进行上述操作。

③按规定步骤进行放气。

如果是车轮速度传感器或电控单元有故障，可以不进行第一步和第三步，只需要按规定进行传感器的调整或更换，ABS 电控单元损坏只能更换。

3）ABS 故障诊断步骤

当 ABS 故障警告灯持续点亮时，说明 ABS 存在故障，应及时对 ABS 进行故障检测与诊断。故障检测与诊断应按一定的步骤进行，具体步骤如下。

（1）确认故障情况和故障症状。

（2）对 ABS 进行初步检查。

（3）利用诊断仪读取 ABS 自诊断的故障情况，初步确定故障部位。

（4）根据解读的故障情况，利用必要的工具如检测盒、万用表等对故障部位进行深入快速的检查，确诊故障部位和故障原因。

（5）排除故障。

（6）ABS 故障排除后，应清除故障码。否则，尽管 ABS 故障已被排除，且系统恢复正常，但 ABS ECU 的存储器中仍然存储着原故障情况。

（7）检查 ABS 故障警告灯是否仍然点亮。如果故障警告灯仍然点亮，则说明系统中仍有故障存在，或者故障已被排除而故障码未被删除，应继续排除故障或重新清除故障码。

（8）当 ABS 故障警告灯不再点亮后，进行路试，确认系统恢复正常。

4）ABS 故障诊断的一般方法

（1）初步检查。

初步检查是在 ABS 出现明显故障而不能正常工作时首先采取的检查方法，如 ABS 故障警告灯常亮不熄，系统不能工作。检查方法如下。

①检查驻车制动器（手刹）是否完全释放。

②检查制动液液面是否在规定的范围之内。

③检查 ABS 电控单元导线插头、插座的连接是否良好，连接器及导线是否损坏。

④检查下列导线连接器（插头与插座）和导线的连接或接触是否良好。

●液压调节器上的电磁阀连接器。

●液压调节器上的主控制阀连接器。

●连接压力警告开关和压力控制开关的连接器。

●制动液液面指示开关连接器。

●四轮车速传感器的连接器。

●电动泵连接器。

⑤检查所有的继电器、熔断器是否完好，插接是否牢固。

⑥检查蓄电池容量（测量电解液密度）和电压是否在规定的范围内；检查蓄电池正、负极导线的连接是否牢靠，连接处是否清洁。

⑦检查 ABS 电控单元、液压控制装置等的接地（搭铁）端的接触是否良好。

⑧检查车轮胎面纹槽的深度是否符合规定。

如果用上述方法不能确定故障部位，可转入使用故障自诊断。

（2）模拟测试方法。

在 ABS 故障检测与诊断中，若是单纯的元件不良，可用电路检测方式诊断。如果属于间歇性故障或相关的机械性问题，则需要进行模拟测试及动态测试。模拟测试方法如下。

①将汽车顶起，使 4 个车轮均悬空。

②启动发动机。

③将换挡操纵手柄拨到前进挡（D）位置，观察仪表板上的 ABS 故障指示灯是否点亮。若 ABS 故障指示灯亮，表明后轮差速器的车速传感器不良。

④如果 ABS 故障指示灯不亮，则转动左前轮。此时，ABS 故障指示灯若点亮，则表明左前轮车速传感器正常；反之，ABS 故障指示灯若不亮，即表明左前轮车速传感器不良。

⑤右前轮车速传感器测试方法与左前轮车速传感器测试方法相同。

该模拟测试是根据 ABS ECU 中逻辑电路的车速信号差及警示电路特性设置的，便于检测车速传感器的故障。

（3）动态测试方法。

①使汽车在道路上行驶 12km 以上。

②测试车辆转弯（左转或右转）时，ABS 故障指示灯是否会点亮。若某一方向 ABS 故障指示灯会亮，则表明该方向的轮胎气压不足，也可能是轴承不良、转向拉杆球头磨损、减振器不良或车速传感器脉冲齿轮不良。

③将汽车驶回，在 ABS ECU 侧的"ABS 电源"和"电磁阀继电器"端子间接上测试线和万用表（置于电压挡）。

④进行道路行驶，在制动时注意观察"ABS 电源"端子和搭铁间的电压，该电压应在 10.0~14.5V；而"电磁阀继电器"端子与搭铁间的电压，应在 10.8V 以上。前者主要是观察蓄电池电源供应情况，后者主要是观察电磁阀继电器接点的好坏。

5）故障诊断表

在进行故障诊断时，可参照故障诊断表，确定故障部位。表 3-1 为威驰轿车 ABS 故障诊断表。

6）故障自诊断

ABS 一般具有故障自诊断的能力，这实际上是以 ABS 电控单元中标准的正常运行状况为准，将非正常的运行状况（故障）用故障码的形式记录在存储器中，供人们读出以确定故障点的方法。

故障码的含义随车型的不同而异，修理技术人员可在维修手册中查询。

故障码的读取方法有以下三种。

任务四　ABS、ASR、ESP 系统的结构与工作原理

表 3-1　威驰轿车 ABS 故障诊断表

故障症状	检测电路
ABS 不工作	只有下列①～④项全部正常，但故障仍然出现时，才更换制动执行器总成 ①校核诊断代码，再次确认所输出的为正常代码 ②电源电路 ③车速传感器电路 ④用手持式测试仪检查 ABS 执行器 如果检查结果不正常，则检查液压油路有无漏油
ABS 不能有效地工作	只有下列①～⑤项全部正常，但故障仍然出现时，才更换 ABS 执行器总成 ①校核诊断代码，再次确认所输出的为正常代码 ②车速传感器电路 ③停车灯开关电路 ④电源电路 ⑤用手持式测试仪检查 ABS 执行器 如果检查结果不正常，则检查液压油路有无漏油
ABS 警告灯不正常	① ABS 警告灯电路 ② ABS ECU
制动警告灯不正常	①制动警告灯电路 ② ABS ECU
不能进行诊断代码检查	只有下列①～②项全部正常，但故障仍然出现时，才更换制动执行器总成 ① ABS 警告灯电路 ② TC 端电路

第一种是用专用的扫描仪与 ABS 的故障码读取接口相连，按程序操作，扫描仪的显示器或指示灯会按操作人员的指令有规律地显示故障码。

第二种是按规定连接线路，通过汽车仪表板上指示灯或 ABS 故障指示灯闪烁的规律来输出故障码。

第三种是车上就带有驾驶员信息系统，即中心计算机系统，维修技术人员可启动自检程序，信息系统上的显示器会按顺序显示不同系统的故障码。

下面以丰田威驰轿车为例介绍其故障码的读取与清除。

（1）不使用诊断仪读取故障码。

①用检查线连接 DLC3 的端子 TC 和 CG，如图 3-179 所示。

②将点火开关转至"ON"位置。

③通过仪表板上的警告灯读出故障码。威驰轿车 ABS 警告灯及制动警告灯如图 3-180 所示。故障码的闪烁方式如图 3-181 所示。

◆注意：

如无故障码，应检测诊断电路或警告灯电路。

④根据故障码表，对各种故障码做出解释。如同时出现 2 个及以上的故障码，则数字最小的故障码最先显示。

⑤校核完毕后，从 DLC3 上拆下检查线。

（2）使用诊断仪校核故障码。

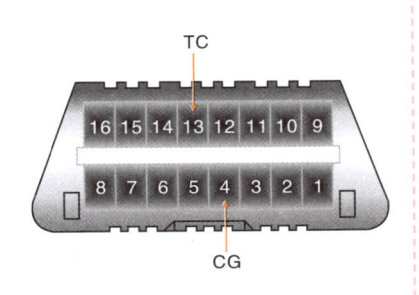

图 3-179　连接端子

209

图 3-180　威驰轿车 ABS 警告灯及制动警告灯

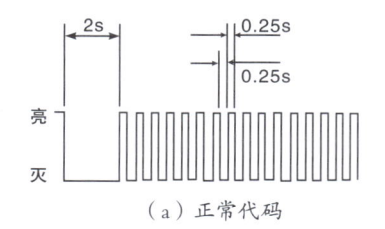

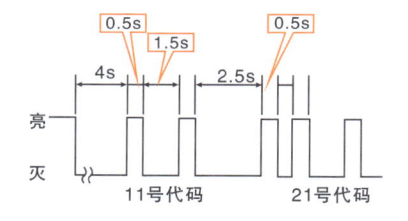

（a）正常代码

（b）11 号代码和 21 号代码

图 3-181　故障码的闪烁方式

①将诊断仪连接到 DLC3 上。
②将点火开关转至"ON"位置。
③根据诊断仪显示屏上的提示符读出故障码。
（3）不使用诊断仪清除故障码。
①用检查线连接 DLC3 的端子 TC 和 CG。
②将点火开关转至"ON"位置。
③在 5s 内将制动踏板踩下不少于 8 次，清除存储在 ECU 中的故障码。
④检查警告灯，应显示正常代码。
⑤从 DLC3 上拆下检查线。

◆注意：
修理期间脱开蓄电池接线柱不会删除 ECU 中的故障码。
（4）使用诊断仪清除故障码。
①将诊断仪连接到 DLC3 上。
②将点火开关转至"ON"位置。
③操作诊断仪，删除故障码。

7）快速检查

快速检查是用数字万用表和一些相应设备在 ABS 电路规定的地方进行连续检测，以查找故障的方法。在自诊断过程中，如果发现有故障码读出，可继续进行快速检查，迅速明确故障的性质，为故障的排除打下基础。为了快速判断故障位置，可以参照维修手册中的快速检查表，表 3-2 为捷达轿车 ABS 快速检查表。

任务四 ABS、ASR、ESP 系统的结构与工作原理

表 3-2 捷达轿车 ABS 快速检查表

检查项目	点火开关挡位	检测电路	标准值	单位
蓄电池电压（电动机）	OFF	25-8	10.1~11.5	V
蓄电池电压（电磁阀）	-	9-24	-	V
电源绝缘性能	-	8-23	0~0.5	V
搭铁绝缘性能	-	8-24	-	V
电源电压	ON	8-23	10.0~14.5	V
ABS 警告灯	OFF	ECU 未连接	警告灯亮	目视
ABS 警告灯	ON	ECU 未连接	警告灯亮	目视
ABS 警告灯	OFF	连接 ECU	警告灯亮	目视
ABS 警告灯	ON	连接 ECU	警告灯亮约 1.7s 后熄灭	目视
制动灯开关功能踏板踩下	ON	8-12	0~0.5	V
制动灯开关功能踏板未踩下	ON	8-12	10.0~14.5	V
诊断接头	OFF	诊断接头 K — 13	0~0.5	Ω
左前轮速度传感器电阻值	OFF	11-14	1.0~1.3	kΩ
右前轮速度传感器电阻值	OFF	18-3	1.0~1.3	kΩ
左后轮速度传感器电阻值	OFF	2-10	1.0~1.3	kΩ
右后轮速度传感器电阻值	OFF	1-17	1.0~1.3	kΩ
左前轮传感器输出电压	OFF	11-4	3.4~14.8	mV/Hz
右前轮传感器输出电压	OFF	18-3	3.4~14.8	mV/Hz
左后轮传感器输出电压	OFF	2-10	>12.2	mV/Hz
右后轮传感器输出电压	OFF	1-17	>12.2	mV/Hz
传感器输出电压比		$\dfrac{最高峰值电压}{最低峰值电压} \leqslant 2$		

二、ASR（汽车驱动防滑系统）

1. ASR 的组成

ASR 的作用是防止汽车在加速过程中打滑，特别是防止汽车在非对称路面上行驶或转弯时驱动轮空转。

同 ABS 一样，ASR 也由电控单元、输入信号元件、输出执行元件三大部分组成。ASR 中的电控单元可以是独立的，也可以与 ABS 共用。轮速传感器和制动压力调节器也可以与 ABS 共用。因此，通常将 ASR 与 ABS 组合在一起，如图 3-182 所示为 ABS 和 ASR 组合在一起的典型电路。ASR 的组成如图 3-183 所示。

1）电控单元

因 ASR 和 ABS 的一些信号输入和处理都是相同的，为了减少电子器件的应用数量，使结构更紧凑，ASR 电控单元和 ABS 电控单元通常组合在一起。

ABS&ASR 电控单元将 ABS 和 ASR 的控制功能合为一体，用输入的 4 个车轮速度传感器的速度信号，计算车轮空转情况和路面状态，用以减小发动机转矩和控制车轮制动力，从而控制

轮速。

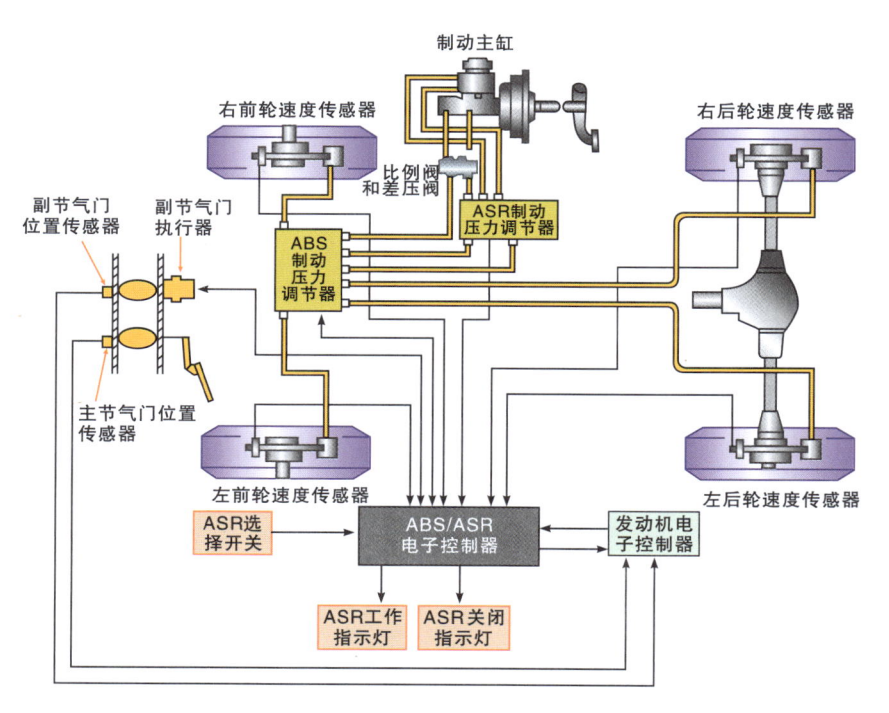

图 3-182 ABS 和 ASR 组合在一起的典型电路

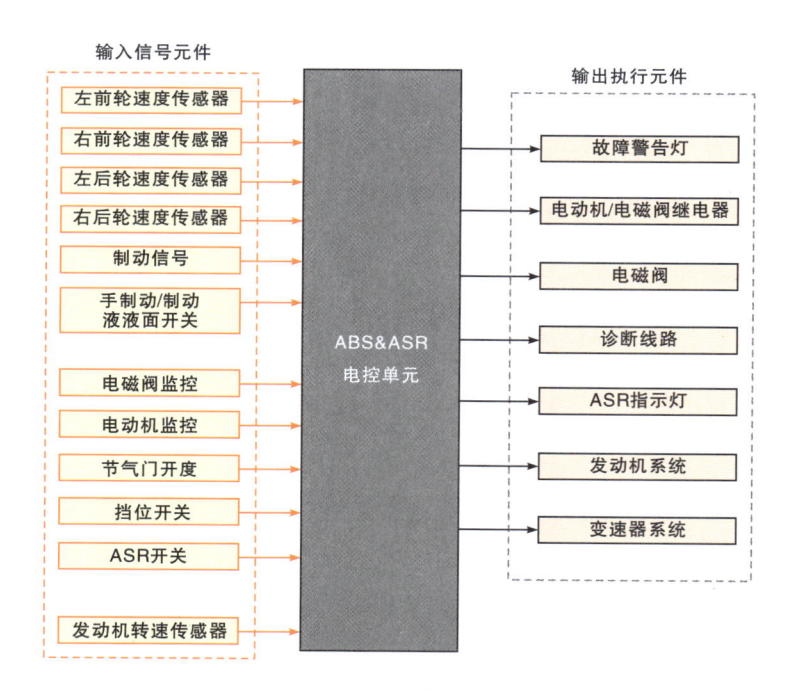

图 3-183 ASR 的组成

任务四　ABS、ASR、ESP系统的结构与工作原理

2）输入信号元件

有些元件（如4个车轮速度传感器）既用于ABS，又用于ASR。下面仅介绍用于ASR的信号元件。

（1）副节气门位置传感器。

副节气门位置传感器安装在副节气门轴上，将副节气门开度转换为电压信号，并将这一信号经发动机电子控制器发送至ABS/ASR电子控制器，其安装位置及结构图如图3-184所示。

副节气门开启和关闭的动作是由ABS/ASR电子控制器来控制的，但副节气门开度信号由发动机电子控制器感知。也就是说，在ASR工作期间，两个电子控制器要一起协同工作。

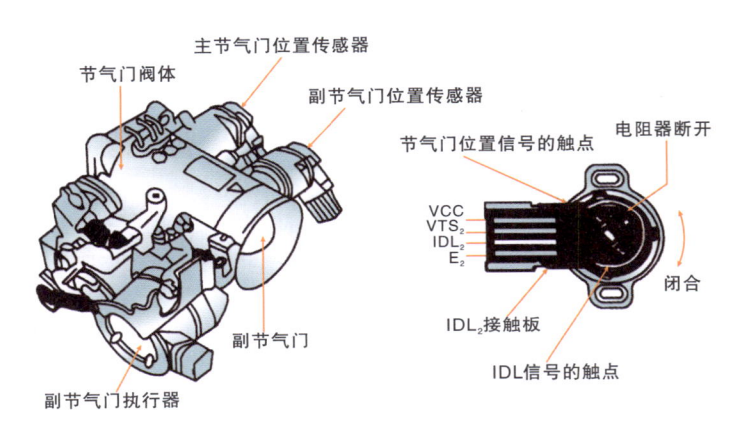

图3-184　副节气门位置传感器的安装位置及结构图

（2）主节气门怠速触点。

ASR要起作用，主节气门怠速触点必须断开。也就是说，必须踩下油门踏板，使汽车处于加速状态。

（3）压力开关或压力传感器。

压力开关或压力传感器安装在蓄压器及其油路中，安装位置如图3-185所示。它监测蓄压器中的压力，将这一信息发送至ABS/ASR电子控制器。点火开关打开后，电子控制器控制ASR电动机工作，给蓄压器加压，直到储存的高压制动液压力恢复正常。

（4）挡位开关。

挡位开关根据换挡杆的位置产生挡位信号，但它只将换挡杆"P"或"N"信号输入ABS/ASR电子控制器。当电子控制器感知挡位在"P"或"N"位置时，ASR功能不起作用。

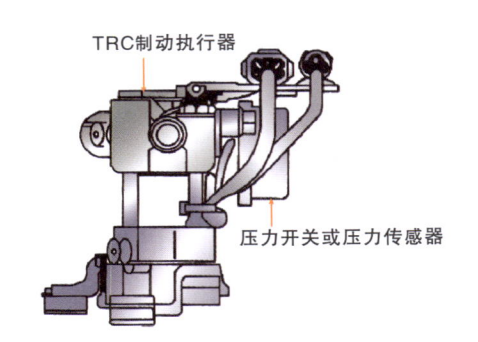

图3-185　压力开关或压力传感器的安装位置

（5）ASR开关。

ASR开关是ASR专用的信号输入装置，关闭ASR开关，则可停止ASR的作用。例如，在汽车维修中需要使汽车驱动轮悬空转动时，ASR就可能对驱动轮施以制动，影响故障的检查。这时，关闭ASR开关，停止ASR的作用，就可避免这种影响。

3）输出执行元件

（1）副节气门执行器。

如图3-186所示，副节气门执行器安装在节气门体上。ASR工作期间，ABS/ASR电子控制器通过控制副节气门执行器来控制副节气门的开度，从而控制发动机的输出功率。

副节气门执行器是由永久磁铁、线圈和转子轴组成的一个步进电动机，由ABS/ASR电子控制器控制转动，如图3-187所示。在转子轴末端安装有一个小齿轮，使安装在副节气门轴末端的凸轮轴齿轮转动，从而控制副节气门的开度。

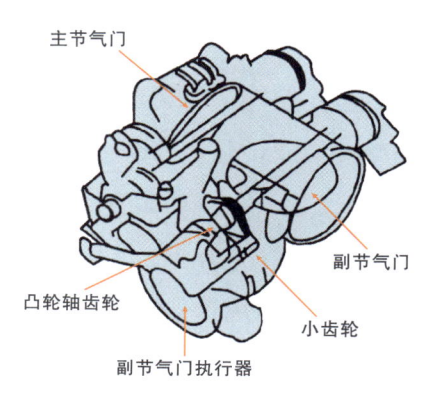

图3-186　副节气门执行器

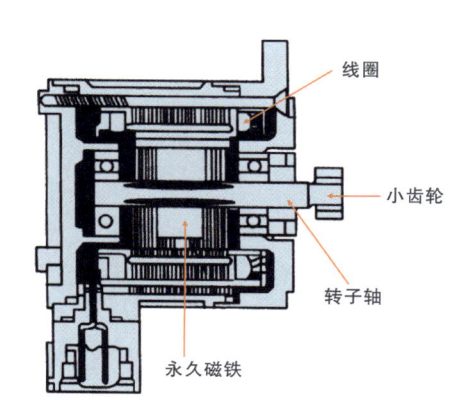

图3-187　副节气门执行器的结构图

如图3-188所示，当ASR不工作时，副节气门完全打开，对发动机的工作没有影响；当ASR部分工作时，副节气门打开一定角度；当ASR完全工作时，副节气门完全关闭。

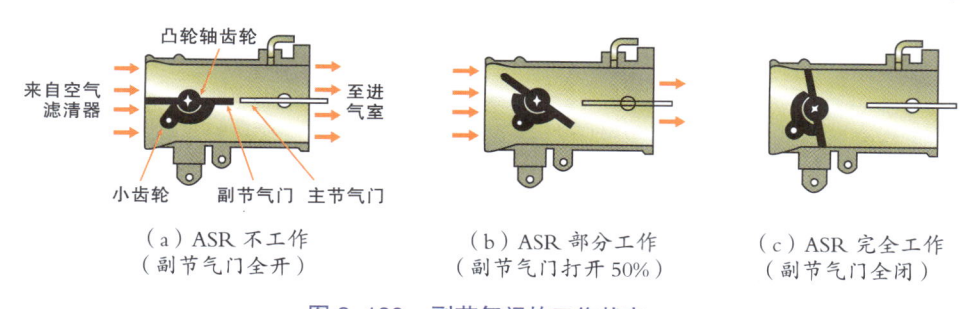

（a）ASR不工作（副节气门全开）

（b）ASR部分工作（副节气门打开50%）

（c）ASR完全工作（副节气门全闭）

图3-188　副节气门的工作状态

（2）ASR制动压力调节器。

ASR制动压力调节器执行ASR电控单元的指令，对滑转车轮施加制动力并控制其大小，从而将滑转车轮的滑移率控制在目标范围之内。ASR制动压力源是蓄压器，通过制动压力调节器中的电磁阀来调节驱动车轮制动压力的大小。

ASR制动压力调节器有独立式和组合式两种。

①独立式ASR制动压力调节器。

这种ASR制动压力调节器和ABS制动压力调节器在结构上各自独立，通过液压管路互相连接，如图3-189所示。其工作原理如下。

任务四　ABS、ASR、ESP系统的结构与工作原理

● ASR不起作用。

在ASR不起作用时，电磁阀不通电，阀位于左侧位置，调压缸的右腔与储液器相通，由于右腔压力较低，调压缸的活塞被复位弹簧推到右侧极限位置，ABS制动压力调节器与驱动车轮的制动轮缸和调压缸左腔连通。因此，在ASR不起作用时，对ABS无任何影响。

● 轮缸增压。

当驱动车轮出现滑转而需要对驱动车轮实施制动时，ASR电子控制装置输出控制信号，使电磁阀线圈通电而移至右侧位置。此时，调压缸右腔与储液器隔断而与蓄压器连通，蓄压器内具有一定压力的制动液推动调压缸的活塞左移，切断ABS制动压力调节器与驱动车轮制动轮缸之间的液压通道。同时，调压缸活塞左移压缩左腔内的制动液，使调压缸左腔和驱动车轮制动轮缸内的制动压力增大。

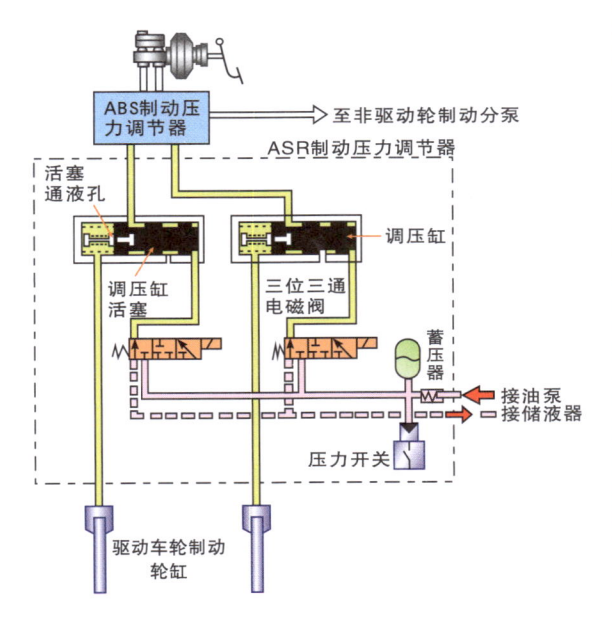

图3-189　独立式ASR制动压力调节器原理图

● 轮缸保压。

当需要保持驱动车轮的制动压力时，电子控制装置使电磁阀半通电（电流为最大电流的一半），阀处于中间位置，调压缸与储液器和蓄压器的液压通道均被切断。于是，调压缸活塞保持原位置不动，使驱动车轮制动轮缸内的制动压力保持不变。

● 轮缸减压。

当需要减小驱动车轮的制动压力时，电子控制装置使电磁阀断电，阀在复位弹簧的作用下回到左侧位置，调压缸右腔与蓄压器隔断而与储液器连通。于是，调压缸右腔压力下降，其活塞在复位弹簧的作用下右移，调压缸左腔和驱动车轮制动轮缸内的制动压力下降。

②组合式ASR制动压力调节器。

组合式是指ASR制动压力调节器与ABS制动压力调节器在结构上组合为一个整体，也称ABS/ASR制动压力调节器，如图3-190所示。其工作原理如下。

● ASR不起作用。

在ASR不起作用时，电磁阀力Ⅰ不通电。汽车在制动过程中，如果车轮出现抱死现象，则

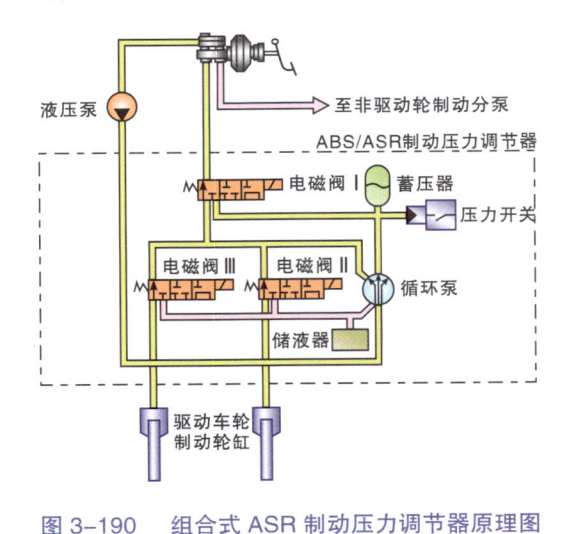

图3-190　组合式ASR制动压力调节器原理图

215

ABS 起作用，通过控制电磁阀Ⅱ和电磁阀Ⅲ来调节制动压力。

● 轮缸增压。

当驱动车轮出现滑转时，ASR 电子控制装置使电磁阀Ⅰ通电，阀移至右侧位置；电磁阀Ⅱ和Ⅲ不通电，阀处于左侧位置。于是，蓄压器中的压力油进入驱动车轮制动轮缸，轮缸制动压力增大。

● 轮缸保压。

当需要保持驱动车轮制动轮缸的制动压力时，ASR 电子控制装置使电磁阀Ⅰ半通电，阀移至中间位置，切断蓄压器与制动轮缸的通道，则驱动车轮制动轮缸的制动压力保持不变。

● 轮缸减压。

当需要减小驱动车轮的制动压力时，ASR 电子控制装置给电磁阀Ⅱ和Ⅲ通电，阀Ⅱ和阀Ⅲ移至右侧位置，将驱动车轮制动轮缸与储液器连通，驱动车轮制动轮缸的压力降低。

如果需要对左、右驱动车轮的制动压力实施不同的控制，则由 ASR 电子控制装置分别对电磁阀Ⅱ和Ⅲ实施不同的控制。

2. ASR 控制方式

保持驱动轮始终处于最佳滑移率范围内的驱动防滑控制方式有发动机输出转矩控制和驱动轮制动力矩控制两种。

1）发动机输出转矩控制

发动机输出转矩控制是最早应用的驱动防滑控制方式，汽车在附着系数较小的冰雪路面上行驶或高速行驶，驱动轮发生过度滑转时，该控制方式十分有效。如图 3-191 所示是发动机输出转矩控制 ASR 系统结构图。

通过控制发动机输出转矩，可以达到控制传递到驱动轮的力矩的目的，从而实现对驱动轮滑移率的调节。发动机输出转矩控制手段主要有供油量调节、点火参数调节和节气门开度调节。

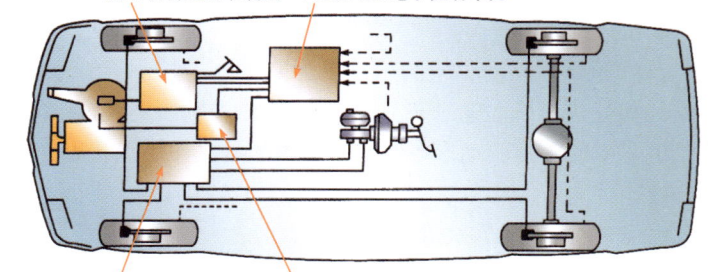

图 3-191 发动机输出转矩控制 ASR 系统结构图

对柴油机而言，发动机输出转矩控制一般只采用控制燃油喷射量的方法。这一方法在柴油机上容易实现，其实现形式与汽油机的节气门开度调节控制方式相同。

● 点火参数调节：对汽油机而言，输出转矩的微量调节可以通过改变点火参数来实现，即减小点火提前角。

● 供油量调节：减小供油量或暂停供油，即当发现驱动轮发生过度滑转时，电子调节装置自动减小供油量，甚至中断供油，以减小发动机的输出转矩。

● 节气门开度调节：在原节气门通道上串联一个副节气门，通过传动机构控制其开度，从而控制进入汽油机汽缸的空气量。

任务四　ABS、ASR、ESP系统的结构与工作原理

2）驱动轮制动力矩控制

驱动轮制动力矩控制是利用制动器对发生滑转的驱动轮施加制动力矩，直接对滑动的车轮起制动作用，使车轮转速降至最佳滑移率范围内。其反应时间短，是防止滑转最迅速的一种控制方式。但是考虑到舒适性，制动力不能太大，因此这种控制方式可作为发动机输出转矩控制方式的补充。如图3-192所示为采用发动机输出转矩控制和驱动轮制动力矩控制的ASR系统结构图。

制动力矩控制的实质是控制差速作用，所以该控制方式对路面两侧附着系数差别较大，只有一个车轮滑转时效果较好。

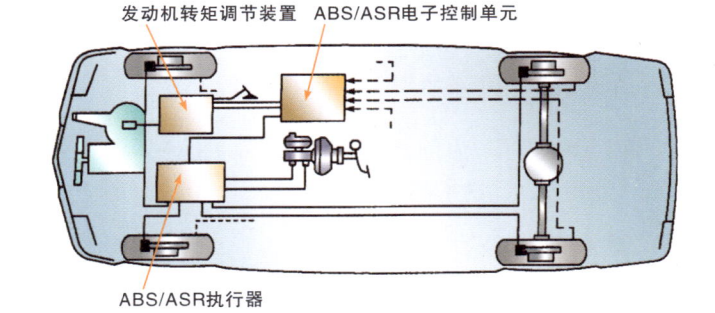

图3-192　采用发动机输出转矩控制和驱动轮制动力矩控制的ASR系统结构图

▶ 3.ASR故障检修步骤

1）初步检查

在ASR出现故障而不能正常工作时，首先应进行初步检查。检查内容如下。

（1）检查蓄电池的电压和容量是否在规定范围内，蓄电池正、负极柱的导线连接是否牢固可靠。

（2）检查与电控系统相接的熔断器和继电器是否正常，插接是否牢固。

（3）检查驻车制动器是否完全释放。

（4）检查制动主缸液面高度是否符合规定。

（5）检查电控单元的插脚与插座是否有松动或接触不良现象。

（6）检查下列导线和连接器的连接和接触是否良好。

①液压调节器上的电磁阀连接器。
②液压调节器主控制阀连接器。
③压力警告开关和压力控制开关的连接器。
④制动液液面高度指示开关的连接器。
⑤所有车轮速度传感器的连接器（对于四轮驱动汽车还有横向加速度传感器的连接器）。
⑥电动油泵连接器。

（7）检查电控单元、液压控制装置的搭铁端是否良好。

（8）检查汽车轮胎花纹深度是否符合规定。

如果通过初步检查不能确定故障部位，则须进行其他诊断和检查。

2）故障自诊断

现代汽车电控系统都有故障自诊断功能，可以把系统电控装置出现的故障用故障码的形式存储在电控单元的存储器中，维修人员可以通过仪表板上的故障指示灯、专用的检测设备或其他

方法把故障码调出,以确定故障原因和部位。

3)系统各装置的测试、检修

当根据故障码确定故障部位后,或者出现故障自诊断系统不能检测出的故障时,需要维修人员使用专用万用表和其他检测设备检测各部件的电阻、电压等参数,以确定故障的最终部位和原因。

4.ASR 故障检修示例

下面以奥迪轿车为例介绍 ASR 故障的检修。奥迪 ABS&ASR 系统集成了电子制动力分配(EBV)功能、制动防抱死功能、电子差速锁(EDS)功能和驱动防滑调节功能。

1)输入信号元件的检修

该车型 ABS&ASR 系统外围的输入信号元件包括:4 个轮速传感器、制动开关和防滑控制开关。

轮速传感器、制动开关的工作原理与其他车型是一样的。

防滑控制开关电路如图 3-193 所示。

防滑控制开关是一个普通的开/断开关,分别连接电子控制器的 15、31 号端子。按下开关,触点断开,31 号端子为低电压;再次按压,开关弹起,触点导通,31 号端子为高电压。

图 3-193 防滑控制开关电路

2)输出执行元件的检修

用万用表检测执行元件,检测内容见表 3-3。

表 3-3 ABS&ASR 系统万用表检测内容

检测步骤	V.A.G1598/20 插孔	检测对象	检测条件和附加工作	规定值	在偏离规定值时应采取的措施
1	5+33	左前进油阀 N101,出油阀 N102	电子控制器与液压单元间电气导线正常	9~22Ω	(1)检查电子控制器与液压单元间电气导线对正极或接地是否短路 (2)如果导线正常,则更换液压单元
2	54+26	右前进油阀 N99,出油阀 N100			
3	53+25	左后进油阀 N134,出油阀 N136	电子控制器与液压单元间电气导线正常	9~22Ω	(1)检查电子控制器与液压单元间电气导线对正极或接地是否短路 (2)如果导线正常,则更换液压单元
4	6+34	右后进油阀 N133,出油阀 N135			

任务四 ABS、ASR、ESP系统的结构与工作原理

表3-3 ABS&ASR系统万用表检测内容　　　　　　　　　　（续表）

检测步骤	V.A.G1598/20插孔	检测对象	检测条件和附加工作	规定值	在偏离规定值时应采取的措施
5[①]	3+55	浮式活塞回路出油阀N169，推杆活塞回路出油阀N167	电子控制器与液压单元间电气导线正常	12~28Ω	（1）检查电子控制器与液压单元间电气导线对正极或接地是否短路 （2）如果导线正常，则更换液压单元
6[①]	4+27	浮式活塞回路换向阀N168，推杆活塞回路换向阀N166	电子控制器与液压单元间电气导线正常	12~28Ω	（1）检查电子控制器与液压单元间电气导线对正极或接地是否短路 （2）如果导线正常，则更换液压单元
7	9+10[②] 35+10[③] 36+10[④]	左前轮速度传感器G47	电子控制器与液压单元间电气导线正常	400~2300Ω	（1）检查电子控制器与液压单元间电气导线对正极或接地是否短路 （2）如果导线正常，则更换相应的车轮速度传感器
8	15+14 42+14[②]	右前轮速度传感器G45			
9	13+12	左后轮速度传感器G46			
10	11+38	右后轮速度传感器G44			
11	2+37	电磁阀继电器J106	电子控制器与液压单元间电气导线正常	30~80Ω	（1）检查电子控制器与液压单元间电气导线对正极或接地是否短路 （2）如导线正常，则更换继电器
12	2+7	油泵继电器J105	电子控制器与液压单元间电气导线正常		（1）检查电子控制器与液压单元间电气导线对正极或接地是否短路 （2）如果导线正常，则更换继电器
13	跨接 1+2 28+37	左前进油阀N101和制动管路连接	（1）打开点火开关 （2）跨接5+28插孔 （3）操纵制动踏板，踩住不放 （4）取消跨接 （5）松开制动踏板	（1）用手可转动左前轮 （2）左前轮抱死	（1）如果车轮抱死，则检查其他车轮是否可转动。如果可转动，说明液压制动管路接错。检查制动管路连接和接头。确保功能正常，重复步骤13 （2）如果所有车轮均抱死，说明进油阀的功能被干扰，见故障代码表故障代码00257

表 3-3　ABS&ASR 系统万用表检测内容　　　　　　　　（续表）

检测步骤	V.A.G1598/20 插孔	检测对象	检测条件和附加工作	规定值	在偏离规定值时应采取的措施
14	跨接 1+2 28+37	右前进油阀 N99 和制动管路连接	（1）打开点火开关 （2）跨接 54+28 插孔 （3）踩住制动踏板 （4）取消跨接 （5）松开制动踏板	（1）用手可转动右前轮 （2）右前轮抱死	（1）如车轮抱死，则检查其他车轮是否可转动。如可转动，说明液压制动管路接错。检查管路连接和接头，重复步骤 14 （2）如果所有车轮均抱死，见故障代码表故障代码 00259
15	跨接 1+2 28+37	左后进油阀 N134 和制动管路连接	（1）打开点火开关 （2）跨接 53+28 插孔 （3）踩住制动踏板 （4）取消跨接 （5）松开制动踏板	（1）用手可转动左后轮 （2）左后轮抱死	（1）如车轮抱死，则检查其他车轮是否可转动。如可转动，说明液压制动管路接错。检查管路连接和接头，重复步骤 15 （2）如果所有车轮均抱死，见故障代码表故障代码 00274
16	跨接 1+2 28+37	右后进油阀 N133 和制动管路连接	（1）打开点火开关 （2）跨接 6+28 插孔 （3）踩下制动踏板 （4）取消跨接 （5）松开制动踏板	（1）用手可转动右后轮 （2）右后轮抱死	（1）如车轮抱死，则检查其他车轮是否可转动。如可转动，说明液压制动管路接错。检查管路连接和接头，重复步骤 16 （2）如所有车轮均抱死，见故障代码表故障代码 00273
17①	跨接 1+2 7+37 37+28	（1）油泵 V39 （2）EDS 换向阀 （3）EDS 出油阀 （4）液压单元的限压阀 N55 （5）左前出油阀 （6）右后出油阀	（1）在左前制动钳上接上压力表 V.A.G1310A 和放气工具 （2）跨接 3+28 插孔 （3）打开点火开关，等待 10s，关闭点火开关 （4）跨接 4+28 插孔 （5）打开点火开关，等待 10s，关闭点火开关 （6）拆下压力表 V.A.G1310A 和放气工具	（1）开关换向阀 （2）油泵 V39 工作 （3）压力表压力最大值为 500kPa （4）开关出油阀 （5）前轮驱动车型，17±2.5MPa；全轮驱动车型，9±2.5MPa	（1）油泵损坏，更换液压单元 （2）用电阻测量法检查换向阀和出油阀，完成步骤 5+6。如损坏，须更换液压单元 （3）限压阀和/或左前出油阀和/或右后出油阀损坏，更换液压单元
18①	跨接 1+2 7+37 37+28	（1）油泵 V39 （2）EDS 换向阀 （3）EDS 出油阀 （4）液压单元的限压阀 N55 （5）右前出油阀 （6）左后出油阀	（1）接上压力表 V.A.G1310A 和放气工具 （2）跨接 55+28 插孔 （3）打开点火开关，等待 10s，关闭点火开关 （4）跨接 27+28 插孔 （5）打开点火开关，等待 10s，关闭点火开关 （6）拆下压力表 V.A.G1310A 和放气工具	（1）开关换向阀 （2）油泵 V39 工作 （3）压力表压力最大值为 500kPa （4）开关出油阀 （5）前轮驱动车型，17±2.5MPa；全轮驱动车型，9±2.5MPa	（1）油泵损坏，更换液压单元 （2）测量换向阀和出油阀电阻，完成步骤 5+6。如损坏，须更换液压单元 （3）限压阀和/或右前出油阀和/或左后出油阀损坏，更换液压单元

任务四 ABS、ASR、ESP 系统的结构与工作原理

表 3-3 ABS&ASR 系统万用表检测内容 （续表）

检测步骤	V.A.G1598/20 插孔	检测对象	检测条件和附加工作	规定值	在偏离规定值时应采取的措施

注：① 只在装备了 BOSCH 5 ABS/EDS 及 ASR 的车辆上；
② 只在装备了 BOSCH 5 ABS/EDS 的前轮驱动车辆上；
③ 只在装备了 BOSCH 5 ABS/EDS 的全轮驱动车辆上；
④ 只在装备了 BOSCH 5 ABS 的前轮驱动车辆上。

三、ESP（汽车行驶电子稳定系统）

1.ESP 的作用

ESP 综合了 ABS 和 ASR 两大系统，功能更为强大。ESP 可以使车辆在各种状况下保持最佳的稳定性，在转向过度或转向不足的情形下效果更加明显。

ESP 可以实时监控汽车行驶状态，必要时可自动向一个或多个车轮施加制动力，以保持车辆在正常的车道上行驶；它还可以主动调控发动机的转速，并可调整每个轮子的驱动力和制动力，以修正汽车的过度转向和转向不足。ESP 还有实时警示功能，当驾驶者操作不当和路面异常时，它会用警告灯警示驾驶者。在 ABS 及 ASR 的共同作用下，ESP 可最大限度地保证汽车不跑偏、不甩尾、不侧翻。

ESP 的作用可以在以下三种情况下体现出来。

1）在多变的路面上行驶

在多变的路面上行驶时，没有装备 ESP 的车辆表现如图 3-194 所示，装备有 ESP 的车辆表现如图 3-195 所示。图中各处的含义如下。

① 车辆跑偏（转向不足），即前轮向外偏离弯道，车辆失去控制。
② 一旦驶入干燥的沥青路面，车辆就开始打滑。
③ 车辆表现出转向不足的趋势，即将跑偏。增大右后轮制动力的同时，降低发动机输出转矩。
④ 车辆保持稳定。

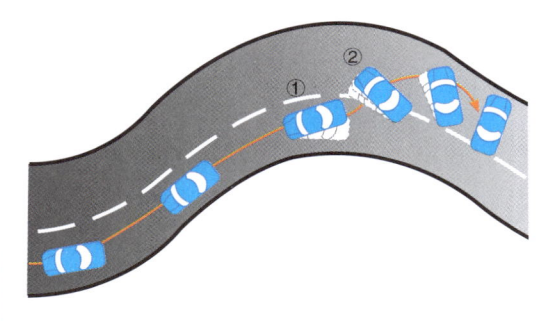

图 3-194 没有装备 ESP 的车辆表现 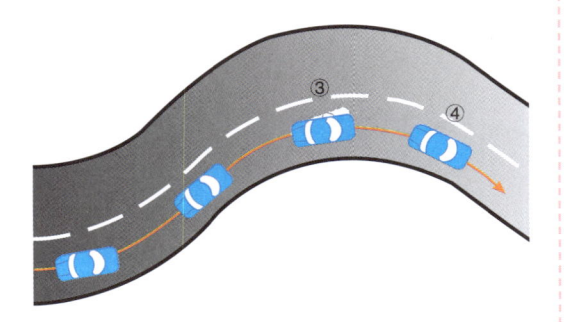　　图 3-195 装备有 ESP 的车辆表现

项目三 汽车制动系统

2）驾驶员转弯过快

当驾驶员转弯过快时，没有装备 ESP 的车辆表现如图 3-196 所示，装备有 ESP 的车辆表现如图 3-197 所示。图中各处的含义如下。

①车辆出现甩尾，驾驶员企图通过转向盘来调整方向，可惜为时已晚，车辆侧滑。

②车辆有甩尾的倾向。自动在右前轮上施加制动力。

③车辆保持稳定。

④车辆有甩尾的倾向。自动在左前轮上施加制动力。

⑤车辆保持稳定。

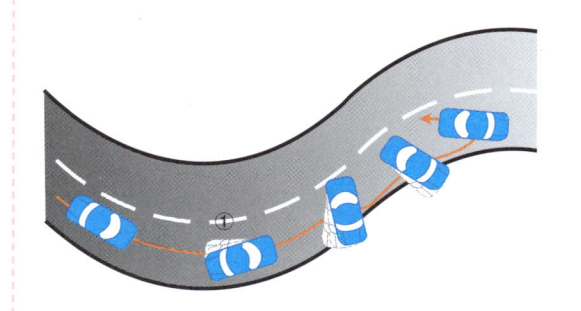

图 3-196 没有装备 ESP 的车辆表现

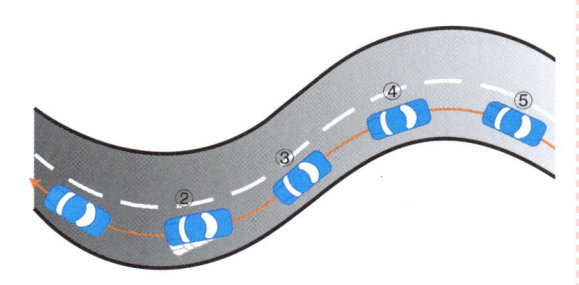

图 3-197 装备有 ESP 的车辆表现

3）避让障碍物

在避让障碍物时，没有装备 ESP 的车辆表现如图 3-198 所示，装备有 ESP 的车辆表现如图 3-199 所示。图中各处的含义如下。

①紧急制动，猛打转向盘，车辆转向不足。

②车辆继续冲向障碍物，驾驶员反复打转向盘，以求控制车辆，使车辆避开障碍物。

③当驾驶员尝试恢复正常的行驶路线时，车辆产生侧滑。

④紧急制动，猛打转向盘，车辆有转向不足的倾向。

⑤增大左后轮制动压力，车辆按照驾驶员转向意图行驶。

⑥恢复正常的行驶路线，车辆有转向过度的倾向，在左前轮上施加制动力。

⑦车辆保持稳定。

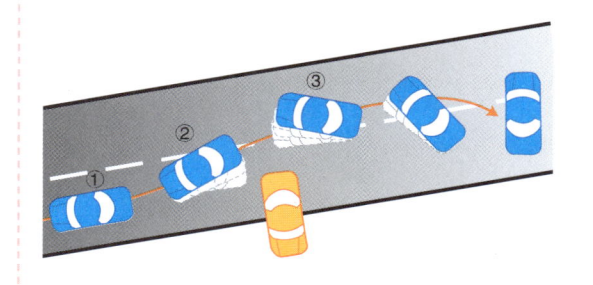

图 3-198 没有装备 ESP 的车辆表现

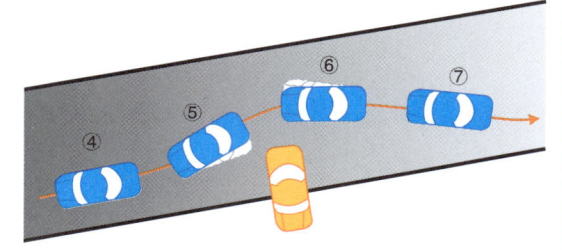

图 3-199 装备有 ESP 的车辆表现

任务四 ABS、ASR、ESP 系统的结构与工作原理

2.ESP 的组成

ESP 由电控单元、转向角传感器、轮速传感器、加速度传感器、横摆率传感器、制动液压力传感器和执行器等组成。如图 3-200 所示为轿车 ABS/ASR/ESP 电控系统结构图。如图 3-201 所示为轿车 ABS/ASR/ESP 系统部件位置图。

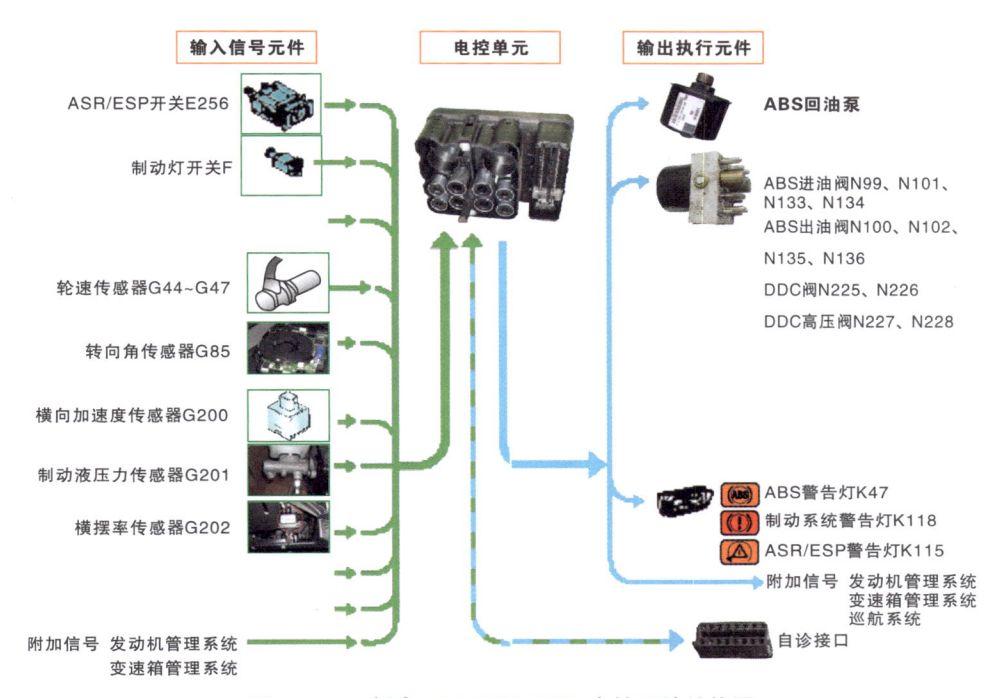

图 3-200　轿车 ABS/ASR/ESP 电控系统结构图

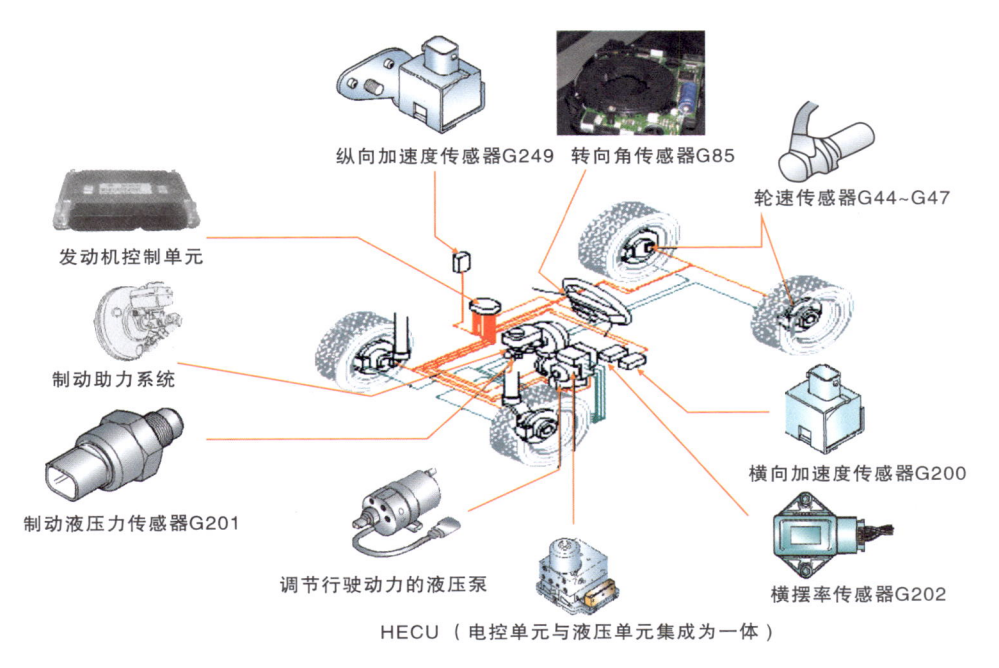

图 3-201　轿车 ABS/ASR/ESP 系统部件位置图

223

项目三 汽车制动系统

1）电控单元

电控单元通过线束与每个传感器和执行器相连，它接收传感器的信号，计算汽车侧滑状态和恢复到安全状态所需的旋转动量，并向执行器发出控制命令。

2）输入信号元件

（1）横摆率传感器。

横摆率传感器也叫偏率传感器、偏航率传感器，装在汽车行李舱前部，与汽车垂直轴线平行，它检测汽车绕垂直轴线旋转的角速度，如图3-202所示。如果此传感器失效，电控单元将不能识别车辆是否发生转向，ESP功能将失效。

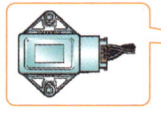

图3-202 横摆率传感器

（2）加速度传感器。

加速度传感器水平安装在汽车重心附近地板下方的中间位置，它检测汽车的纵向和横向加速度。有的车型（如丰田卡罗拉轿车）把横摆率传感器与加速度传感器装在一起。

（3）转向角传感器。

转向角传感器如图3-203所示。它安装在转向盘后侧，向带有ESP/ASR的ABS控制单元传递转向盘转角信号。如该传感器失效，系统将不能识别车辆的预期行驶方向（驾驶员意愿），导致ESP不起作用。

图3-203 转向角传感器

（4）制动液压力传感器。

制动液压力传感器装在ESP液压控制装置内部，如图3-204所示。它检测驾驶员进行制动操作时制动液压力的变化。该传感器失效将会导致ESP不起作用。

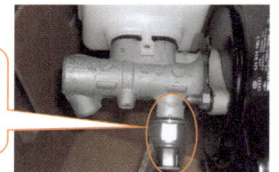

图3-204 制动液压力传感器

（5）轮速传感器。

轮速传感器装在每个车轮上，检测每个车轮的转速。

（6）ESP OFF 开关。

驾驶员可以通过ESP OFF开关手动关断ESP功能，奔驰S600 ESP OFF开关的位置如图3-205所示。

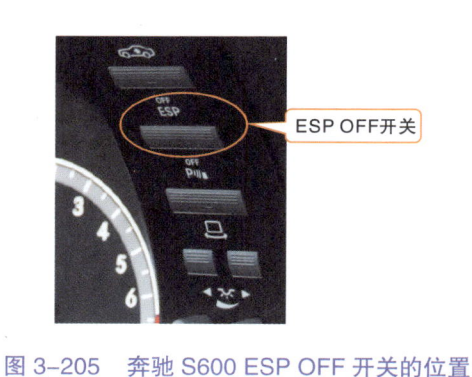

3）输出执行元件

（1）节气门体。

节气门体装在发动机进气通道上，在ESP起作用期间，调节发动机输出功率，由节气门体上的节气门电动机来控制发动机节气门的开度。

图3-205 奔驰S600 ESP OFF开关的位置

（2）液压控制装置。

液压控制装置装在发动机一侧，在正常情况下，制动时如果车轮抱死，它执行ABS功能；

任务四　ABS、ASR、ESP 系统的结构与工作原理

当车轮在起步、加速下出现打滑空转时，它执行 ABS 和 ASR 功能；当汽车转向，出现侧滑时，它执行 ESP 功能。总之，在电控单元的控制下，液压控制装置把受到控制的制动液压力施加到每个车轮上。

如图 3-206 所示，ESP 液压控制装置主要分为 4 个部分。

①供能部分：由电动机、液压泵和蓄压器组成。蓄压器储存由液压泵供应的制动液，作为液压装置的压力源。

②制动总泵和制动助力器部分：根据驾驶员的制动操作产生液压力并进行助力。

③选择电磁阀部分：当 ABS、ASR 或 ESP 工作时，它关闭制动总泵，并把从供能部分来的制动液或从制动助力器（调节液压）来的制动液送到控制电磁阀，从而控制每个车轮制动分泵的液压力。

④控制电磁阀部分：当 ABS、ASR 或 ESP 工作时，它升高或降低每个车轮制动分泵的液压力，以控制每个车轮的制动力。

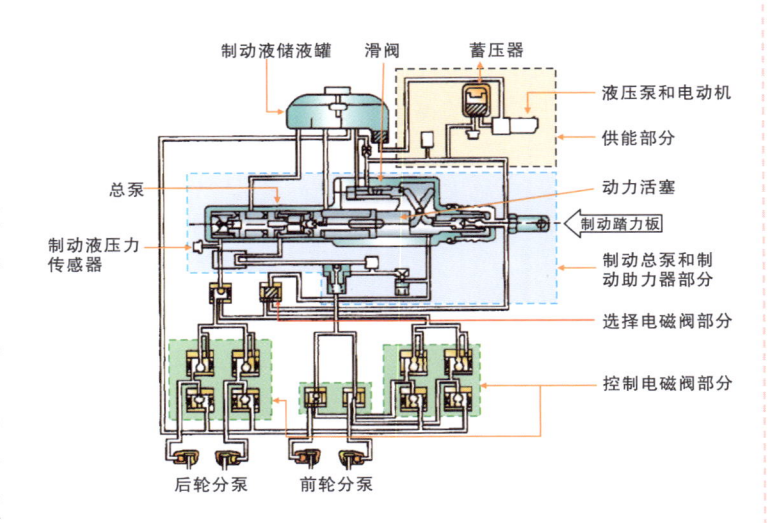

图 3-206　ESP 液压控制装置的结构

3.ESP 的工作原理

1）抑制前轮侧滑

当因前轮产生侧滑而出现转向不足现象时，ESP 把制动力施加到一个或两个后轮上（即使对两个后轮施加制动，制动也不是同步进行的）。这时，ESP 液压控制装置的基本动作是把经调节的高压制动液送到两个后轮分泵。

如图 3-207 所示，通过操作选择电磁阀，从蓄压器来的动力制动液被导向两个后轮。控制电磁阀由通/断占空比来驱动，以调节高压制动液。

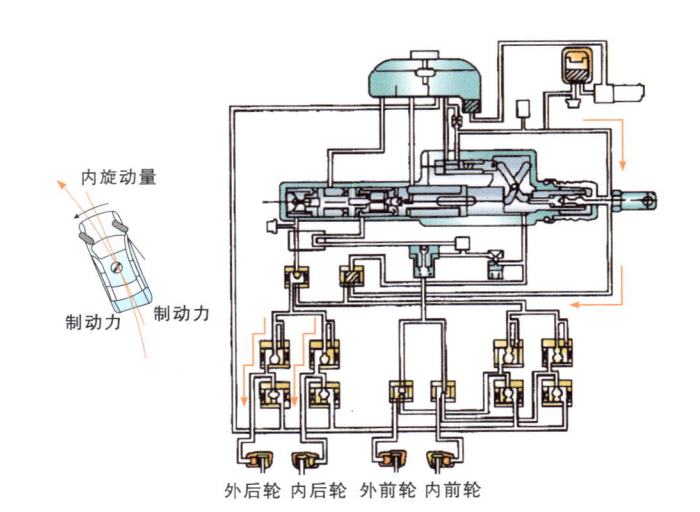

图 3-207　抑制前轮侧滑

225

项目三 汽车制动系统

2）抑制后轮侧滑

当因后轮产生侧滑而使汽车过度转向时，ESP 立即把制动力加至正在转弯的外前轮上。这时，ESP 液压控制装置的基本动作就是把经调节的制动液送到正在转弯的外前轮分泵。

如图 3-208 所示，通过操作选择电磁阀，从蓄压器来的高压制动液被导向正在转弯的外前轮。控制电磁阀由通/断占空比来驱动，以调节高压制动液。

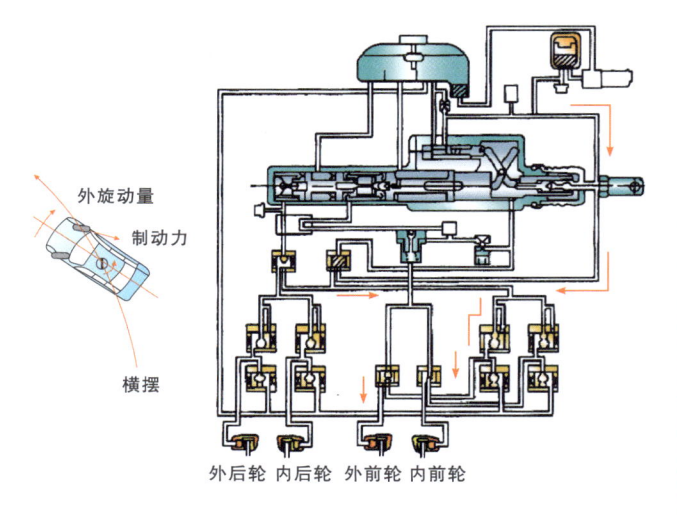

图 3-208　抑制后轮侧滑

4. ESP 的检修

ESP 具有自诊断功能，下面以丰田卡罗拉轿车为例介绍 ESP 的检修。

丰田汽车将 ESP 称为 VSC，将 ASR 称为 TRC。卡罗拉轿车装备有 ABS、VSC（电子稳定控制系统）、TRC（驱动防滑系统）、BA（刹车辅助系统，也称 EBA 或 BAS）、EBD（电子制动力分配系统）。

1）ESP 故障诊断表

使用故障诊断表（表 3-4），可帮助诊断故障原因，以递减的顺序表示故障的可能性，按顺序检查每个可疑部位。必要时应维修或更换有故障的零件。

表 3-4　ESP 故障诊断表

故障症状	可疑部位
ABS、BA 和/或 EBD 不工作	检查 DTC，并确保输出正常系统代码
	IG 电源电路
	前轮转速传感器电路
	后轮转速传感器电路
	用故障检测仪检查制动器执行器总成（利用主动测试功能检查制动器执行器总成的工作情况）。如果异常，则检查液压回路是否泄漏
	如果上述可疑部位电路检查完毕且证明一切正常，而症状仍然存在，则更换制动器执行器总成（防滑控制 ECU）
ABS、BA 和/或 EBD 不能有效工作	检查 DTC，并确保输出正常系统代码
	前轮转速传感器电路
	后轮转速传感器电路
	刹车灯开关电路
	用故障检测仪检查制动器执行器总成（利用主动测试功能检查制动器执行器总成的工作情况）。如果异常，则检查液压回路是否泄漏
	如果上述可疑部位电路检查完毕且证明一切正常，而症状仍然存在，则更换制动器执行器总成（防滑控制 ECU）
ABS 传感器 DTC 检查无法进行	检查 DTC，并确保输出正常系统代码
	TC 和 CG 端子电路
	如果上述可疑部位电路检查完毕且证明一切正常，而症状仍然存在，则更换制动器执行器总成（防滑控制 ECU）
ABS 警告灯和/或多信息显示屏异常（一直亮）	ABS 警告灯电路
	制动器执行器总成（防滑控制 ECU）

任务四 ABS、ASR、ESP 系统的结构与工作原理

表 3-4　ESP 故障诊断表　　　　　　　　　　　　　　　　　　　（续表）

故障症状	可疑部位
ABS 警告灯和/或多信息显示屏异常（不亮）	ABS 警告灯电路
	制动器执行器总成（防滑控制 ECU）
制动警告灯和/或多信息显示屏异常（一直亮）	制动警告灯电路
	制动器执行器总成（防滑控制 ECU）
制动警告灯和/或多信息显示屏异常（不亮）	制动警告灯电路
	制动器执行器总成（防滑控制 ECU）
VSC 和/或 TRC 不工作	检查 DTC，并确保输出正常系统代码
	IG 电源电路
	检查液压回路是否泄漏
	前轮转速传感器电路
	后轮转速传感器电路
	横摆率和加速度传感器电路
	转向角传感器电路
	如果上述可疑部位电路检查完毕且证明一切正常，而症状仍然存在，则更换制动器执行器总成（防滑控制 ECU）
VSC 传感器 DTC 检查无法进行	检查 DTC，并确保输出正常系统代码
	TC 和 CG 端子电路
	如果上述可疑部位电路检查完毕且证明一切正常，而症状仍然存在，则更换制动器执行器总成（防滑控制 ECU）
VSC OFF 指示灯和/或多信息显示屏异常（一直亮）	VSC OFF 指示灯电路
	制动器执行器总成（防滑控制 ECU）
VSC OFF 指示灯和/或多信息显示屏异常（不亮）	VSC OFF 指示灯电路
	制动器执行器总成（防滑控制 ECU）
打滑指示灯异常（一直亮）	打滑指示灯电路
	制动器执行器总成（防滑控制 ECU）
打滑指示灯异常（不亮）	打滑指示灯电路
	制动器执行器总成（防滑控制 ECU）
无法进行传感器检查	TS 和 CG 端子电路
	制动器执行器总成（防滑控制 ECU）
防滑控制蜂鸣器异常	防滑控制蜂鸣器电路
	制动器执行器总成（防滑控制 ECU）

2）ESP 故障自诊断

（1）故障诊断。

卡罗拉轿车 ESP 可利用诊断系统对车辆进行故障排除。

如果防滑控制 ECU 检测到故障，则 ABS 警告灯、制动警告灯、VSC OFF 指示灯、打滑指示灯和主警告指示灯将亮起，如图 3-209 所示；多信息显示屏将显示警告信息以警告驾驶员。

（a）ABS 警告灯　　（b）制动警告灯　　（c）VSC OFF 指示灯　　（d）打滑指示灯　　（e）主警告指示灯

图 3-209　故障警告灯和指示灯

出现故障时的指示灯情况见表 3-5。

项目三 汽车制动系统

表 3-5 出现故障时的指示灯情况

项目/故障部位	ABS	EBD	BA	TRC	VSC	防滑控制 ECU
ABS 警告灯	○	○	○	—	—	○
制动警告灯	—	○	—	—	—	○
VSC OFF 指示灯	●（VSC OFF 开关置于"OFF"位置）	●（VSC OFF 开关置于"OFF"位置）	●（VSC OFF 开关置于"OFF"位置）	●（VSC OFF 开关置于"OFF"位置）	●（VSC OFF 开关置于"OFF"位置）	●（VSC OFF 开关置于"OFF"位置）
打滑指示灯	○	○	○	○	○	○
多信息显示屏	○	○	○	○	○	○

○：灯亮起或显示"ON"
●：灯亮起（闪烁）
—：灯熄灭

说明：故障码（DTC）被存储在存储器中。可通过在 DLC3 的端子 TC 和 CG 之间连接检查线，观察 ABS 警告灯和 VSC OFF 指示灯的闪烁方式，阅读多信息显示屏或连接诊断仪来读取故障码。

（2）故障码的读取与清除。

①使用诊断仪时。

● 读取故障码。

·将诊断仪连接到 DLC3。

·将发动机开关置于"ON（IG）"位置。

·接通诊断仪。

·根据诊断仪屏幕上的提示读取故障码。进入以下菜单项：Chassis/ABS/VSC/TRC/DTC。

·检查故障码的详情。

● 清除故障码。

·将诊断仪连接到 DLC3。

·将发动机开关置于"ON（IG）"位置。

·接通诊断仪。

·操作诊断仪清除故障码。进入以下菜单项：Chassis/ABS/VSC/TRC/DTC/Clear。

②未使用诊断仪时。

● 读取故障码。

·使用检查线连接 DLC3 的端子 TC 和 CG，如图 3-210 所示。

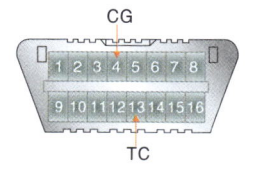

·将发动机开关置于"ON（IG）"位置。

图 3-210 连接端子

·观察 ABS 警告灯和 VSC OFF 指示灯的闪烁方式，读取多信息显示屏上的信息以识别故障码。指示灯闪烁方式和故障码显示方式示例如图 3-211 所示。

◆提示：

如果无代码出现，则检查 TC 和 CG 端子电路，以及 ABS 警告灯和 VSC OFF 指示灯电路。

·检查完成后，断开 DLC3 的端子 TC 和 CG 以关闭显示屏。

如果同时检测到 2 个或更多个故障码，则按升序显示故障码。

● 清除故障码。

任务四　ABS、ASR、ESP系统的结构与工作原理

- 使用检查线连接DLC3的端子TC和CG。
- 将发动机开关置于"ON（IG）"位置。
- 5s内踩下制动踏板8次或更多次，以清除ECU中存储的故障码。
- 检查并确认警告灯指示正常系统代码。
- 从DLC3的端子上拆下SST。

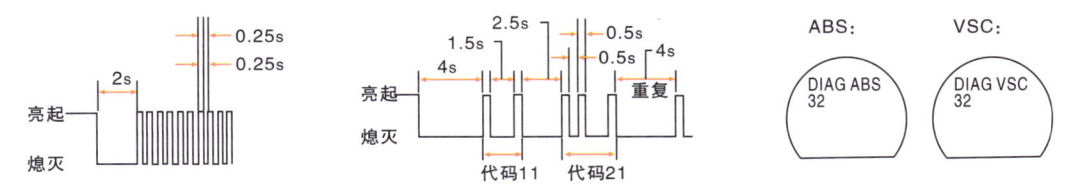

（a）正常系统代码的闪烁方式　（b）故障码的闪烁方式（示例代码11和21）　（c）故障码显示（示例代码32）

图3-211　指示灯闪烁方式和故障码显示方式示例

◆提示：
不能通过断开蓄电池端子或ECU-IG NO.1熔断器来清除故障码。
③故障码读取/清除结束。
- 将发动机开关置于"ON（IG）"位置。
- 检查并确认ABS警告灯在约3s内熄灭。

项目三 汽车制动系统

任务实践

1. 实践名称

ABS系统零部件的检修。

2. 实践准备

实训车辆、万用表、拉马、举升机、汽车解码器、常用拆装工具等。

3. 实践要求与注意事项

（1）明确操作规范和职责范围，预防潜在危险。
（2）实践操作过程中保持场地卫生及安全，不嬉戏打闹。
（3）在使用举升机的过程中应上好保险后再开始工作。
（4）使用维修手册时，要注意避免破损，手册与使用车型相对应。

4. 操作步骤及检修

1）ABS 系统泄压

在修理液压控制装置（总成）之前要按一般方法泄压，如果要求用专用仪器和工具进行泄压，维修手册中会有详细说明。

ABS系统泄压的一般方法是将点火开关关闭（置于"OFF"位置），然后反复踩踏制动踏板，踩踏的次数在20次以上，当感觉到踏板的力明显增大，即感觉不到踏板的液压助力时，ABS系统泄压完成。有的ABS系统在泄压过程中须踩踏制动踏板40次以上。

通常修理下列部件时需要泄压。

（1）液压控制单元中的任何装置。
（2）蓄压器。
（3）电动泵。
（4）电磁阀阀体。
（5）制动液油箱。
（6）压力警告和控制开关。
（7）后轮分配比例阀和后轮制动分泵。

2）ABS 电控单元的更换与编码

（1）从液压控制单元总成上拔下线束插头。
（2）拆下4个固定螺钉，如图3-212所示。
（3）将电控单元从液压控制单元上拆下，如图3-213所示。
（4）将新的电控单元重新装上。

任务四　ABS、ASR、ESP系统的结构与工作原理

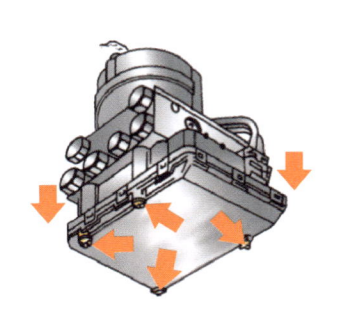

图3-212　拆下4个固定螺钉

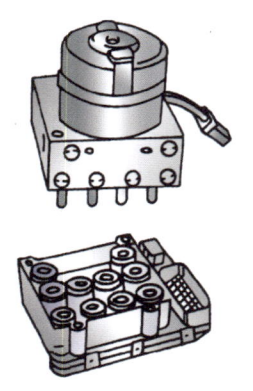

图3-213　拆下电控单元

（5）用4个新的固定螺钉将电控单元拧紧，拧紧力矩为3~4N·m。
（6）插好电动机线束插头。
（7）插好液压控制单元插头。
更换ABS电控单元后须借助V.A.G1551进行编码。编码须按以下步骤进行。
①连接V.A.G1551，选择地址码03"防抱死制动系统"，按"Q"键确认。
②选择07"控制单元编码"，按"Q"键确认。
③输入编码03604，按"Q"键确认。
④按"→"键后，选择06"结束输出"，按"Q"键确认。

3）前轮转速传感器的检修
（1）拔下传感器导线插头。
（2）拧下固定传感器的内六角紧固螺栓。
（3）拆下前轮转速传感器，如图3-214所示。
（4）用万用表电阻挡测前轮转速传感器的电阻值，标准值为1.0~1.3kΩ。如不符合标准，则更换前轮转速传感器。你检测的结果是_____，处理措施是_____。
（5）清洁传感器的安装孔内表面。
（6）清洁传感器端头，涂上润滑脂，然后装入安装孔内。
（7）拧紧内六角紧固螺栓，其拧紧力矩为10N·m。
（8）将前轮举升离地，用双手转动前轮，检查前轮摆动是否异常。
（9）若轴向游隙过大，则要检查齿圈的轴向摆差，如图3-215所示。轴向摆差应小于0.3mm。
（10）若出现齿圈轴向摆差过大，引起传感器与齿圈擦碰，造成齿圈变形或齿数残缺不全，则应

图3-214　拆下前轮转速传感器

前轮转速传感器

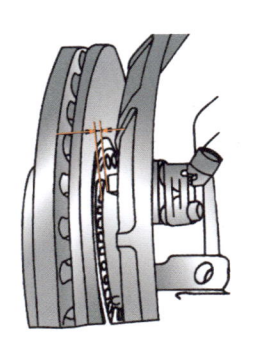

图3-215　检查齿圈的轴向摆差

231

项目三 汽车制动系统

更换前轮齿圈。

（11）若前轮齿圈完好无损，但被泥土或脏物堵塞，应清除齿圈空隙中的脏物。

（12）用万用表电阻挡测后轮转速传感器的电阻值，标准值为 1.0~1.3kΩ。如不符合标准，则更换后轮转速传感器。

（13）将后轮升起离地，用双手转动后轮，检查后轮摆动是否正常。若后轮摆动过大，则须检查后轮轴承的径向跳动量，如图 3-216 所示。

（14）若后轮轴承径向跳动量过大，则要通过调整螺母调节后轮轴承间隙，或者更换损坏的后轮轴承。

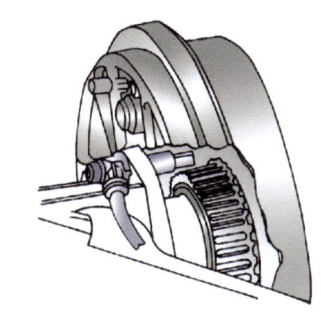

图 3-216 检查后轮轴承

（15）若齿圈变形或有严重磨损痕迹，则应更换后轮齿圈。你检测的结果是 _____，处理措施是 _____。

▶ 5. 实践总结

任务四　ABS、ASR、ESP系统的结构与工作原理

任务练习

一、填空题

1. 整体式ABS是将制动压力＿＿＿＿与＿＿＿＿、＿＿＿＿结合在一起形成一个整体。
2. ABS通常由＿＿＿＿、＿＿＿＿和＿＿＿＿等组成。
3. 输出执行元件主要有＿＿＿＿、＿＿＿＿、＿＿＿＿等。
4. 减速度传感器有＿＿＿＿、＿＿＿＿、＿＿＿＿和＿＿＿＿等。
5. 压力传感开关或＿＿＿＿安装在＿＿＿＿及其＿＿＿＿中。
6. ESP系统由＿＿＿＿、＿＿＿＿、＿＿＿＿、＿＿＿＿、＿＿＿＿、＿＿＿＿和执行器等组成。

二、判断题

1. 汽车制动时，后轮先抱死比前轮先抱死安全。　　　　　　　　　　（　　）
2. 制动盘径向跳动量过大，会造成制动时踏板跳动。　　　　　　　　（　　）
3. 电控ABS主要由传感器、电子控制单元和执行机构组成。　　　　　（　　）
4. ABS排气时间要比普通系统短，消耗的制动液也少。　　　　　　　（　　）
5. 制动时，必须在踏板二分之一行程内产生最大制动效能。　　　　　（　　）

三、选择题

1. 防抱死制动系统的基本功能是（　　）。
   A. 避免汽车启动时车轮打滑　　　　B. 防止紧急制动时车轮抱死
   C. 避免汽车急加速时车轮打滑　　　D. 前三项都不是

2. ASR的作用是防止汽车在加速过程中（　　）。
   A. 车轮滑转　　　　　　　　　　　B. 车轮抱死
   C. 减速　　　　　　　　　　　　　D. 车轮偏转

3. 防抱死制动系统的主要功用是防止汽车紧急制动时出现（　　）。
   A. 转向不足　　　　　　　　　　　B. 转向过度
   C. 车轮抱死　　　　　　　　　　　D. 前三项都是

四、问答题

1. 简述霍尔式轮速传感器的工作原理。
2. 简述三位电磁阀的结构与工作原理。
3. 简述ABS液压调节装置的工作过程。

附录 Appendix

参考答案

项目一　汽车悬挂系统

任务一

一、填空题

1. 车架、车桥
2. 弹性元件、减振器、导向机构
3. 钢板弹簧、螺旋弹簧、扭杆弹簧、气体弹簧
4. 液力式、充气式、阻力可调式

二、判断题

×、×、×、×

三、选择题

A、D、A

四、问答题

（略）

任务二

一、填空题

1. 非独立悬架、独立悬架
2. 结构简单、工作可靠、货车
3. 垂直载荷、导向机构、减振器

二、判断题

√、×、×、×、×

三、选择题

C、D、A、B

四、问答题

（略）

任务三

一、填空题

1. 轮毂、轮辋、轮辐、车轮、轮胎、轮辐
2. 轮辐、辐板式、辐条式
3. 辐条、钢丝辐条式、铸造辐条式

4. 轮胎、支承、缓冲、减振、提高附着性

二、判断题

×、×、√、×、×、×

三、选择题

B、C、C

四、问答题

（略）

任务四

一、填空题

1. 转向轮定位、后轮定位

2. 主销后倾、稳定性、自动回正

3. 车轮定位参数

二、判断题

√、√、×、×、√、×

三、选择题

C、A、A

四、问答题

（略）

项目二　汽车转向系统

任务一

一、填空题

1. 转向系统、转向系统、行驶方向

2. 机械转向系统、动力转向系统

3. 转向盘、转向轴、转向管柱、转向器

二、判断题

×、√、√

三、选择题

C、B、A、D

四、问答题

（略）

任务二

一、填空题

1. 降速增矩、转向盘、转向节、改变力

2. 转向器、传递方向、传动比、转向车轮

3. 输出功率、输入功率

二、判断题

×、×、√、√

三、选择题

B、B、D、A

四、问答题

（略）

任务三

一、填空题

1. 转向器、操纵力、调节性、安全性
2. 转向盘、转向管柱、轮毂、辐条、轮辋
3. 转向盘、转向器、承上启下、转矩

二、判断题

×、√、×、×、√

三、选择题

B、B、A

四、问答题

（略）

任务四

一、填空题

1. 转向传动机构、力、运动、转向节、偏转、车轮、地面
2. 转向摇臂、转向直拉杆、转向节臂、转向梯形臂、转向横拉杆
3. 转向横拉杆、橡胶金属缓冲环、螺栓铰接

二、判断题

×、√、×、√

三、选择题

C、C、A

四、问答题

（略）

任务五

一、填空题

1. 转向盘、转向柱、转向器、液压泵、液压控制阀、储油罐
2. 气压式、液压式、电动式
3. 转向油罐、储存、滤清、液压助力系统
4. 滚柱式、叶片式、径向滑块式、齿轮式

二、判断题

√、√、×、×、√

三、选择题

B、A、B

四、问答题

（略）

项目三　汽车制动系统

任务一

一、填空题

1. 供能装置、控制装置、传动装置、制动器

2. 制动器、缓速装置

3. 行车制动系统

4. 驻车制动系统

5. 制动过程、附着系数、抱死滑拖

二、判断题

√、√、×、√

三、选择题

D、C、B

四、问答题

（略）

任务二

一、填空题

1. 鼓式、盘式、前盘后鼓、盘式制动器

2. 制动底板、制动轮缸、制动蹄、制动鼓

3. 鼓式制动器、内圆柱面、制动力矩、鼓式制动器、盘式制动器、小许多

4. 制动块、制动盘、转动速度

二、判断题

×、√、√、×

三、选择题

A、C、B

四、问答题

（略）

任务三

一、填空题

1. 单管路、双管路

2. 机械能、液压能、串联双腔

3. 真空助力器、膜片座、加力气室前腔、加力气室后腔

4. 制动轮缸、液压力、机械促动力

二、判断题

√、×、√、×、×

三、选择题

C、C、B

四、问答题

（略）

任务四

一、填空题

1. 调节器、制动主泵、蓄压器
2. 输入信号元件、电控单元、输出执行元件
3. 故障警告灯、电动机、电磁阀
4. 水银式、光电式、差动变压器式、半导体式
5. 压力传感器、蓄压器、油路
6. 中央控制单元、转向角传感器、轮速传感器、加速度传感器、横摆率传感器、制动液压力传感器

二、判断题

×、×、√、×、×

三、选择题

B、A、C

四、问答题

（略）